Für meinen liebsten
Rupert
—
Schön, dass es Dich gibt.

Deine Anke

Mai 2006, Bolzano

Allen J. Coombes

BÄUME

NATURBIBLIOTHEK

Christopher Grey-Wilson

BÄUME

Mit mehr als 500 Laub- und Nadelbaumarten
und 2200 Abbildungen

Fotos:
MATTHEW WARD

Übersetzung:
KLAUS STICKER

DORLING KINDERSLEY
London, New York, Melbourne, München
und Delhi

Projektbetreuung Gillian Roberts
Bildbetreuung Vicki James
Herstellung Caroline Webber
Redaktionelle Beratung Roy Lancaster
Illustrationen Mustafa Sami
Fotos Matthew Ward

Für die deutsche Ausgabe:
Programmleitung Monika Schlitzer
Herstellungsleitung Dorothee Whittaker
Covergestaltung Petra Schneider
Coveridee Klaus Meyer, München
Coverabb. hinten Mitte Bildagentur naturganznah

Bibliografische Information Der Deutschen Bibliothek
Die Deutsche Bibliothek verzeichnet diese Publikation in der Deutschen Nationalbibliografie; detaillierte bibliografische Daten sind im Internet über http://dnb.ddb.de abrufbar.

Titel der englischen Originalausgabe:
Eyewitness Handbooks: Trees

Übersetzung Klaus Sticker
Fachlektorat Claudia Maul, Alfred Merkel

ISBN 3-8310-0837-X

Printed and bound by South China Printing Company, China

Besuchen Sie uns im Internet
www.dk.com

INHALT

EINLEITUNG • *6*

Bäume gemau betrachtet *6*
Wie Sie mit diesem Buch arbeiten *11*
Was ist eine Baum *12*
Bauplan der Bäume *14*
Nadelbaum oder Laubbaum *16*
Nadelbäume: Blätter, Blüten, Früchte *16*
Der botanische Unterschied *17*
Laubbäume: Blätter, Blüten, Früchte *17*
Bestimmungsschlüssel für Bäume *18*

NADELBÄUME • *34*

Araucariaceae *34*
Cephalotaxaceae *34*
Cupressaceae *35*
Ginkgoaceae *51*
Pinaceae *52*
Podocarpaceae *78*
Taxaceae *79*
Taxodiaceae *80*

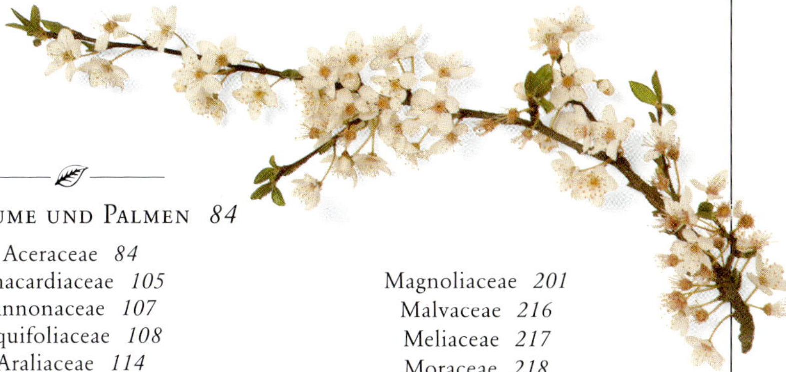

Laubbäume und Palmen *84*

Aceraceae *84*
Anacardiaceae *105*
Annonaceae *107*
Aquifoliaceae *108*
Araliaceae *114*

Betulaceae *116*
Bignoniaceae *129*
Buxaceae *131*

Celastraceae *132*
Cercidiphyllaceae *133*
Cornaceae *133*

Ebenaceae *138*
Elaeagnaceae *140*
Ericaceae *141*
Eucommiaceae *145*
Eucryphiaceae *146*

Fagaceae *149*
Flacourtiaceae *174*

Hamamelidaceae *175*
Hippocastanaceae *178*

Juglandaceae *182*

Lauraceae *188*
Leguminosae *190*

Magnoliaceae *201*
Malvaceae *216*
Meliaceae *217*
Moraceae *218*
Myrtaceae *221*

Nyssaceae *226*

Oleaceae *227*

Palmae *232*
Pittosporaceae *233*
Platanaceae *234*
Proteaceae *236*

Rhamnaceae *237*
Rosaceae *238*
Rutaceae *283*

Salicaceae *286*
Sapindaceae *295*
Scrophulariaceae *296*
Simaroubaceae *296*
Styracaceae *297*

Theaceae *300*
Tiliaceae *302*
Trochodendraceae *306*

Ulmaceae *306*

Winteraceae *310*

Glossar *311*
Register *312*
Danksagung *320*

Bäume genau betrachtet

Als Solitär auf stürmischen Höhen, im dichten Wald oder prächtigen Alleen: Bäume sind wichtiger Bestandteil nahezu jeder Landschaft. Ihre fast unendliche Vielfalt im Wechsel der Jahreszeiten – nicht nur in Wuchs, Größe, Farbe oder Borke, sondern auch bis in die kleinsten Einzelheiten der Blätter, Blüten und Früchte – macht das Studium dieser vertrauten Pflanzen zu einer abwechslungsreichen, dauerhaften Freude.

Dass Bäume in nahezu allen Teilen der Welt anzutreffen sind, bedeutet, daß man sich überall an ihnen erfreuen und sie eingehend untersuchen kann, ganz gleich, wo man gerade ist. In freier Natur wachsen sie – leider nicht immer – unbehelligt von den Eingriffen des Menschen. In den Städten, entlang der Straßen, in Parks und öffentlichen Anlagen, spenden sie inmitten unserer künstlichen Welt Trost. Natürlich reicht an den in freier Natur wachsenden Baum nichts heran, aber auch die Bäume in unseren Städten und Dörfern bieten Gelegenheit für lohnenswerte Studien.

Die Auswahl der Bäume

In diesem Buch sind nur Bäume aufgeführt, die in den gemäßigten Breiten unserer Erde als wildwachsende Arten vorkommen. Auf der Nordhalbkugel sind das der größte Teil Asiens, Nordamerikas und Europas bis zum Mittelmeer sowie der Himalaja und der größte Teil Chinas, auf der Südhalbkugel Südamerika, die kühleren Zonen Australiens sowie Neuseeland. Aus diesem riesigen Verbreitungsgebiet habe ich Pflanzen ausgewählt, die die erstaunliche Vielfalt der Bäume in der ganzen Welt vermitteln. Gleichzeitig habe ich versucht, neben einigen selteneren Spezies auch solche Arten aufzunehmen, die man oft in Parks und Alleen sieht.

Herbstlicher Buchenwald
Im Herbst leuchten Buchenwälder in hellen Farben. Ihr dichtes Blätterdach nutzt das Sonnenlicht optimal aus, wodurch nur wenige andere Pflanzen darunter wachsen können.

Orient-Buche
(Fagus orientalis)

Naturschutz

Die fortschreitende Zerstörung der Regenwälder erregt immer wieder berechtigtes Aufsehen. Denn diese letzten großen Urwälder beherbergen zahllose Tier- und Pflanzenarten, deren Fortbestand für die Menschheit lebenswichtig sein kann. Dabei vergißt man leicht, daß die Wälder unserer Breiten bereits das Schicksal erlitten haben, das nun den tropischen Regenwäldern droht. In den Industriestaaten gingen weite Teile des natürlichen Waldes verloren, weil der Mensch den Rohstoff Holz für Papier, Baumaterial und andere Erzeugnisse nutzte. Auch die Landwirtschaft trug zu der uns bekannten „ausgeräumten" Landschaft bei.

In den Entwicklungsländern der gemäßigten Zonen, besonders im Himalaja und in Südamerika, sind die Wälder stark bedroht. Dort wo heftige Regenfälle niedergehen, verursacht der rücksichtslose Kahlschlag Probleme wie z. B. Überflutungen und Erdrutsche, wenn die schützende, ganze Gebirge stützende Vegetation verschwunden ist.

Die meisten Arten sind so weit verbreitet, daß sie ein gebietsweises Abholzen überleben; sie sterben nicht aus. Andere Arten hingegen haben kleinere Verbreitungsgebiete. Ein Beispiel ist die Spanische Tanne (*Abies pinsapo*, s. Seite 56), die nur in wenigen Gebirgsgegenden Südspaniens heimisch ist. Vor Jahren galt ihr Holz dort als wertvoller Rohstoff. Heute würde sie durch weiteres Abholzen endgültig aussterben. Wir müssen gewaltige Anstrengungen unternehmen, um diese und andere bedrohte Arten zu schützen.

Chinesische Kastanie
(C. mollissima)

Bedrohte Arten
*Eine Art kann durch Krankheit fast ausgerottet werden. Die Kastanien-Brandkrankheit hat die wildwachsende amerikanische Kastanie fast ausgelöscht (*Castanea dentata*, S. 149). Mit der Chinesischen Kastanie (*C. mollissima*, S. 149) werden resistente Sorten gezüchtet.*

Überlebende aus China
Früher schälte man die Rinde von Magnolia officinalis *var.* biloba *ab, um Arzneien zu gewinnen – die Art kommt in freier Natur nicht mehr vor. Nur durch gärtnerische Kultur konnte sie erhalten werden.*

LEBENSNOTWENDIGE ANPASSUNG
*Lärchen (*Larix*, s. Seite 60–61) gedeihen auch im rauhesten Klima. Ihr Laub wächst in dichten Büscheln – eine Anpassung, die es ermöglicht, Nutzen aus den günstigen Bedingungen beim Austrieb der Blätter zu ziehen.*

LEBENSRÄUME

Dank ihrer Anpassungsfähigkeit können Bäume in den verschiedensten Lebensräumen gedeihen. Meist sind es die Nadelbäume, die die unwirtlichsten Gebiete besiedeln. Ihr schlanker Wuchs verringert Schäden durch Schneelasten. Das immergrüne Laub kann auch kurze Vegetationsperioden voll ausnutzen und ermöglicht der Pflanze, längere Trockenzeiten bei gefrorenen Böden zu überleben. Und die Bestäubung durch Wind macht Besuche von Insekten überflüssig. In milderen Zonen sind die Vegetationsperioden länger – dort herrschen für sommergrüne Arten günstigere Bedingungen. Die Zeit reicht, um neue Blätter zu treiben und altes Laub abzuwerfen. An schattigen Standorten sind große Blätter erforderlich, um so viel Sonnenlicht wie möglich aufzufangen. In feuchten Regionen sorgen spitz zulaufende Blätter dafür, daß Wasser rasch abtropfen kann. Grau oder silbrig glänzendes Laub dagegen verhindert in Trockengebieten eine zu starke Verdunstung. Duftende oder auffällige Blüten locken Insekten zur Bestäubung an.

◁ ILEX LATIFOLIA

ILEX X KOEHNEANA ▷

HYBRIDEN
Eine Hybride entsteht bei der Kreuzung zweier verschiedener Arten. In der resultierenden Hybride mischen sich meist die Elternmerkmale. Manche Hybriden kommen nur in gärtnerischer Kultur vor, weil die Elternpflanzen in freier Natur nicht zusammen auftreten.

◁ STECHPALME
(Ilex aquifolium)

△ ELTERNTEIL EINS
Ilex latifolia (s. Seite 112), eine in Japan heimische Art, hat recht große gezähnte, jedoch nicht dornige Blätter.

DIE HYBRIDE ▷
Ilex x *koehneana* (s. Seite 112) hat die großen Blätter von I. latifolia. Der gezähnte Rand ist ein ererbtes Merkmal von *I. aquifolium*.

△ ELTERNTEIL ZWEI
Die bekannte Gemeine Stechpalme (*Ilex aquifolium*, s. Seite 109) besitzt sehr typisch gewellte Blätter mit stachelig gezähntem Rand.

Ein Stammbaum

Familie
Zu einer Familie kann eine einzige oder mehrere verwandte Gattungen gehören. Der Familienname ist immer in normaler Textschrift wiedergegeben, z. B. Rosaceae.

Gattung
Zu einer Gattung gehören entweder mehrere verwandte Arten oder auch nur eine einzige Art. Der Gattungsname ist immer kursiv (schräg) wiedergegeben, z. B. *Prunus, Sorbus*.

Art
Die Art bildet eine Einheit für sich. Sie bezeichnet eine besondere Pflanze. Das Artelement des Namens wird ebenfalls kursiv wiedergegeben, z. B. *padus, lusitanica, domestica*.

Unterart
Die Unterart oder Subspecies bildet eine Einheit innerhalb einer Art. Die Elemente des Namens werden in gerader und Kursivschrift wiedergegeben, z. B. ssp. *azorica*.

Varietät & Form
Varietät (var.) und Form (f.) sind der Art untergeordnete Einheiten. Die Elemente des Namens werden in gerader und Kursivschrift wiedergegeben, z. B. var. *maliformis*.

Sorte
Sorten sind gezüchtete Kulturformen und werden eigens benannt. Der Sortename wird in normaler Schrift und in einfachen Anführungszeichen wiedergegeben, z. B. 'Watereri'.

Beobachten und Aufzeichnen

Aufzeichnungen über Bäume bereiten Freude – sowohl vor Ort wie auch später beim Lesen. Wählen Sie ein halbes Dutzend Ihrer liebsten Bäume aus. Statten Sie jedem mehrmals während der vier Jahreszeiten einen Besuch ab und legen Sie eine Akte mit Daten über die besonderen, mit den Jahreszeiten wechselnden Merkmalen an.

Messen der Baumhöhe

Schneiden Sie einen Zweig auf die Länge des Abstandes zwischen Ihrem Auge und der Faust bei ausgestrecktem Arm. Halten Sie diesen Zweig senkrecht vor sich und bewegen Sie sich auf den Baum zu oder von ihm fort, bis die Spitze des Zweiges mit der Wipfelspitze und sein unteres Ende mit dem unteren Stammende zur Deckung kommen. Markieren Sie Ihren Standort und messen Sie am Boden den Abstand bis zur Stammbasis. Dieser Abstand entspricht der Höhe des Baumes.

Durchreiben der Borke

Die Borke läßt sich leicht aufzeichnen, indem Sie sie durchreiben. Man legt ein Blatt Papier auf die Borke und reibt leicht mit Wachsmalkreide darüber. Notieren Sie Datum, Standort und den Namen des Baumes.

Langes Bandmaß (30 m) zum Messen von Baumhöhe und Stammumfang

Aufzeichnungen vor Ort

Notieren Sie Höhe und Stammumfang des Baumes sowie Farbe und Struktur seiner Borke. Halten Sie Details zu Blättern, Blüten und Früchten sowie Standort und Datum fest. Zu Hause sollten Sie Ihre Notizen dann ausarbeiten.

Farbstifte für Skizzen

Kleines Skizzenbuch

Bestimmungsfotos

Wachsmalstift und Papier zum Durchreiben der Borke

Zweige, Blätter und Früchte können zu Hause untersucht werden

Lupe

Anhänger für Pflanzenproben

Wie Sie mit diesem Buch arbeiten

Das Buch ist nach den zwei Hauptgruppen von Bäumen gegliedert: Nadelbäume und deren Verwandte sowie Laubbäume. Diese Gruppen sind wiederum alphabetisch nach Familien unterteilt. Die kurze Einführung zu jeder Familie gibt an, wie viele Gattungen und Arten ihr angehören, und beschreibt die allgemeinen Merkmale ihrer Vertreter. Die darauffolgenden Beschreibungen sind alphabetisch nach Gattungen und nach den Arten innerhalb einer Gattung geordnet. In Wort und Bild informieren sie detailliert über ausgewählte Arten der jeweiligen Familien.

Jeder Eintrag beginnt mit dem deutschen Pflanzennamen oder aber mit dem wissenschaftlichen Namen, sofern es keinen allgemeingebräuchlichen deutschen Namen für die Pflanze gibt. Im folgenden wird gezeigt, wie sich ein typischer Eintrag aufbaut.

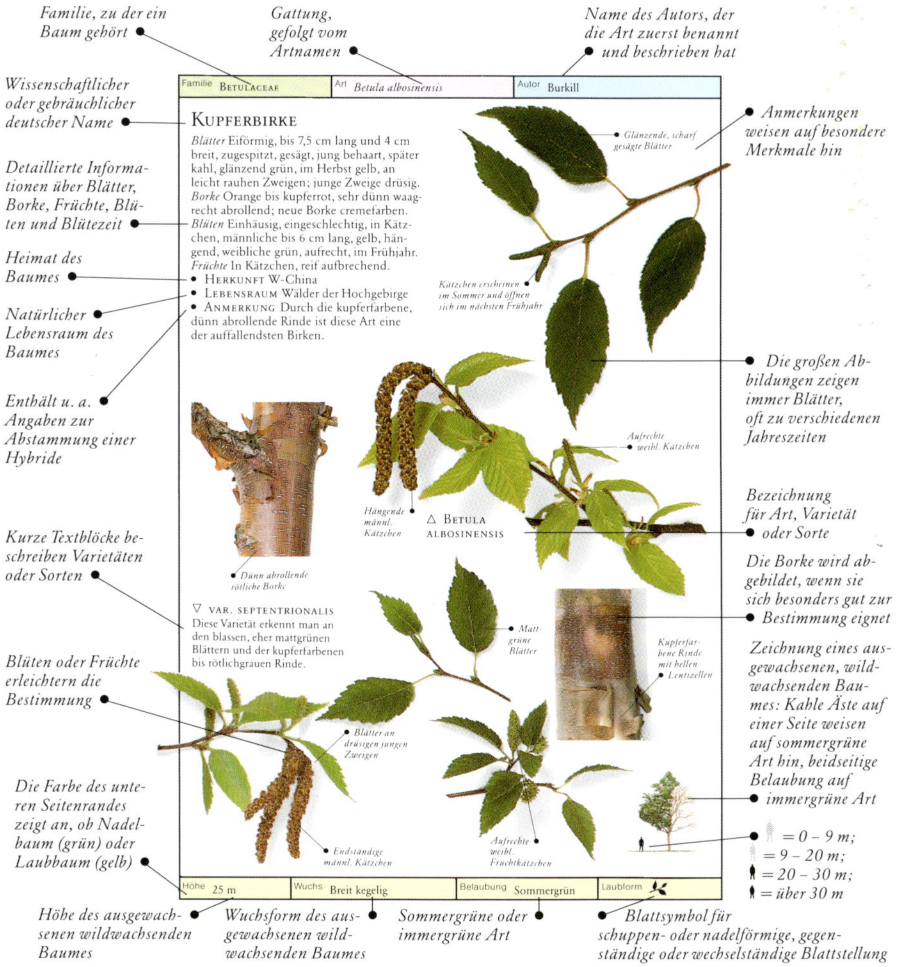

Was ist ein Baum?

Bäume sind Lebewesen. Sie haben eine verholzte Sproßachse (Stamm), ein Wurzelsystem und eine in der Vegetationsperiode belaubte Krone. Sie bilden Blüten und später Früchte aus. Größe und Gestalt unterscheiden Bäume von Sträuchern. Von Bäumen spricht man ab etwa 5 m. Meist ist der Stamm durchgehend; Sträucher verzweigen sich bereits an der Basis. Die Wuchsform gibt Aufschluß über den Standort: Eine Art, die in fruchtbaren Tälern als hoher Baum wächst, kann im rauhen Bergland nur als niedriger Strauch vorkommen. Auf offener Flur wachsen Bäume oft weitausladend; bei im Wald dichtstehend sind sie meist schlanker.

Blätter

Das Chlorophyll oder Blattgrün, ein grüner Farbstoff, fängt die Energie des Sonnenlichts ein und wandelt mit dessen Hilfe Wasser und Kohlendioxid in die Nahrung der Pflanze um (Kohlenhydrate und Sauerstoff).

Stamm und Borke

Der Stamm leitet Wasser und Nährsalze an die Blätter weiter. Die dort erzeugten Nährstoffe werden wiederum an die Wurzeln geleitet. Der Stamm trägt die Astkrone mit dem Laub. Rinde und Borke schützen das empfindliche Gewebe.

Wurzelsystem

Ein System kräftiger Hauptwurzeln verankert den Baum fest im Boden. Es verzweigt sich bis hin zu einem feinen Wurzelsystem, das Wasser und Mineralstoffe aufnimmt und zu den wachsenden Pflanzenteilen transportiert.

Knospen und Triebe

Von sich überdeckenden Schuppen geschützt, wachsen die Anlagen junger Blätter im Winter heran. Wenn die jungen Blätter im Frühjahr hervorbrechen, fallen diese Knospenschuppen ab. Zweige leiten Wasser und Nährstoffe und tragen die Blätter.

Blüten

Die Blüten produzieren Pollen und empfangen den Pollen anderer Pflanzen. Meist werden sie von Wind oder Insekten bestäubt. War die Bestäubung erfolgreich, bildet sich die Frucht mit Samen.

Frucht

Die Frucht schützt den Samen, während er reift, und trägt später zu seiner Verbreitung bei. Das Fruchtfleisch wird meist von Tieren verzehrt, die den Samen verbreiten. Trockene, geflügelte Früchte werden vom Wind fortgetragen.

BAUPLAN DER BÄUME

WER SICH mit den Bestandteilen des Baumes – und deren Vielfalt – näher befaßt, dem fällt es leichter, Bäume zu jeder Jahreszeit zu bestimmen. Fachbegriffe sind dabei auch für den Laien hilfreich. Hier sind typische Blätter, Blüten, Früchte und Borken abgebildet. Wenn Sie sich das Bild zum Fachbegriff einprägen, können Sie sich beim Lesen der Einträge die Bestandteile des Baumes bildlich vorstellen.

ZEHN GRUNDLEGENDE BLATTFORMEN

Blätter weisen eine große Formenvielfalt auf. Zu jeder Blattform gibt es wiederum Varianten. Nicht jede Blattfläche (oder Spreite) mag sich genau mit den abgebildeten Grundformen decken. Es kann eine Zwischenform besitzen. Diese Formen gelten nicht nur für einfache Blätter, sondern auch für die einzelnen Blättchen zusammengesetzter Blätter. Ein einfaches Blatt ist ungeteilt, ein zusammengesetztes Blatt dagegen ist in mehrere voneinander getrennte selbständige Blättchen oder Fiedern gegliedert.

Nadelförmige Blätter haben parallele Ränder und laufen spitz zu.

Linealische Blätter haben parallele Ränder und eine stumpfe Spitze.

Rundliche Blätter haben einen mehr oder weniger kreisförmigen Umriß.

Längliche Blätter haben parallele oder fast parallele Ränder.

Elliptische Blätter sind breit und verjüngen sich an beiden Enden.

Herzförmige Blätter haben eine tief eingeschnittene Spreitenbasis.

Eiförmige Blätter sind unterhalb der Mitte am breitesten.

Verkehrteiförmige Blätter sind oberhalb der Mitte am breitesten.

Eilanzettliche Blätter sind schlank und unterhalb der Mitte am breitesten.

Verkehrteilanzettliche Blätter sind schlank und oberhalb der Mitte am breitesten.

BAUPLAN DER BLÜTE

Während die Blätter sehr unterschiedlich ausgebildet sein können, gleichen sich die Blüten verwandter Arten und Gattungen zumindest in der Struktur. Die Blüten sind oft klein, manchmal unscheinbar und ohne Blütenblätter oder gänzlich unauffällig. Dennoch gibt es auch große, prächtige Blüten. Manche duften, andere verbreiten einen unangenehmen Geruch. Wie sie angeordnet sind – ob einzelnstehend oder in Blütenständen wie Trauben, Rispen oder Dolden – ist ebenfalls wichtig für die Bestimmung.

DOPPELTE BLÜTENHÜLLE ▷ *Die meisten Blüten besitzen eine doppelte Blütenhülle. Sie haben Blütenblätter, die sich von den Kelchblättern unterscheiden.*

EINFACHE BLÜTENHÜLLE ▷ *Bei diesen Blüten ist keine klare Differenzierung zwischen Kelch- und Blütenblättern erkennbar. Man bezeichnet sie als Perigon.*

Fruchtformen

Aus der Blüte entwickelt sich die Frucht. Somit trägt die Frucht – wie die Blüte – die Merkmale der Gattung oder Familie, der eine Pflanze angehört. Die meisten Früchte entstehen aus einer Blüte (Einzelfrucht). Andere, z. B. die Feige (*Ficus carica*, s. Seite 219), entstehen aus mehreren unverwachsenen Fruchtknoten (Sammelfrucht).

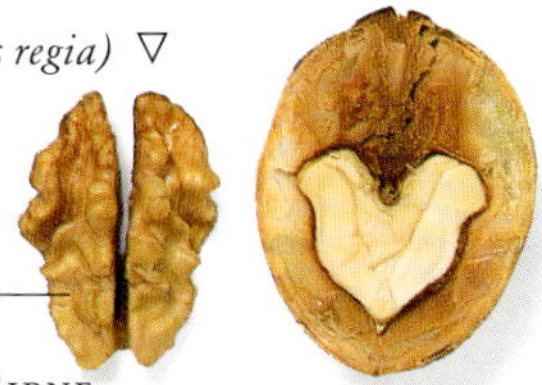

Walnuss *(Juglans regia)* ▽

Die harten Schalen der Nüsse umschließen den oft eßbaren Samen

◁ Pflaume *(Prunus domestica)*

Die fleischigen Steinfrüchte enthalten einen einzelnen Kern, den Samen

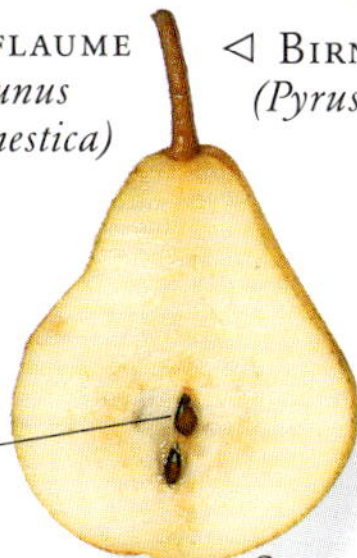

◁ Birne *(Pyrus communis)*

Fleischige Früchte können auch mehrere Samen enthalten.

Samen △ der Hülsen

Wenn Hülsen trocknen, öffnen sie sich, um einen oder mehrere Samen freizugeben

△ Getrocknete Hülsen

Feige ▽ *(Ficus carica)*

Der fleischige Blütenboden trägt viele winzige Samen, die sich aus den Fruchtblättern entwickelt haben

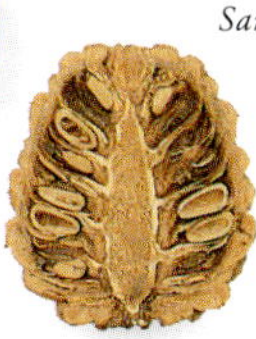

Geflügelter Samen des Zapfens ▽

Die Samen sitzen „nackt" auf der Innenseite der Zapfenschuppen, die fest geschlossen bleiben, bis der Samen reif ist

Borkenstrukturen

Bäume reagieren auf den zunehmenden Umfang ihres Stammes mit der Ausbildung einer typischen Rindenstruktur. Da die Borke, der äußere Teil der Rinde, aus abgestorbenen Zellen besteht, kann sie nicht mitwachsen und reißt oder schält sich. Daher hilft eine charakteristische Borke zu jeder Jahreszeit weiter.

Glatte Rinde mit Lentizellen (Korkwarzen)

Eine glatte Rinde ist typisch für viele junge Bäume. Sie kann mit zunehmendem Alter reißen oder sich schälen.

Rinde des jungen Baumes war durchgehend weiß

Bei älterer Rinde bilden sich oft große, unregelmäßig geformte Platten, Furchen und Risse.

Jüngere Rindenteile am Grund von Rissen und Furchen

Wenn eine dicke Borke platzt, entstehen Risse und Furchen mit Erhebungen oder Vertiefungen.

Frisch aufgeplatzte Rinde ist oft auffallend gefärbt

Senkrecht abblätternde Borke löst sich oft in langen Streifen und Bändern (Streifenborke).

Wenn man die Borke von Hand schält, verletzt man den Baum

Waagerecht abblätternde Borke läßt sich oft in dünnen, breiten Streifen abnehmen (Ringelborke).

Abschuppende Borke zeigt Alters- und Farbabstufungen

Unregelmäßig abschuppende Borke zeigt verschiedene Altersschichten und läßt den Stamm schorfig aussehen.

Nadelbaum oder Laubbaum?

Um wirklich alles über eine bestimmte Baumart zu erfahren, untersucht der Botaniker auch die Nebensächlichkeiten, die dem unbewaffneten Auge verborgen bleiben. Sie liefern wichtige Hinweise für die richtige Bestimmung einer Art (wenngleich sich auch Wissenschaftler irren können). Dem interessierten Laien genügt jedoch die sorgfältige, aufmerksame Betrachtung sichtbarer Merkmale. Wenn Sie die typischen Merkmale erkennen können, die Laub- und Nadelbäume unterscheiden, fällt Ihnen die Zuordnung einer Art zu den Hauptgruppen nicht schwer. Hier sind die wichtigsten Merkmale beschrieben und abgebildet.

Nadelbäume und deren Verwandte

Blätter

Die meisten Nadelbäume sind immergrün: sie behalten ihr Laub im Winter. Einige aber werfen ihre Blätter ab: sie erneuern ihr Laub jährlich. Gewöhnlich sind die Blätter nadelförmig und spitz oder klein und schuppenförmig. Oft duftet das Laub aromatisch und würzig.

Blüten

Nadelbäume haben eingeschlechtige Blüten auf einer oder verschiedenen Pflanzen (einhäusig oder zweihäusig). Sie haben keine Blütenblätter, können jedoch dekorativ sein. Weibliche Blüten sind oft farbig; männliche Blüten geben Pollenstaub frei.

Früchte

Die Früchte der meisten Nadelbäume sind als Zapfen ausgebildet, oft mit verholzten, zur Reife braunen Schuppen. Die Schuppen der Wacholderarten sind fleischig, so daß ihre Früchte an Beeren erinnern. Verwandte der Nadelbäume, z. B. Eiben, sind keine echten Koniferen. Bei ihnen sind die Samen von einem fleischigen Mantel umgeben.

Der botanische Unterschied

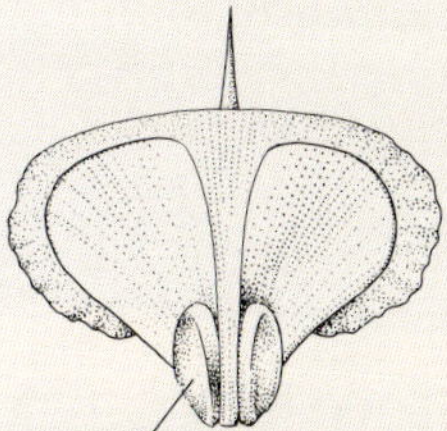

Nadelbäume

Nadelbäume gehören zu den Nacktsamern (Gymnospermen): Die Samenanlagen sind nicht in einem Fruchtknoten eingeschlossen; Übergangsstufe von den Farnpflanzen zu den Bedecktsamern.

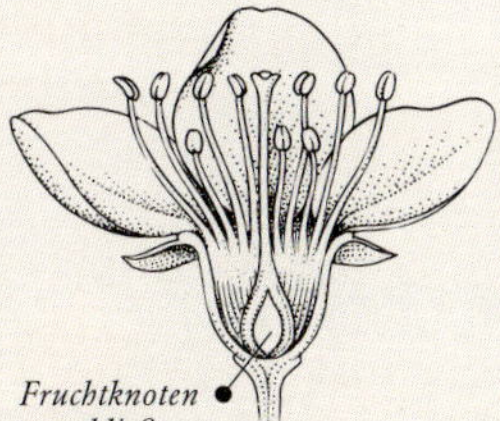

Laubbäume

Laubbäume gehören zu den Bedecktsamern (Angiospermen): Die Samenanlagen liegen in einem Fruchtknoten. Nach erfolgter Befruchtung entwickeln sich Samen aus den Fruchtknoten.

Laubbäume

Blätter

Laubbäume sind sommergrün (d. h. im Winter kahl) oder immergrün. Die Blätter sind einfach oder zusammengesetzt, meist abgeflacht mit einer netzartigen Aderung. Die Form der Blätter variiert stark. Das Laub kann aromatisch duften, ist jedoch nicht harzhaltig wie das der Nadelbäume.

Blüten

Die Blüten der Laubgehölze sind meist zwittrig: Männliche und weibliche Teile sind in einer Blüte vereint. Eingeschlechtige Blüten sind auf derselben oder auf verschiedenen Pflanzen zu finden. Beide Blütentypen haben meist Blütenblätter und duften oft.

Früchte

Die Früchte der Laubbäume sind vielgestaltiger als die der Nadelbäume. Sie können zu Beeren, Eicheln, Kapseln, Nüssen oder Hülsen ausgebildet, holzig, fleischig, trocken, dornig, lederig, glatt, eßbar oder nicht eßbar sein. Reife Früchte haben die unterschiedlichsten Farben.

Bestimmungsschlüssel für Bäume

Der Bestimmungsschlüssel auf den Seiten 18 – 33 geht von den Merkmalen der Blätter aus. Mit ihm können Sie unbekannte Gehölze bestimmen. **Frage 1** entscheidet, ob es sich um einen Laub- oder Nadelbaum oder um eine Palme handelt. **Frage 2** gliedert Bäume nach der Blattform. **Frage 3** teilt jede dieser Gruppen in Untergruppen mit zwei oder mehr Gattungen ein.

Frage 1: Welche Gruppe?

Bäume werden in zwei Hauptgruppen eingeteilt, die Laubbäume (einschließlich Palmen) und die Nadelbäume. Die Merkmale der Nadelbäume werden auf Seite 16 vorgestellt, die der Laubbäume auf Seite 17. Die Palmen sind auf Seite 19 beschrieben.

Nadelbaum

Laubbaum

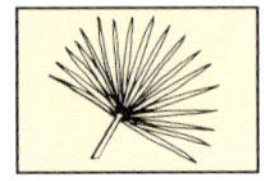

Palme

Frage 2: Nadelbäume – sommergrün oder immergrün?

Nur wenige der hier beschriebenen Nadelbäume sind sommergrün. Diese Arten werfen im Herbst die Blätter ab. Im Frühjahr sieht man dann die jungen Blätter. Immergrüne Arten behalten ihre Blätter im Winter und sind deshalb leicht zu erkennen. Im Frühjahr sieht man das zarte junge Grün inmitten des alten dunkelgrünen Laubes. Sind Sie auf eine sommergrüne Art gestoßen, lesen Sie auf den Seiten 20 – 21 nach. Handelt es sich um eine immergrüne, sollten Sie feststellen, ob die Blätter schuppenförmig sind. Dann gehen Sie zu den Seiten 20 – 21 oder 22 – 23.

Blätter nicht schuppenförmig

- *Gebüschelt oder in Wirteln 20 – 21*
- *Einzeln, Austriebe verdeckt 20 – 21*
- *Einzeln, Austriebe nicht verdeckt, Jahrestriebe grün 20 – 21*
- *Einzeln, Austriebe nicht verdeckt, Jahrestriebe nicht grün 20 – 21*

Sommergrün

- *Ginkgo 20*
- *Larix 20*
- *Pseudolarix 20*
- *Glyptostrobus 21*
- *Metasequoia 21*
- *Taxodium 21*

Nadelbäume

Immergrün

Zumindest einige Blätter schuppenförmig

- *Blätter an fächerförmig verzweigten Trieben 22 – 23*
- *Blätter an unregelmäßigen Wedeln 22 – 23*

Frage 2: Laubbäume – gegenständige oder wechselständige Blätter?

Die Blätter aller Laubbäume (auch die Fiedern) sind entweder gegenständig oder wechselständig am Zweig verteilt. Gegenständige Blätter sitzen paarig oder zu dritt am Zweig, zu beiden Seiten des Zweigs einander direkt gegenüber. Bei wechselständiger Blattstellung sitzt an jedem Knoten ein Blatt, zum vorausgegangenen um einen bestimmten Winkel verschoben. Bei gegenständigen Blättern schlagen Sie die Seiten 22 – 25 auf, bei wechselständigen die Seiten 24 – 33.

Gegenständig

Laubbäume

Wechselständig

Wechselständig, zusammengesetzt

- *Einfach gefiedert, eingeschnitten 24 – 27*
- *Einfach gefiedert, ganzrandig 26 – 27*
- *Doppelt gefiedert, eingeschnitten 26*
- *Doppelt gefiedert, ganzrandig 26*
- *Dreizählig gefiedert 26*

Gegenständig, zusammengesetzt

- *Blättchen eingeschnitten oder gelappt 22 – 23*
- *Blättchen ganzrandig 24*

Gegenständig, einfach

- *Blätter eingeschnitten 24 – 25*
- *Blätter ganzrandig 24 – 25*
- *Blätter gelappt 24*

Wechselständig, einfach

- *Blätter ganzrandig, immergrün 28 – 29*
- *Blätter ganzrandig, sommergrün 28 – 29*
- *Blätter gelappt, eingeschnitten 30 – 31*
- *Blätter gelappt, ganzrandig 30 – 31*
- *Nicht gelappt, eingeschnitten, immergrün 30 – 31*
- *Nicht gelappt, eingeschnitten, sommergrün 32 – 33*

Frage 2: Palmen

Im Wuchs sind Palmen den Bäumen ähnlich, doch unterscheiden sie sich von ihnen dadurch, daß ihr Stamm mit zunehmendem Alter nicht dicker wird. Die großen Blätter sind ausgeprägt gefiedert oder gefächert. Sie sind in den Tropen und Subtropen heimisch, manche Arten gedeihen jedoch auch in wärmeren gemäßigten Breiten, z. B. im Mittelmeerraum. Die Hanfpalme *(Trachycarpus fortunei)*, die wir in diese Auswahl aufgenommen haben, ist die robusteste Vertreterin. Schlagen Sie Seite 31 auf, wenn Ihr Blatt diese Form hat.

Palmen

FRAGE 3: NADELBÄUME

Mit dieser letzten Frage des Bestimmungsschlüssels gelangen Sie rasch zum gewünschten Abschnitt des Buches. Wenn Sie erst hier mit der Bestimmung begonnen haben, schlagen Sie zunächst die Seiten 16 – 17 auf, wo die Merkmale beschrieben sind, die Nadelbäume und deren Verwandte von Laubbäumen und Palmen unterscheiden. Merken Sie sich diese Charakteristika und schlagen Sie dann die Seiten 18 – 19 auf, um die Fragen 1 und 2 zu klären. Nun können Sie mit Frage 3 beginnen.

Jedes Blatt dieses Bestimmungsschlüssels steht für eine ganze Gattung. Sie haben ja bereits festgestellt, um welches Nadelbaumblatt es sich bei Ihrem handelt – ob sommergrün oder immergrün, schuppenförmig oder

NADELBÄUME	BLÄTTER SOMMERGR.	Blätter nicht schuppenförmig

Blätter werden jährlich erneuert

Ginkgo **51**

Larix **60 – 61**

Pseudolarix **76**

NADELBÄUME	BLÄTTER IMMERGRÜN	Blätter nicht schuppenförmig

Blätter in Büscheln oder Wirteln

Fitzroya **44**

Juniperus **44 – 48**

Cedrus **58 – 59**

Blätter einzeln, Austriebe von Blättern oder Blattgrund verdeckt

Araucaria **34**

Athrotaxis **80**

Cryptomeria **80**

Blätter einzeln, Austriebe nicht verdeckt, letztjährige Triebe grün

Cephalotaxus **34 – 35**

Podocarpus **78**

Saxegothaea **78**

nicht schuppenförmig. Wie Sie sehen, ist jede größere Gruppe in Untergruppen aufgeteilt. Diese liefern weitere Informationen, die Aufschluß über wichtige Details geben (z. B. ob die Blätter in Büscheln oder Wirteln angeordnet sind oder einzeln stehen). Vergleichen Sie Ihr Blatt mit den Blattsymbolen oben in den Bildzeilen und ordnen Sie es seiner Gruppe zu. Dann vergleichen Sie Ihr Exemplar mit den Blättern der entsprechenden Gruppe und suchen dasjenige heraus, das Ihrem Blatt am ähnlichsten ist. Der Name der Gattung, zu der es gehört, steht unter dem Foto. Wenn Sie die dort genannte Seite aufschlagen, finden Sie einen oder mehrere Einträge zur gesuchten Art.

Glyptostrobus **81**

Metasequoia **81**

Taxodium **83**

Pinus **66–75**

Sciadopitys **82**

Sequoia **82**

Sequoiadendron **82**

Taiwania **83**

Taxus **79**

Torreya **79**

Cunninghamia **81**

Blätter einzeln, Austriebe nicht verdeckt, letztjährige Triebe nicht grün

Abies **52 – 57**

Picea **62 – 65**

Pinus monophylla **70**

Nadelbäume	Blätter immergrün	Einige Blätter schuppenförmig

Blattwerk fächerförmig

Austrocedrus **35**

Calocedrus **36**

Chamaecyparis **37 – 39**

Blattwerk in unregelmäßigen Wedeln

Cupressus **41 – 43**

Juniperus **44 – 48**

Frage 3: Laubbäume

Mit diesem letzten Abschnitt des Bestimmungsschlüssels finden Sie rasch zum gewünschten Eintrag. Wenn Sie hier erst mit der Bestimmung begonnen haben, schlagen Sie zunächst die Seiten 16 – 17 auf, wo die Merkmale beschrieben sind, die Nadelbäume und deren Verwandte von Laubbäumen und Palmen unterscheiden. Merken Sie sich diese Charakteristika und schlagen Sie dann die Seiten 18 – 19 auf, um die Fragen 1 und 2 zu klären. Nun können Sie mit Frage 3 beginnen.

Jedes Blatt dieses Bestimmungsschlüssels steht für eine ganze Gattung. Sie haben ja bereits festgestellt, um welches Laubbaumblatt es sich handelt – ob gegen- oder wechselständig, einfach oder zusammengesetzt. Wie

Laubbäume	Bl. gegenständig	Blätter zusammengesetzt

Blätter eingeschnitten oder gelappt

Acer **84 – 104**

Eucryphia **146 – 148**

Aesculus **178 – 181**

Pseudotsuga **76**

Tsuga **77**

x *Cupressocyparis* **40**

Cupressus cashmeriana **41**

Thuja **49 – 50**

Thujopsis **51**

Sie sehen, es ist jede größere Gruppe in Untergruppen aufgeteilt. Diese Untergruppen liefern weitere Informationen, die Aufschluß über wichtige Details geben (z. B. ob die Blätter immergrün oder sommergrün, eingeschnitten, ganzrandig oder gelappt sind). Vergleichen Sie Ihr zu bestimmendes Blatt mit den Blattsymbolen oben in den Bildzeilen und ordnen Sie es seiner Gruppe zu. Dann vergleichen Sie Ihr Exemplar mit den Blättern der entsprechenden Gruppe und suchen dasjenige heraus, das Ihrem Blatt am ähnlichsten ist. Der Name der Gattung, zu der dieses Blatt gehört, steht unter dem Foto. Wenn Sie die dort genannte Seite aufschlagen, finden Sie den Eintrag zur gesuchten Art.

Fraxinus **228 – 230**

Blättchen ganzrandig

Phellodendron 283

Tetradium 284

LAUBBÄUME	BL. GEGENSTÄNDIG	Blätter einfach

Blätter eingeschnitten

Acer 84 – 104

Euonymus 132

Cercidiphyllum 133

Eucryphia 146 – 148

Blätter ganzrandig

Catalpa 129 – 131

Buxus 131

Cornus 133 – 138

Eucryphia 146 – 148

Blätter gelappt

Acer 84 – 104

Catalpa 129 – 131

Paulownia 296

LAUBBÄUME	BL. WECHSELSTÄNDIG	Blätter zusammengesetzt

Einfach gefiedert, eingeschnitten

Rhus 105 – 106

Carya 182 – 183

Juglans 183 – 185

Platycarya 185

Chionanthus 227–228

Phillyrea 231

Rhamnus cathartica 237

Eucalyptus 222–225

Myrtus 225

Chionanthus 227–228

Ligustrum 231

Pterocarya 186–187

Gleditsia 195

Toona 217

Sorbus 274–282

Zanthoxylum **285**

Koelreuteria **295**

Xanthoceras **295**

Einfach gefiedert, ganzrandig

Rhus trichocarpa **106**

Juglans regia **185**

Cladrastis **194**

Doppelt gefiedert, eingeschnitten

Aralia **114**

Gleditsia **195**

Doppelt gefiedert, ganzrandig

Acacia **190–191**

Albizia **192**

Gymnocladus **195**

Blätter dreizählig, gefiedert

+ Laburnocytisus **196**

Laburnum **197–198**

Ptelea **28**

Ailanthus **296**

Maackia **198**

Robinia **199**

Sophora **200**

Laubbäume	Bl. wechselständig	Blätter einfach

Blätter ganzrandig, immergrün

Ilex 108 – 113

Arbutus 141 – 143

Rhododendron 144

Chrysolepis 150

Acacia 191

Magnolia 202 – 251

Callistemon 221

Eucalyptus 222 – 225

Blätter ganzrandig, sommergrün

Cotinus 105

Asimina 107

Cornus alternifolia 133

Diospyros 138 – 139

Sassafras 189

Cercis 192 – 193

Genista 194

Magnolia 202 – 215

Cotoneaster 240

Cydonia 244

Mespilus 255

Pyrus salicifolia 273

Lithocarpus 154

Quercus ilex 163

Laurus 188

Umbellularia 189

Pittosporum 233

Embothrium 236

Drimys 310

Elaeagnus 140

Hippophae 140

Fagus 151 – 153

Quercus 158 – 173

Maclura 220

Nyssa 226 – 227

Embothrium 236

Rhamnus frangula 237

Blätter gelappt, eingeschnitten

Kalopanax **115**

Quercus **158 – 173**

Liquidambar **175 – 176**

Broussonetia **218**

x *Crataemespilus* **244**

Malus **245 – 254**

Sorbus **274 – 282**

Populus alba **286**

Blätter gelappt, ganzrandig

Quercus **158 – 173**

Sassafras **189**

Liriodendron **201**

Blätter nicht gelappt, eingeschnitten, immergrün

Ilex **108 – 113**

Pseudopanax **115**

Maytenus **132**

Azara **174**

Photinia **256 – 257**

Prunus **265**

Ficus **219**

Morus **220**

Platanus **234 – 235**

Crataegus **240 – 243**

Tilia mongolica **304**

Trachycarpus **232**

Arbutus **141 – 143**

Nothofagus **155 – 157**

Quercus **158 – 173**

Trochodendron **306**

Blätter nicht gelappt, eingeschnitten, sommergrün

Alnus 116 – 117

Betula 118 – 125

Carpinus 126 – 127

Corylus 127

Fagus 151 – 153

Nothofagus 155 – 157

Quercus 158 – 173

Idesia 174

Morus 220

Davidia 226

Amelanchier 238 – 239

Crataegus 240 – 243

Pyrus 273

Sorbus 274 – 282

Populus 286 – 290

Salix 291 – 294

Tilia 302 – 305

Celtis 306 – 307

Ulmus 308 – 309

Zelkova 309 – 310

Ostrya **128**

Oxydendrum **143**

Eucommia **145**

Castanea **149 – 150**

Parrotia **177**

Parrotiopsis **177**

Hoheria **216**

Broussonetia **218**

Malus **245 – 254**

Mespilus **255**

Photinia **256 – 257**

Prunus **258 – 272**

Halesia **297**

Pterostyrax **298**

Styrax **298 – 299**

Stewartia **300 – 301**

NADELBÄUME

UND DEREN VERWANDTE

ARAUCARIACEAE

ZU DIESER FAMILIE gehören zwei Gattungen mit rund 35 Arten großer, immergrüner Bäume. Sie sind auf der Südhalbkugel heimisch, haben sich aber auch bis ins Innere Südostasiens verbreitet. Viele Arten sind für die Holzwirtschaft wichtig. Die Andentanne *(Araucaria araucana)* ist die wohl bekannteste Art.

Familie ARAUCARIACEAE	Art *Araucaria araucana*	Autor (Molina) K. Koch

ANDENTANNE

Blätter Breit-dreieckig, bis 5 cm lang und Basis 2 cm breit, steif und stechend, glänzend dunkelgrün, dachziegelartig, rings um Zweige angeordnet. *Borke* Grau, runzlig. *Blüten* Zweihäusig, 10 cm lang, männliche braun, in Trauben, weibliche grünbraun, einzeln, im Sommer. *Früchte* Rundlich-eiförmige, braune Zapfen, bis 15 cm lang.

- HERKUNFT Argentinien, Chile
- LEBENSRAUM Gebirge

Höhe 50 m	Wuchs Unverwechselbar	Belaubung Immergrün	Laubform

CEPHALOTAXACEAE

ZWAR BELEGEN FOSSILIEN, daß diese Familie einst weit verbreitet war, doch wildwachsend kommt sie heute nur noch in Ostasien vor. Die Arten der einzigen Gattung sind kleine immergrüne Bäume mit linealischen Blättern und fleischigen Samenhüllen. Die zweihäusigen Pflanzen tragen büschelartige Blütenstände.

Familie CEPHALOTAXACEAE	Art *Cephalotaxus fortunei*	Autor W. J. Hooker

CHINESISCHE KOPFEIBE

Blätter Linealisch, bis 10 cm lang und 3 – 4 mm breit, zugespitzt, oberseits glänzend grün, unterseits mit zwei blassen Bändern, beiderseits der Zweige. *Borke* Rotbraun, löst sich schuppig ab. *Blüten* Blütenstände cremefarben, im Frühjahr. *Früchte* Oval, fleischig, grün bis braun, 2,5 cm lang.

- HERKUNFT Zentral- und O-China
- LEBENSRAUM Bergwälder

Höhe 9 m	Wuchs Breit ausladend	Belaubung Immergrün	Laubform

Familie CEPHALOTAXACEAE	Art *Cephalotaxus harringtonia*	Autor (Forbes) K. Koch

HARRINGTONS KOPFEIBE

Blätter Linealisch, bis 5 cm lang und 3 mm breit, oberseits glänzend grün, unterseits zwei blasse Bänder, beiderseits der Zweige. *Borke* Braun, löst sich schuppig ab. *Blüten* Cremefarben, männliche in den Blattachseln, weibliche endständig, im Frühjahr. *Früchte* Ovale Samen, 2,5 cm lang, blaugrün, reif rotbraun.

- HERKUNFT Nicht bekannt
- LEBENSRAUM Nur in Kultur bekannt
- ANMERKUNG Diese Art wurde ursprünglich als japanisches Gartengehölz beschrieben.

VAR. DRUPACEA ▷
Japanische Wildform mit etwas kürzeren Blättern.

Höhe 6 m	Wuchs Breit ausladend	Belaubung Immergrün	Laubform

CUPRESSACEAE

DIESE FAMILIE UMFASST 15 Gattungen mit über 100 Arten immergrüner Bäume und Sträucher, u. a. die Zypressen (*Cupressus*, s. Seiten 41 – 43) und Wacholder (*Juniperus*, s. Seiten 44 – 48), die weltweit vorkommen. Die kleinen Blätter sind bei jungen Pflanzen nadelförmig, bei älteren schuppenförmig. Manche Wacholderarten tragen beide Formen. Die Blüten sind eingeschlechtig und ein- oder zweihäusig. Die Früchte sind Zapfen, beim Wacholder beerenartige Zapfen.

Familie CUPRESSACEAE	Art *Austrocedrus chilensis*	Autor (D. Don) Florin & Boutelje

CHILEZEDER

Blätter Schuppenförmig, bis 5 mm lang, stumpf, glänzend dunkelgrün, zuweilen oberseits mit blasser Zeichnung, unterseits mit auffallendem weißem Band, in Fächern angeordnet; kantenständige Blätter viel kleiner. *Borke* Graubraun, abblätternd. *Blüten* Sehr klein, männliche gelblich, weibliche grünlich, im Frühjahr in kleinen Büscheln an der Zweigspitze. *Früchte* Längliche Zapfen, 1 cm lang, anfangs grün, reif braun, mit vier sich überdeckenden Schuppen.

- HERKUNFT Argentinien, Chile
- LEBENSRAUM Gebirge
- ANMERKUNG Auch als *Libocedrus chilensis* bekannt. Eng verwandt mit der Rauchzypresse (*Calocedrus decurrens*, s. Seite 36).

Höhe 25 m	Wuchs Schmal kegelig	Belaubung Immergrün	Laubform

Familie	Art	Autor
CUPRESSACEAE	*Calocedrus decurrens*	(Torrey) Florin

RAUCHZYPRESSE

Blätter Schuppenförmig, bis 3 mm lang, am Zweig zu zwei Paaren sitzend, mit dreieckiger Spitze, glänzend dunkelgrün, in flachen, aromatischen Fächern angeordnet; kanten- und flächenständige Blätter gleich lang. *Borke* Rotbraun, abblätternd. *Blüten* Sehr klein, männliche gelblich, weibliche grünlich, im Winter endständig in kleinen Büscheln. *Früchte* Längliche, gelbbraune Zapfen, 2,5 cm lang, mit drei sich überlappenden Schuppenpaaren.

- HERKUNFT Westliches Nordamerika
- LEBENSRAUM Bergwälder
- ANMERKUNG Auch als *Libocedrus decurrens* bekannt. Krone der älteren wildwachsenden Pflanze lichter. Aromatisches Nutzholz.

▽ CALOCEDRUS DECURRENS

△ CALOCEDRUS DECURRENS

'AUREOVARIEGATA' ▷
Das Blattwerk ist teilweise gelblich gefärbt. Man nennt dies Panaschierung.

Höhe	Wuchs	Belaubung	Laubform
40 m	Schmal säulenförmig	Immergrün	

Familie	Art	Autor
CUPRESSACEAE	*Chamaecyparis lawsoniana*	(Murray) Parlatore

LAWSON-SCHEINZYPRESSE

Blätter Schuppenförmig, sehr klein, zugespitzt, Spitze oft abstehend, oberseits dunkelgrün, unterseits blasser mit weißer, x-förmiger Zeichnung; junge Triebe fächerförmig verzweigt. *Borke* Rotbraun, abblätternd. *Blüten* Männliche rot, weibliche bläulich, im Frühjahr endständig, zapfenförmig. *Früchte* Rundliche Zapfen, 8 mm dick, acht Schuppen.

- HERKUNFT NW-Kalifornien, SW-Oregon (USA)
- LEBENSRAUM Berghänge und Canyons

▽ CHAMAECYPARIS LAWSONIANA

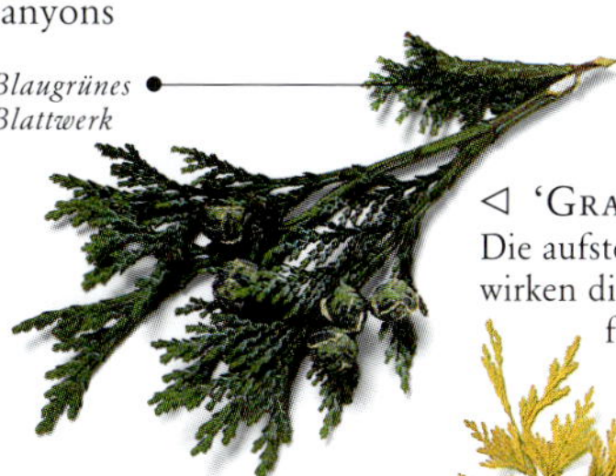

◁ 'GRAYSWOOD PILLAR'
Die aufsteigenden Äste bewirken die kompakte Säulenform dieser Sorte.

'HILLIERI' ▷
Das goldgelbe Blattwerk dieser Sorte ist in großen Fächern angeordnet.

△ 'ALBOSPICA'
Diese langsam wachsende Auslese hat einen breiten, kegeligen Wuchs.

Höhe	Wuchs	Belaubung	Laubform
50 m	Schmal kegelig	Immergrün	

Familie	Art	Autor
CUPRESSACEAE	*Chamaecyparis nootkatensis*	(D. Don) Spach

NOOTKA-SCHEINZYPRESSE

Blätter Schuppenförmig, sehr klein, zugespitzt, oben abstehend, gekielt, oberseits dunkelgrün, unterseits blasser, in aromatischen Fächern. *Borke* Graubraun bis orangebraun, faserig. *Blüten* Männliche gelb, weibliche blau, Blütenstand im Frühjahr zapfenförmig an der Zweigspitze. *Früchte* Rundliche Zapfen, 1 cm dick, nach zwei Jahren reif.

- HERKUNFT NW-Nordamerika
- LEBENSRAUM Küstengebirge

'VARIEGATA' ▷
Das fächerförmige Blattwerk dieser Sorte ist unregelmäßig cremefarben gefleckt.

△ C. NOOTKATENSIS

Höhe	Wuchs	Belaubung	Laubform
40 m	Schmal kegelig	Immergrün	

Familie	Art	Autor
Cupressaceae	*Chamaecyparis obtusa*	(Siebold & Zuccarini) Endlicher

Feuer-Scheinzypresse (Hinoki)

Blätter Schuppenförmig, sehr klein, stumpf, oberseits dunkelgrün, unterseits der aromatischen Fächer mit feinen, silberweißen Linien, die ein X oder Y bilden. *Borke* Rotbraun und weich, in dünnen Streifen abblätternd. *Blüten* Männliche rötlichgelb, weibliche hellbraun, im Frühjahr endständig, zapfenförmig. *Früchte* Rundliche Zapfen, bis 1,2 cm dick, jung grün, reif braun.

- Herkunft Japan
- Lebensraum Vorwiegend Berghänge
- Anmerkung Auch zwergwüchsige Sorten sind in Kultur.

△ Chamaecyparis obtusa

'Crippsii' ▷
Nur die äußeren Zweige dieser Sorte leuchten goldgelb.

Höhe	Wuchs	Belaubung	Laubform
40 m	Schmal kegelig	Immergrün	

Familie	Art	Autor
Cupressaceae	*Chamaecyparis pisifera*	(Siebold & Zuccarini) Endlicher

Sawara-Scheinzypresse

Blätter Schuppenförmig, sehr klein, zugespitzt, kantenständige Blätter abstehend, oberseits glänzend dunkelgrün, unterseits auffallende weiße Zeichnung, in aromatischen Fächern; kantenständig etwas größer als flächenständig. *Borke* Rotbraun, in schmalen Streifen abblätternd. *Blüten* Männliche bräunlich, weibliche blaßbraun, Blütenstand im Frühjahr endständig, zapfenförmig. *Früchte* Rundliche Zapfen, 6 mm dick, grün, reif braun.

- Herkunft Japan
- Lebensraum Flußauen
- Anmerkung Das Artelement des botanischen Namens, *pisifera* (= erbsentragend), bezieht sich auf die kleinen Zapfen. Sämlinge haben schmale, bis 6 mm lange Blätter – ein Merkmal, das manchen Kulturformen erhalten blieb. Das traditionelle blauweiße „Weidenmuster“ auf Keramik- und Porzellanwaren zeigt diese Art.

Höhe	Wuchs	Belaubung	Laubform
50 m	Breit kegelig	Immergrün	

Familie	Art	Autor
CUPRESSACEAE	*Chamaecyparis thyoides*	(L.) Britton, Sterns, Poggenberg

WEISSZEDER

Blätter Schuppenförmig, sehr klein, zugespitzt, oberseits grün bis graugrün, unterseits oft mit heller Zeichnung, an schlanken Zweigen, in kleinen, aromatischen Fächern; kantenständig etwas größer als flächenständig. *Borke* Grau bis braun, faserig, in Streifen abblätternd. *Blüten* Männliche bräunlich, weibliche grün, Blütenstand im Frühjahr endständig, zapfenförmig. *Früchte* Rundliche Zapfen, 6 mm dick, gräulichblau, reif braun, mit sechs zugespitzten Schuppen.

- HERKUNFT O-USA
- LEBENSRAUM Meist Sümpfe, nasse Böden und feuchte Standorte
- ANMERKUNG Auch als Weiße Scheinzypresse oder Zederzypresse bekannt.

△ CHAMAECYPARIS THYOIDES

△ 'GLAUCA'
Diese Sorte zeichnet sich durch ihr auffallend bläuliches bis blaugraues Blattwerk aus. Auch sind die Zapfen stärker bereift.

▽ 'VARIEGATA'
Wie der Sortenname andeutet, ist das Blattwerk mehr oder weniger blaßgelb panaschiert.

Höhe	Wuchs	Belaubung	Laubform
25 m	Schmal säulenförmig	Immergrün	

Familie CUPRESSACEAE	Art x *Cupressocyparis leylandii*	Autor (Dallimore & Jackson) Dallimore

LEYLAND-ZYPRESSE

Blätter Schuppenförmig und sehr klein, zugespitzt, oberseits dunkelgrün, unterseits blasser, unterschiedlich weit vom Zweig abstehend, in Fächern; kanten- und flächenständige Blätter ungefähr gleich groß. *Borke* Rotbraun, mit flachen Furchen. *Blüten* Männliche gelblich, weibliche grün, Blütenstand im zeitigen Frühjahr endständig, zapfenförmig. *Früchte* Rundliche Zapfen, bis 2 cm dick, anfangs blaugrün, reif glänzend braun.

- HERKUNFT Kultursorte
- ANMERKUNG Hybride zwischen der Nootka-Scheinzypresse (*Chamaecyparis nootkatensis*, s. Seite 37) und der Monterey-Zypresse (*Cupressus macrocarpa*, s. Seite 42). 'Haggerston Grey', mit graugrünem Blattwerk, ist eine bekannte Sorte.

△ 'CASTLEWELLAN GOLD'
Junge Exemplare dieser Form tragen leuchtend gelbes Blattwerk. Bei älteren Pflanzen wechselt die Farbe zu tiefem Goldgelb.

△ 'HAGGERSTON GREY'

△ 'NAYLOR'S BLUE'
Das Blattwerk dieser Sorte ist blaugrau bis gräulich-grün. Der Wuchs ist sehr schmal säulenförmig.

'SILVER DUST' ▷
Diese Kultursorte wurde im US-amerikanischen National Arboretum, Washington, D.C., gezüchtet.

Höhe 30 m	Wuchs Schmal säulenförmig	Belaubung Immergrün	Laubform

Familie	Art	Autor
CUPRESSACEAE	*Cupressus cashmeriana*	Royle ex Carrière

KASCHMIR-ZYPRESSE

Blätter Schuppenförmig und sehr klein, mit abstehenden Spitzen, fühlen sich daher rauh an; in gräulichblauen, hängenden Fächern angeordnet. *Borke* Rotbraun, in senkrechten Streifen abblätternd. *Blüten* Männliche und weibliche unauffällig, einhäusig, Blütenstand zapfenförmig im frühen bis mittleren Winter. *Früchte* Rundliche Zapfen, 1,2 cm dick, anfangs blaugrün bis grüngelb, reif braun, Schuppen mit höckerförmiger Spitze.

- HERKUNFT Unbekannt, wahrscheinlich Himalaja
- LEBENSRAUM Heute nur in gärtnerischer Kultur
- ANMERKUNG Ein eleganter Baum geringer bis mittlerer Höhe, im Alter mehr ausladend. Ist selten im Handel.

Höhe	Wuchs	Belaubung	Laubform
20 m	Kegelig überhängend	Immergrün	

Familie	Art	Autor
CUPRESSACEAE	*Cupressus glabra*	Sudworth

ARIZONA-ZYPRESSE

Blätter Schuppenförmig und sehr klein, zugespitzt, blaugrau, unterseits mit winzigem weißem Harzfleck in der Mitte, dicht am rötlichen Zweig anliegend, in unregelmäßigen Wedeln, aromatisch. *Borke* Rotbraun bis purpurn, in runden Schuppen abblätternd. *Blüten* Einhäusig, männliche gelb und auffallend, weibliche grün, endständig im mittleren bis späten Winter. *Früchte* Rundliche, graubraune Zapfen, bis 2,5 cm dick, mehrere Jahre an den Zweigen.

- HERKUNFT Arizona (USA)
- LEBENSRAUM Felsige Berghänge
- ANMERKUNG Diese Art ist vor allem in W-Europa in gärtnerischer Kultur weit verbreitet. Bekannt ist die Sorte 'Pyramidalis' mit silbrigblauem Laub und dichtem Wuchs. Man findet sie oft unter dem Namen der ähnlichen, aber viel selteneren Art *Cupressus arizonica*.

Höhe	Wuchs	Belaubung	Laubform
20 m	Schmal kegelig	Immergrün	

Familie	Art	Autor
CUPRESSACEAE	*Cupressus lusitanica*	Miller

BLAUGRÜNE ZYPRESSE

Blätter Schuppenförmig, sehr klein, abstehende, zugespitzte Blattenden, blaugrün, in unregelmäßigen, leicht aromatischen Wedeln. *Borke* Braun, in senkrechten, faserigen Streifen abblätternd. *Blüten* Männliche gelbbraun, weibliche gräulichblau, im zeitigen Frühjahr endständig, in zapfenförmigen Blütenständen. *Früchte* Rundliche Zapfen, 1,5 cm dick, gräulichgrün bis blau, reif glänzend braun, Schuppen mit spitzem Höcker, nach zwei Jahren reif.

- HERKUNFT Mittelamerika, Mexiko
- LEBENSRAUM Gebirge
- ANMERKUNG Auch Mexikanische Zypresse. Früher hielt man Portugal für ihre Heimat.

△ C. LUSITANICA

◁ 'GLAUCA PENDULA'
Hängende Zweige mit blaugrauem Blattwerk unterscheidet diese Sorte von der Art.

Höhe	Wuchs	Belaubung	Laubform
30 m	Schmal kegelig	Immergrün	

Familie	Art	Autor
CUPRESSACEAE	*Cupressus macrocarpa*	Hartweg ex Gordon

MONTEREY-ZYPRESSE

Blätter Schuppenförmig, sehr klein, zugespitzt, dicht am Zweig anliegend, in unregelmäßigen, aromatischen Wedeln. *Borke* Rotbraun, mit flachen Furchen. *Blüten* Männliche gelb, weibliche grün, endständig im Frühjahr bis Frühsommer. *Früchte* Rundliche Zapfen, bis 4 cm dick, Schuppen mit niedrigen, stumpfen Höckern.

- HERKUNFT Kalifornien (USA)
- LEBENSRAUM Küsten-Nadelwald
- ANMERKUNG Seltener Baum, aus der Gegend um Monterey stammend. Im Alter ausladender Wuchs.

▽ CUPRESSUS MACROCARPA

'GOLDCREST' ▷
Diese Sorte fällt durch ihr leuchtend goldgelbes Laub auf.

Höhe	Wuchs	Belaubung	Laubform
25 m	Breit kegelig	Immergrün	

Familie CUPRESSACEAE	Art *Cupressus sempervirens*	Autor Linné

MITTELMEER-ZYPRESSE

Blätter Schuppenförmig, sehr klein, stumpf, tief dunkelgrün, unterseits ohne weiße Zeichnung, leicht oder nicht aromatisch, in unregelmäßigen Wedeln, dem Zweig dicht anliegend. *Borke* Graubraun, mit flachen, spiraligen Furchen. *Blüten* Männliche gelbbraun, weibliche grün, Blütenstand im Frühjahr endständig, zapfenförmig . *Früchte* Eiförmige bis rundliche Zapfen, bis 4 cm lang, anfangs grün, reif braun, überlappende, höckerige Schuppen.

- HERKUNFT SW-Asien, O-Mittelmeerraum
- LEBENSRAUM Felsige Gebirgsregionen
- ANMERKUNG Die schmalwüchsige Sorte 'Stricta' (Säulenzypresse) ist im Mittelmeerraum so häufig, daß sie das Landschaftsbild prägt.

△ CUPRESSUS SEMPERVIRENS

'SWANE'S GOLDEN' ▷
Diese Sorte, gezüchtet in Australien, wächst langsam zu einem kleinen, kompakten Baum mit sehr schmalem Wuchs heran. Die gelben Blattspitzen lassen den Baum golden erscheinen.

Höhe 50 m	Wuchs Schmal säulenförmig	Belaubung Immergrün	Laubform

Familie	Art	Autor
Cupressaceae	*Fitzroya cupressoides*	(Molina) Johnston

Patagonische Zypresse

Blätter Länglich und dick, bis 3 mm lang, mit stumpfer Spitze, zu dritt in Quirlen, dunkelgrün, beiderseits mit zwei weißen Bändern, an schmalen, hängenden Trieben. *Borke* Rotbraun, in langen, senkrechten Streifen abblätternd. *Blüten* Männliche gelb, weibliche gelbgrün, im Frühjahr zapfenförmige Blütenstände, endständig. *Früchte* Rundliche, braune Zapfen, 8 mm dick.

- Herkunft Argentinien, Chile
- Lebensraum Gebirge
- Anmerkung Auch als Alerce bekannt. Benannt nach Kapitän Fitzroy, auf dessen Schiff „Beagle" Charles Darwin nach Südamerika gesegelt war.

Höhe	Wuchs	Belaubung	Laubform
50 m	Breit säulenförmig	Immergrün	

Familie	Art	Autor
Cupressaceae	*Juniperus chinensis*	Linné

Chinesischer Wacholder

Blätter Ältere schuppenförmig, sehr klein, stumpf, in unregelmäßigen, stumpfen Wedeln, dem Zweig dicht anliegend; jüngere nadelförmig, bis 8 mm lang, zugespitzt, gegenständig oder zu dritt wirtelig, grün, oberseits mit zwei gräulichblauen Streifen. *Borke* Rotbraun, in senkrechten Streifen abblätternd. *Blüten* Zweihäusig, männliche gelb, weibliche klein und purpurgrün, endständig im Frühjahr. *Früchte* Beerenartige, blauweiße bis braune Zapfen, mehlig bereift, bis 8 mm lang.

- Herkunft China, Japan
- Lebensraum Bergregionen
- Anmerkung Obwohl jüngere und ältere Blätter meist auf derselben Pflanze vorkommen, gibt es Exemplare mit nur älteren oder nur jüngeren. Die Art kann strauchförmig wachsen. Es sind viele Sorten im Handel.

J. chinensis

'Aurea' ▷
Diese Sorte hat hellgelbe Triebspitzen.

Höhe	Wuchs	Belaubung	Laubform
25 m	Schmal kegelig	Immergrün	

Familie	Art	Autor
CUPRESSACEAE	*Juniperus communis*	Linné

GEMEINER WACHOLDER

Blätter Nadelförmig und schmal, bis 1,5 cm lang, zu dritt wirtelig, zugespitzt, glänzend grün, oberseits weißes, breites Band. *Borke* Rotbraun, in dünnen, senkrechten Streifen abblätternd. *Blüten* Zweihäusig, männliche gelb in Kätzchen, weibliche klein und grün, im Frühjahr in den Blattachseln. *Früchte* Beerenzapfen, ca. 6 mm lang, zunächst grün, später schwarzblau bereift.

- HERKUNFT Gemäßigte Zonen der Nordhalbkugel
- LEBENSRAUM Offenes Gelände, Küste bis Hochgebirge
- ANMERKUNG Die Art ist sehr variabel: Es gibt sie als kissenartige Zwergform, als Strauch und zuweilen als Baum. Ihre Beeren verleihen dem Gin seinen typischen Geschmack und werden als Gewürz verwendet.

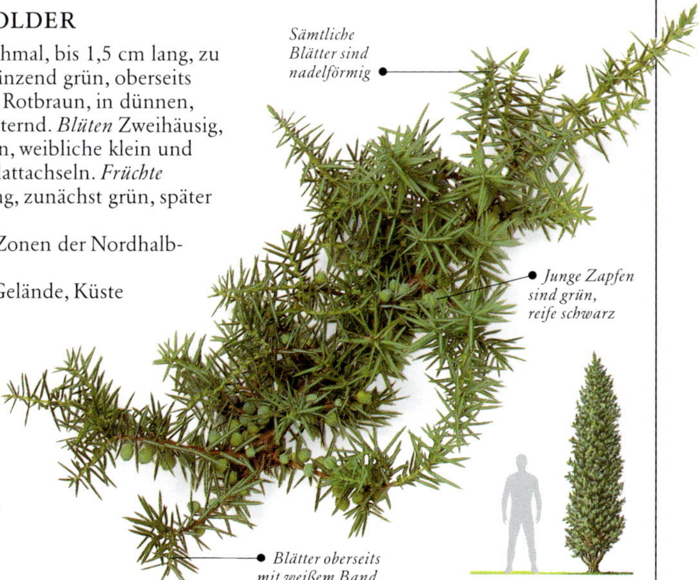

Höhe	Wuchs	Belaubung	Laubform
6 m	Schmal kegelig	Immergrün	

Familie	Art	Autor
CUPRESSACEAE	*Juniperus deppeana*	Steudel

ALLIGATOR-WACHOLDER

Blätter Schuppenförmig, klein, bis 3 mm lang, hellgrün, mit auffallender weißer Harzdrüse unterseits und zwei weißen, zur Blattbasis laufenden Bändern, Blattbasis dicht anliegend, zugespitzt, Blattspitze abstehend; Zweige daher rauh, beim Zerreiben aromatisch. *Borke* Dunkelgrau, in kleinen, länglichen Platten ablösend. *Blüten* Unauffällig. *Früchte* Rundliche, rotbraune, bereifte Beerenzapfen, bis 1,5 cm dick.

- HERKUNFT Mexiko, SW-USA
- LEBENSRAUM Felsige Berghänge der Hochgebirge
- ANMERKUNG Auch als *Juniperus deppeana* var. *pachyphlaea* bekannt. Die Art ist leicht an der typischen Plattenborke zu erkennen.

Höhe	Wuchs	Belaubung	Laubform
15 m	Breit kegelig	Immergrün	

Familie	Art	Autor
Cupressaceae	*Juniperus drupacea*	Labillardière

Syrischer Wacholder

Blätter Nadelförmig, derb, schmal, bis 2,5 cm lang, zu dritt wirtelig, zugespitzt, oberseits mit grünem Mittelstreifen zwischen zwei weißen Bändern, unterseits glänzend grün und rinnig, an dreikantigen Zweigen. *Borke* Orangebraun, in dünnen, senkrechten Streifen abblätternd. *Blüten* Zweihäusig, männliche gelb, weibliche sehr klein und grün, im Frühjahr an den Spitzen der kurzen, beblätterten Zweige. *Früchte* Große, bereifte Beerenzapfen, bis 2,5 cm dick, zunächst blaugrün bis braun, reif purpurschwarz, die dreieckigen Schuppen zugespitzt.

- Herkunft SW-Asien, Griechenland
- Lebensraum Bergwälder
- Anmerkung Die Art ist leicht an den breiteren Blättern zu erkennen. In gärtnerischer Kultur kommen die großen Zapfen nur selten vor.

Höhe	Wuchs	Belaubung	Laubform
10 m	Schmal säulenförmig	Immergrün	

Familie	Art	Autor
Cupressaceae	*Juniperus occidentalis*	W. J. Hooker

Abendländischer Wacholder

Blätter Schuppenförmig und klein, zu dritt, leicht gezähnt, graugrün, unterseits mit kleiner Drüse, dicht anliegend, an kräftigen Trieben zugespitzt und abstehend. *Borke* Rotbraun, gefurcht, abschuppend. *Blüten* Meist zweihäusig, männliche gelb, weibliche grün, endständig im Frühjahr. *Früchte* Rundliche bis eiförmige, bereifte Beerenzapfen, blauschwarz, bis 1 cm lang, nach zwei Jahren reif.

- Herkunft W-USA
- Lebensraum Felsige Berghänge und trockene Böden der Gebirge
- Anmerkung Die gezähnten Blattränder erkennt man nur unter der Lupe. In den Gebirgszügen der Sierra Nevada (Kalifornien, USA) wachsen mehr als 2000 Jahre alte Exemplare aus dem nackten Felsen.

Höhe	Wuchs	Belaubung	Laubform
20 m	Breit kegelig	Immergrün	

Familie CUPRESSACEAE	Art *Juniperus oxycedrus*	Autor Linné

ROTER WACHOLDER

Blätter Nadelförmig und schmal, bis 2,5 cm lang, zu dritt wirtelig, zugespitzt, oberseits grün, unterseits mit zwei gräulichblauen Bändern. *Borke* Purpurbraun, in senkrechten Streifen abschuppend. *Blüten* Zweihäusig, männliche gelb, weibliche grün, im Frühjahr in den Blattachseln. *Früchte* Beerenzapfen, 1,2 cm dick, zunächst grün und bereift, später rot bis purpurn.

- HERKUNFT SW-Asien, S-Europa
- LEBENSRAUM Trockenes Hügelland, Wälder
- ANMERKUNG Auch als Baumwacholder bekannt. Ein Stoff des Holzes wird gegen Hauterkrankungen verwendet. Auf den Balearen, wo der Gemeine Wacholder (*Juniperus communis,* s. Seite 45) nicht gedeiht, wird aus den Beeren dieser Art Gin hergestellt.

Höhe 10 m	Wuchs Breit kegelig	Belaubung Immergrün	Laubform

Familie CUPRESSACEAE	Art *Juniperus recurva*	Autor Buchanan-Hamilton ex D. Don

COX-WACHOLDER

Blätter Nadelförmig und schmal, 6 – 12 mm lang, zu dritt wirtelig, zugespitzt, oberseits blaßgrün, unterseits zwei weiße Bänder, fühlen sich trocken, papierartig an; an überhängenden Zweigen nach vorn gerichtet. *Borke* Rotbraun, in senkrechten Streifen abblätternd. *Blüten* Einhäusig, männliche gelb, weibliche grün, im Frühjahr an den Zweigspitzen. *Früchte* Glänzende, blauschwarze Beerenzapfen, 8 – 10 mm lang.

- HERKUNFT SW-China, Himalaja
- LEBENSRAUM Hochgebirge
- ANMERKUNG Auch als Himalaja-Wacholder bekannt. *Juniperus recurva* var. *coxii,* hier abgebildet, mit stärker abstehenden Blättern an hängenden Zweigen.

JUNIPERUS RECURVA VAR. COXII

Höhe 15 m	Wuchs Schmal kegelig	Belaubung Immergrün	Laubform

Familie	Art	Autor
Cupressaceae	*Juniperus scopulorum*	Sargent

Westliche Rotzeder

Blätter Schuppenförmig, sehr klein, graugrün oder gelblich-grün, dem Zweig dicht anliegend. *Borke* Rotbraun, in dünnen Streifen abblätternd. *Blüten* Meist einhäusig, männliche gelb, weibliche grün, endständig im Frühjahr. *Früchte* Blauschwarze, gräulichblau bereifte Beerenzapfen, 6 mm dick, nach zwei Jahren reif.

- Herkunft W-Nordamerika
- Lebensraum Wälder und felsige Böden im Gebirge
- Anmerkung 'Skyrocket', hier abgebildet, ist die bekannteste Sorte. Die Insel Cypress Island in Washington State (USA) verdankt ihren Namen dieser Art, da sie dort häufig vorkommt.

Juniperus scopulorum 'Skyrocket'

Höhe	Wuchs	Belaubung	Laubform
12 m	Schmal kegelig	Immergrün	

Familie	Art	Autor
Cupressaceae	*Juniperus virginiana*	Linné

Virginische Rotzeder

Blätter Jüngeres und älteres Laub meist an einer Pflanze vorhanden; ältere Blätter schuppenförmig, sehr klein, zugespitzt, meist grün bis blaugrün, dem Zweig dicht anliegend; jüngere Blätter nadelförmig, bis 6 mm lang, meist paarig, zugespitzt, oberseits graugrün, unterseits gräulichblau, an den Triebspitzen. *Borke* Rotbraun, in senkrechten Streifen abblätternd. *Blüten* Meist zweihäusig, männliche gelb, weibliche grün, an den Zweigspitzen. *Früchte* Gräulichblaue, bereifte Beerenzapfen, 4 – 6 mm dick, nach einem Jahr reif.

- Herkunft O-Nordamerika
- Lebensraum Wälder und felsige Berghänge
- Anmerkung Auch als Virginischer Wacholder bekannt. Weit verbreitet. Das Holz wird zur Herstellung von Bleistiften verwendet.

Juniperus virginiana

'Glauca' ▷ Diese Sorte besitzt blaugrünes Laub.

Höhe	Wuchs	Belaubung	Laubform
30 m	Schmal säulenförmig	Immergrün	

Familie	Art	Autor
CUPRESSACEAE	*Thuja koraiensis*	Nakai

KOREA-LEBENSBAUM

Blätter Schuppenförmig und klein, oberseits glänzend grün, unterseits mit schneeigweißer Zeichnung, Zweige fächerförmig, beim Zerreiben aromatisch. *Borke* Rotbraun, dünn abschuppend. *Blüten* Einhäusig, männliche grün, mit schwarzen Spitzen, weibliche grün, Blütenstand im Frühjahr zapfenförmig an den Zweigspitzen. *Früchte* Eiförmige bis längliche, aufrechte Zapfen, 1 cm lang, gelbgrün, reif braun, mit acht Schuppen.

- HERKUNFT NO-China, Korea
- LEBENSRAUM Bergwälder
- ANMERKUNG Die Art wächst als kleiner Baum oder als dichter Strauch.

Höhe	Wuchs	Belaubung	Laubform
10 m	Schmal kegelig	Immergrün	

Familie	Art	Autor
CUPRESSACEAE	*Thuja occidentalis*	Linné

ABENDLÄNDISCHER LEBENSBAUM

Blätter Schuppenförmig und sehr klein, oberseits matt dunkelgrün, unterseits blasser grün und ohne weißliche Zeichnung, an abgeflachten, aromatischen Zweigen. *Borke* Orangebraun, in senkrechten Streifen abblätternd. *Blüten* Einhäusig, eingeschlechtig, männliche rot, weibliche gelbbraun, endständig im Frühjahr. *Früchte* Längliche, aufrechte Zapfen, 1 cm lang, gelbgrün, reif braun, mit acht bis zehn Schuppen.

- HERKUNFT O-Nordamerika
- LEBENSRAUM Felsige Berghänge (oft Kalkstein) und Sümpfe
- ANMERKUNG Auch als Thuje bekannt. Gelangte als eine der ersten nordamerikanischen Arten nach Europa. In Kultur gibt es zahlreiche Gartenformen, darunter Sorten mit buntem Laub und viele Zwergformen.

Höhe	Wuchs	Belaubung	Laubform
20 m	Schmal kegelig	Immergrün	

Familie CUPRESSACEAE	Art *Thuja plicata*	Autor D. Don

RIESEN-LEBENSBAUM

Blätter Schuppenförmig, sehr klein, oberseits glänzend dunkelgrün, unterseits weißliche Flecken, stark aromatisch. *Borke* Purpurbraun, senkrecht abblätternd. *Blüten* Einhäusig, eingeschlechtig, männliche rotschwarz, anfangs gelb, weibliche gelbgrün, endständig im Frühjahr. *Früchte* Längliche, aufrechte Zapfen, 1,2 cm lang, gelbgrün, reif braun.

- HERKUNFT NW-Nordamerika
- LEBENSRAUM Gebirge

△ THUJA PLICATA

◁ 'ZEBRINA'
Das Laub dieser Sorte ist zebraartig gelbgrün gestreift.

Höhe 50 m	Wuchs Schmal kegelig	Belaubung Immergrün	Laubform

Familie CUPRESSACEAE	Art *Thuja standishii*	Autor (Gordon) Carrière

JAPANISCHER LEBENSBAUM

Blätter Schuppenförmig, sehr klein, stumpf, oberseits gelbgrün, unterseits blaugrün mit unauffälligen weißlichen Flecken, aromatisch, an hängenden, abgeflachten und gefächerten Zweigen. *Borke* Rotbraun, in Streifen und Platten abblätternd. *Blüten* Einhäusig, männliche schwärzlichrot, anfangs gelb, weibliche grünlich, endständig im Frühjahr. *Früchte* Eiförmige, aufrechte Zapfen, 1 cm lang, grün, reif rotbraun, mit meist zehn Schuppen.

- HERKUNFT Japan
- LEBENSRAUM Felsengebirge und Moore
- ANMERKUNG Zerrieben duften die Zweige außergewöhnlich süßlich.

Höhe 20 m	Wuchs Breit kegelig	Belaubung Immergrün	Laubform

Familie	Art	Autor
Cupressaceae	*Thujopsis dolabrata*	(Linné f.) Siebold & Zuccarini

Hiba

Blätter Schuppenförmig, bis 7 mm lang, oberseits glänzend frischgrün bis gelbgrün, an breiten, abgeflachten, fächerförmigen Zweigen. *Borke* Violett bis braun, in dünnen, senkrechten Streifen abblätternd. *Blüten* Einhäusig, eingeschlechtig, männliche schwarzgrün, weibliche blaugrau, endständig im Frühjahr. *Früchte* Braune, bereifte Zapfen, ca. 1,5 cm dick.

- Herkunft Japan
- Lebensraum Feuchte Bergwälder

Höhe	Wuchs	Belaubung	Laubform
20 m	Breit kegelig	Immergrün	

Ginkgoaceae

Obwohl nur eine Gattung mit einer Art zu dieser Familie gehört, zeigen mehrere Fossilienfunde, daß ähnliche Arten im Jura bis zur Unterkreide (etwa vor 150–200 Millionen Jahren) über die ganze Erde verbreitet waren. Die meist den Nadelbäumen zugeordnete Art ist eigentlich das einzige überlebende Bindeglied zwischen Farnpflanzen und höheren Pflanzen.

Familie	Art	Autor
Ginkgoaceae	*Ginkgo biloba*	Linné

Ginkgo

Blätter Fächerförmig, ca. 7,5 cm lang, vorn oft eingeschnitten oder zweilappig, parallel- bis gabelnervig, blaßgrün, im Herbst gelb, an Langtrieben einzeln stehend, an Kurztrieben in Büscheln. *Borke* Braun, grob gefurcht und rissig. *Blüten* Zweihäusig, klein und gelbgrün, männliche in Kätzchen, weibliche einzeln oder paarig und länger gestielt, im Frühjahr. *Früchte* Pflaumenähnliche Samen, fleischiger Mantel, gelbgrün, reif goldgelb, mit eßbarem Kern.

- Herkunft China
- Lebensraum Nur in gärtnerischer Kultur
- Anmerkung Zerdrückte oder verrottende Früchte riechen unangenehm nach Buttersäure.

△ Ginkgo biloba

'Variegata' ▷ Die Blätter dieser Sorte sind hellgelb gestreift.

Höhe	Wuchs	Belaubung	Laubform
Bis 40 m	Breit kegelig	Sommergrün	

PINACEAE

TANNEN (*Abies*, s. Seiten 52–57), Lärchen (*Larix*, s. Seiten 60–61) und Kiefern (*Pinus*, s. Seiten 66–75) gehören zu dieser Familie. Die ca. 250 Arten der zehn Gattungen sind vorwiegend in den gemäßigten Zonen der Nordhalbkugel zu finden. Sommergrün sind die Lärchenarten sowie *Pseudolarix* (Seite 76). Die Pflanze ist einhäusig, die weiblichen Blütenstände reifen zu verholzenden Zapfen.

Familie	Art	Autor
PINACEAE	*Abies alba*	Miller

WEISSTANNE

Blätter Linealisch, bis 3 cm, Spitze gekerbt, oberseits glänzend dunkelgrün, unterseits zwei helle Streifen, zweireihig gescheitelt, obere Reihe etwas kürzer und nach vorn gerichtet. *Borke* Grau und glatt, im Alter in kleinen Platten abschuppend. *Blüten* Einhäusig, eingeschlechtig, männliche gelb, an der Zweigunterseite, weibliche grün, aufrecht, im Frühjahr. *Früchte* Zylindrische, aufrechte Zapfen, bis 15 cm, erst grün, dann rotbraun, vorspringende, abwärts gebogene Deckschuppen.

- HERKUNFT Europa
- LEBENSRAUM Bergwälder
- ANMERKUNG Auch als Edeltanne bekannt. Die Art ist in weiten Teilen Mitteleuropas vom Aussterben bedroht.

Höhe	Wuchs	Belaubung	Laubform
40 m	Schmal säulenförmig	Immergrün	

Familie	Art	Autor
PINACEAE	*Abies bracteata*	(D. Don) Nuttall

GRANNENTANNE

Blätter Nadelförmig, sehr steif, bis 5 cm lang, scharf zugespitzt, oberseits glänzend dunkelgrün, unterseits zwei weiße Streifen, zweireihig gescheitelt. *Borke* Dunkelgrau und glatt. *Blüten* Einhäusig, eingeschlechtig, männliche gelblich, auf der Zweigunterseite, weibliche grün, aufrecht, im Frühjahr. *Früchte* Eiförmige, aufrechte Zapfen, bis 10 cm lang, grün, reif braun, mit auffällig langen, rauhen Deckschuppen.

- HERKUNFT Kalifornien (USA)
- LEBENSRAUM Immergrüne Wälder an felsigen Berghängen
- ANMERKUNG In ihrer Heimat als Santa-Lucia-Tanne bekannt. Die seltenste Tanne Nordamerikas.

Höhe	Wuchs	Belaubung	Laubform
35 m	Schmal kegelig	Immergrün	

Familie	Art	Autor
PINACEAE	*Abies cephalonica*	Loudon

GRIECHISCHE TANNE

Blätter Linealisch, steif, bis 3 cm, scharf zugespitzt, oberseits glänzend dunkelgrün, unterseits zwei weiße Streifen, beinahe allseitig vom Zweig abstehend. *Borke* Dunkelgrau, in kleinen Quadraten abschuppend. *Blüten* Einhäusig, männliche rötlich mit gelben Pollen, an der Zweigunterseite, weibliche grün, aufrecht, im Frühjahr. *Früchte* Braune, aufrechte Zapfen, bis 15 cm, zylindrisch, an beiden Enden verjüngend, mit zurückgeschlagenen Deckschuppen.

- HERKUNFT SO-Europa
- LEBENSRAUM Gebirge

Höhe	Wuchs	Belaubung	Laubform
30 m	Schmal kegelig	Immergrün	

Familie	Art	Autor
PINACEAE	*Abies concolor*	(Gordon) Lindley

COLORADO-TANNE

Blätter Linealisch, bis 6 cm, Spitze stumpf, blaugrün bis graugrün, zweireihig abstehend, stark aufwärts gebogen. *Borke* Grau und glatt, im Alter schuppig. *Blüten* Einhäusig, eingeschlechtig, männliche gelb, an der Zweigunterseite, weibliche gründgelb, aufrecht, im Frühjahr. *Früchte* Zylindrische, aufrechte Zapfen, bis 10 cm, grün bis dunkelviolett, reif braun.

- HERKUNFT W-USA
- LEBENSRAUM Berghänge
- ANMERKUNG Auch als

Amerikanische Silbertanne bekannt.

Höhe	Wuchs	Belaubung	Laubform
40 m	Schmal kegelig	Immergrün	

Familie	Art	Autor
PINACEAE	*Abies forrestii*	Rogers

ABIES FORRESTII

Blätter Linealisch, bis 4 cm, Spitze gekerbt, oberseits dunkelgrün, unterseits mit zwei breiten weißen Streifen, an der Zweigunterseite abstehend, oberseits sehr dicht. *Borke* Grau, glatt. *Blüten* Zweihäusig, eingeschlechtig, männliche beim Öffnen gelb, auf der Zweigunterseite, weibliche dunkelpurpurn, aufrecht, im Frühjahr. *Früchte* Aufrechte Zapfen, bis 10 cm, breit zylindrisch, Spitze flach, dunkelviolett, reif braunpurpurn, Deckschuppen klein und nach unten gebogen.

- HERKUNFT W-China, SO-Tibet
- LEBENSRAUM Hochgebirge

Höhe	Wuchs	Belaubung	Laubform
20 m	Schmal kegelig	Immergrün	

Familie Pinaceae	Art *Abies grandis*	Autor (Douglas) Lindley

Riesentanne

Blätter Linealisch, dünn, bis 5 cm, Spitze gekerbt, oberseits glänzend grün, unterseits zwei weiße Streifen, deutlich gescheitelt. *Borke* Graubraun, glatt, im Alter abschuppend. *Blüten* Einhäusig, eingeschlechtig, männliche rötlich mit gelben Pollen, weibliche grün, aufrecht, im Frühjahr. *Früchte* Zylindrische, aufrechte Zapfen, bis 10 cm, grün, reif braun.

- Herkunft W-Nordamerika
- Lebensraum Immergrüne Wälder in niedrigeren Gebirgslagen

Höhe 50 m	Wuchs Schmal kegelig	Belaubung Immergrün	Laubform

Familie Pinaceae	Art *Abies homolepis*	Autor Siebold & Zuccarini

Nikkotanne

Blätter Linealisch, bis 3 cm, Spitze gekerbt, oberseits glänzend dunkelgrün, zumindest jung bereift, unterseits zwei breite weiße Streifen, den Zweig ganz umlaufend. *Borke* Grau, mit rosa Flecken, im Alter kleine Schuppen. *Blüten* Einhäusig, eingeschlechtig, männliche rötlich, beim Öffnen gelbgrün, an der Zweigunterseite, weibliche purpurrot, aufrecht, im Frühjahr. *Früchte* Zylindrische, aufrechte Zapfen, bis 10 cm, purpurblau, reif braun.

- Herkunft Japan
- Lebensraum Bergwälder

Höhe 30 m	Wuchs Schmal kegelig	Belaubung Immergrün	Laubform

Familie Pinaceae	Art *Abies koreana*	Autor Wilson

Koreanische Tanne

Blätter Linealisch, bis 2 cm, Spitze abgerundet bis gekerbt, oberseits dunkelgrün, unterseits zwei weiße Streifen bzw. weiß, an der Zweigoberseite dicht gedrängt, unterseits locker abstehend. *Borke* Dunkelgraubraun. *Blüten* Einhäusig, männliche gelb, an Zweigunterseite, weibliche purpurrot, aufrecht, im Frühjahr. *Früchte* Zylindrische, aufrechte Zapfen, bis 7,5 cm, Deckschuppen nach unten gebogen.

- Herkunft S-Korea
- Lebensraum Gebirge

Höhe 15 m	Wuchs Schmal kegelig	Belaubung Immergrün	Laubform

Familie PINACEAE	Art *Abies lasiocarpa*	Autor (W. J. Hooker) Nuttall

ROCKY-MOUNTAINS-TANNE

Blätter Linealisch, bis 4 cm, Spitze gekerbt, oberseits graugrün, unterseits zwei weiße Streifen, an der Zweigoberseite beinahe aufrecht, die mittlere Reihe nach vorn gerichtet, unterseits locker abstehend. *Borke* Grauweiß, glatt, mit Harzdrüsen. *Blüten* Einhäusig, eingeschlechtig, männliche rötlich, verstäubend gelb, an der Zweigunterseite, weibliche purpurn, aufrecht, im Frühjahr. *Früchte* Zylindrische, aufrechte Zapfen, bis 4 cm, dunkelpurpurn, reif braun.

- HERKUNFT W-Nordamerika
- LEBENSRAUM Küste bis Gebirge

ABIES LASIOCARPA ▷

Zwei schmale, weiße Streifen auf der Unterseite der Nadeln

VAR. ARIZONICA ▷ Diese Sorte, auch als Kork-Tanne bekannt, ist im Süden des Verbreitungsgebietes heimisch. Auffällig sind die weißblauen Nadeln und die korkige Borke.

Höhe 30 m	Wuchs Schmal kegelig	Belaubung Immergrün	Laubform

Familie PINACEAE	Art *Abies magnifica*	Autor Murray

PRACHTTANNE

Blätter Linealisch, bis 4 cm lang, Spitze stumpf, graugrün, auf der Zweigoberseite hoch aufragend, unterseits abstehend bis aufwärts gebogen. *Borke* Grau, rauh, korkig; bei sehr alten Pflanzen rot. *Blüten* Einhäusig, eingeschlechtig, männliche purpurrot, an der Zweigunterseite, weibliche rot, aufrecht, in Trauben im Frühjahr. *Früchte* Breitkegelige Zapfen, aufrecht, 20 cm und länger, jung purpurn, dann gelbgrün, reif braun.

- HERKUNFT Kalifornien, S-Oregon (USA)
- LEBENSRAUM Trockene Berghänge und Höhenrücken
- ANMERKUNG Verträgt keinen Kalk

Die Nadeln sind aufwärts gebogen

Höhe 40 m	Wuchs Schmal kegelig	Belaubung Immergrün	Laubform

Familie	Art	Autor
PINACEAE	*Abies nordmanniana*	(Steven) Spach

NORDMANNSTANNE

Blätter Linealisch, bis 4 cm, Spitze gekerbt, oberseits glänzend grün, unterseits zwei weiße Streifen, an der Zweigoberseite dicht, unterseits locker abstehend. *Borke* Grau, glatt, im Alter in kleinen, eckigen Platten abschuppend. *Blüten* Einhäusig, eingeschlechtig, männliche rötlich, an der Zweigunterseite, weibliche grün, aufrecht, im Frühjahr. *Früchte* Breite, zylindrische Zapfen, bis 15 cm, aufrecht, grün, reif violettbraun, vorragende, umgebogene Deckschuppen.

- HERKUNFT Kaukasus, NO-Türkei
- LEBENSRAUM Bergwälder

Höhe	Wuchs	Belaubung	Laubform
50 m	Breit kegelig	Immergrün	

Familie	Art	Autor
PINACEAE	*Abies numidica*	Carrière

NUMIDISCHE TANNE

Blätter Linealisch, steif, bis 2 cm, Spitze gerundet oder gekerbt, oberseits dunkelgraugrün, an der Spitze weißer Fleck, unterseits zwei weiße Streifen, den Zweig umlaufend, oberseits aufrecht, unterseits locker verteilt. *Borke* Rötlichgrau, glatt, im Alter schuppig. *Blüten* Einhäusig, eingeschlechtig, männliche rötlich mit gelben Pollen, an der Zweigunterseite, weibliche grün, aufrecht, im Frühjahr. *Früchte* Zylindrische, aufrechte Zapfen, bis 18 cm, violettgrün, reif braun, mit abgesetzter stumpfer Spitze.

- HERKUNFT Algerien
- LEBENSRAUM Küstengebirge
- ANMERKUNG Die Art kommt wildwachsend nur selten vor. Sie ist eng mit der Spanischen Tanne (*Abies pinsapo*, s. Seite 57) verwandt.

Höhe	Wuchs	Belaubung	Laubform
25 m	Schmal kegelig	Immergrün	

Familie	Art	Autor
PINACEAE	*Abies pinsapo*	Boissier

SPANISCHE TANNE

Blätter Linealisch und steif, bis 2 cm, Spitze stumpf, graugrün bis graublau, allseitig rechtwinklig bürstenförmig abstehend. *Borke* Dunkelgrau, im Alter in kleinen Platten abschuppend. *Blüten* Einhäusig, eingeschlechtig, männliche rot mit gelben Pollen, an der Zweigunterseite, weibliche grün, aufrecht, im Frühjahr. *Früchte* Zylindrische, aufrechte Zapfen, bis 15 cm, grün, reif braun.

- HERKUNFT S-Spanien
- LEBENSRAUM Trockene Berghänge

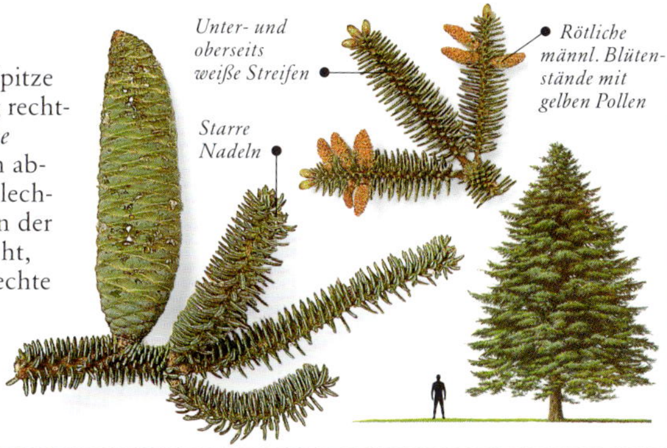

Höhe	Wuchs	Belaubung	Laubform
25 m	Breit kegelig	Immergrün	

Familie	Art	Autor
PINACEAE	*Abies procera*	Rehder

EDLE TANNE

Blätter Linealisch, bis 3 cm, Spitze stumpf, oberseits gerillt, graugrün bis graublau. *Borke* Silbriggrau bis leicht violett, im Alter rissig. *Blüten* Einhäusig, eingeschlechtig, männliche rot mit gelben Pollen, an der Zweigunterseite, weibliche rötlich oder grün, aufrecht, im Frühjahr. *Früchte* Breite, zylindrische, aufrechte Zapfen, bis 25 cm, mit weit vorragenden, zurückgeschlagenen Deckschuppen.

- HERKUNFT W-USA
- LEBENSRAUM Westhänge der Gebirge

Höhe	Wuchs	Belaubung	Laubform
50 m	Schmal kegelig	Immergrün	

Familie	Art	Autor
PINACEAE	*Abies veitchii*	Lindley

VEITCHS-TANNE

Blätter Linealisch, bis 3 cm, Spitze gekerbt, oberseits glänzend dunkelgrün, unterseits zwei blauweiße Streifen, dicht nach vorn gerichtet, unterseits abstehend. *Borke* Grau, glatt, im Alter schuppig. *Blüten* Einhäusig, eingeschlechtig, männliche rötlich mit gelben Pollen, an der Zweigunterseite, weibliche purpurrot, aufrecht, im Frühjahr. *Früchte* Zylindrische, aufrechte Zapfen, bis 7,5 cm, purpurblau, reif braun.

- HERKUNFT Japan
- LEBENSRAUM Immergrüne Bergwälder

Höhe	Wuchs	Belaubung	Laubform
25 m	Schmal kegelig	Immergrün	

Familie	Art	Autor
PINACEAE	*Cedrus atlantica*	Manetti

ATLASZEDER

Blätter Nadelförmig und schmal, bis 2 cm, am Langtrieb einzeln, am langsam wachsenden kürzeren Kurztrieb in dichten Büscheln, scharf zugespitzt, graugrün bis dunkelgrün, an behaarten Zweigen. *Borke* Bei alten Pflanzen dunkelgrau, rissig, schuppig. *Blüten* Einhäusig, eingeschlechtig, männliche gelb, weibliche grün, beide aufrecht, Blütenstand kätzchenartig, im Frühjahr. *Früchte* Tonnenförmige, aufrechte Zapfen, bis 7,5 cm, jung violettgrün, später violettbraun, reif braun, bei der Reife im 2. oder 3. Jahr am Baum zerfallend.

- HERKUNFT Algerien, Marokko
- LEBENSRAUM Wälder
- ANMERKUNG Die Art wird zuweilen als geographische Unterart der Libanonzeder (s. Seite 59) beschrieben, von der sie leicht durch ihren Wuchs zu unterscheiden ist. Wildwachsend kommt sie nur im nordafrikanischen Atlasgebirge zwischen dem Mittelmeer und der Sahara vor.

CEDRUS ATLANTICA

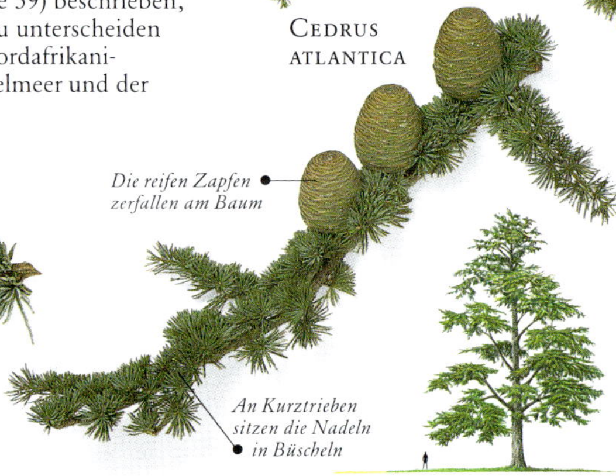

△ 'GLAUCA'
Die Blaue Atlaszeder ist die am häufigsten anzutreffende Sorte. Ihre Nadeln sind glänzend blaugrün bis silbergrau.

Höhe	Wuchs	Belaubung	Laubform
40 m	Breit kegelig	Immergrün	

Familie	Art	Autor
PINACEAE	*Cedrus brevifolia*	Henry

KURZNADELIGE ZEDER

Blätter Nadelförmig, bis 2 cm lang, an Langtrieben einzeln, an Kurztrieben in dichten Büscheln, dunkelgrün. *Borke* Dunkelgrau, in senkrechten Platten abschuppend. *Blüten* Einhäusig, eingeschlechtig, männliche blaugrün, weibliche grün, beide aufrecht, im Frühjahr. *Früchte* Zylindrische, aufrechte Zapfen, bis 7 cm lang, jung violettgrün, reif braun.

- HERKUNFT Zypern
- LEBENSRAUM Gebirge
- ANMERKUNG Diese Art unterscheidet sich durch ihre kurzen Nadeln von der eng verwandten Libanonzeder (*Cedrus libani*, s. Seite 59).

Höhe	Wuchs	Belaubung	Laubform
20 m	Breit kegelig	Immergrün	

Familie	Art	Autor
PINACEAE	*Cedrus deodara*	G. Don

HIMALAJA-ZEDER

Blätter Nadelförmig, bis 4 cm lang, an Langtrieben einzeln, an Kurztrieben in dichten Büscheln, grün bis graugrün, die Spitzen der Zweige überhängend. *Borke* Dunkelgrau, im Alter senkrecht abschuppend. *Blüten* Einhäusig, eingeschlechtig, männliche purpurn mit gelben Pollen, aufrecht, weibliche grün, aufrecht, im Herbst. *Früchte* Tonnenförmige, aufrechte Zapfen, bis 12 cm lang, jung grün, reif rostbraun.

• HERKUNFT W-Himalaja
• LEBENSRAUM Bergwälder
• ANMERKUNG Auch als Deodar-Zeder bekannt.

Höhe	Wuchs	Belaubung	Laubform
50 m	Breit kegelig	Immergrün	

Familie	Art	Autor
PINACEAE	*Cedrus libani*	A. Richard

LIBANON-ZEDER

Blätter Nadelförmig, bis 3 cm lang, an Langtrieben einzeln, an Kurztrieben in Büscheln, dunkelgrün bis graublau. *Borke* Dunkelgrau, in senkrechten Platten abschuppend. *Blüten* Einhäusig, eingeschlechtig, männliche blaugrün, Pollen gelb, aufrecht, weibliche grün, aufrecht, im Herbst. *Früchte* Tonnenförmige, aufrechte Zapfen, bis 12 cm lang, violettgrün, reif braun.

• HERKUNFT Libanon, SW-Türkei
• LEBENSRAUM Bergwälder
• ANMERKUNG Alte Pflanzen haben ein auffälliges Merkmal: An starken Ästen sitzend, bilden die fächerartigen Zweige eine etagenförmig aufgebaute Krone.

Höhe	Wuchs	Belaubung	Laubform
40 m	Breit säulenförmig	Immergrün	

Familie PINACEAE	Art *Larix decidua*	Autor Miller

EUROPÄISCHE LÄRCHE

Blätter Nadelförmig und weich, bis 4 cm lang, an Langtrieben einzeln, an Kurztrieben in dichten Büscheln, hellgrün, im Herbst gelb. *Borke* Jung grau, später rotbraun, rissig, schuppig. *Blüten* Einhäusig, eingeschlechtig, männliche gelb, hängend, weibliche rot, aufrecht, in Trauben, im Frühjahr. *Früchte* Eiförmige, braune Zapfen, ca. 4 cm lang.

- HERKUNFT Europa
- LEBENSRAUM Gebirge

Höhe 40 m	Wuchs Schmal kegelig	Belaubung Sommergrün	Laubform

Familie PINACEAE	Art *Larix x eurolepis*	Autor Henry

HYBRIDLÄRCHE

Blätter Nadelförmig, weich, bläulichgrün bis grün. *Borke* Rötlichbraun, schuppig. *Blüten* Einhäusig, eingeschlechtig, männliche gelb, hängend, weibliche rot, aufrecht, in Trauben, im Frühjahr. *Früchte* Eiförmige, aufrechte Zapfen, braun, bis 3 cm.

- HERKUNFT Gärtnerische Kultur
- ANMERKUNG Eine Hybride aus der Europäischen Lärche (*Larix decidua*, s. o.) und der Japanischen Lärche (*Larix kaempferi*, s. u.).

Höhe 35 m	Wuchs Breit kegelig	Belaubung Sommergrün	Laubform

Familie PINACEAE	Art *Larix kaempferi*	Autor (A. B. Lambert) Carrière

JAPANISCHE LÄRCHE

Blätter Nadelförmig, weich, bis 4 cm, an Langtrieben einzeln, an Kurztrieben in Büscheln, graugrün bis blaugrün. *Borke* Rötlichbraun, schuppig. *Blüten* Einhäusig, eingeschlechtig, männliche gelb, hängend, weibliche gelblich oder rosa, aufrecht, im Frühjahr. *Früchte* Eiförmige, aufrechte Zapfen, bis 3 cm.

- HERKUNFT Zentral-Japan
- LEBENSRAUM Gebirge

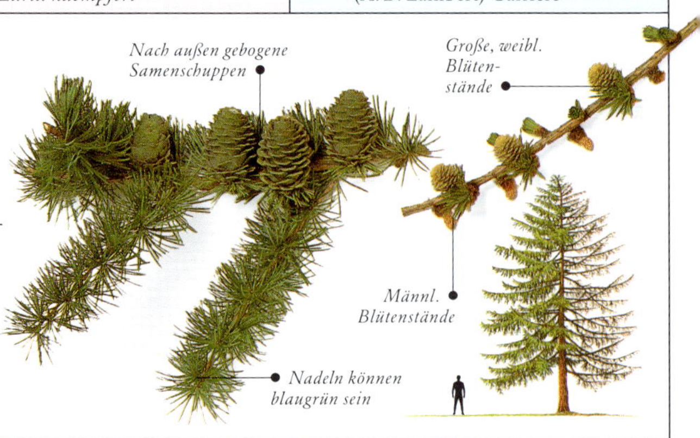

Höhe 30 m	Wuchs Breit kegelig	Belaubung Sommergrün	Laubform

Familie	Art	Autor
PINACEAE	*Larix laricina*	(Du Roi) K. Koch

AMERIKANISCHE LÄRCHE

Blätter Nadelförmig, weich, bis 3 cm lang, an Langtrieben einzeln, an Kurztrieben in dichten Büscheln, blaugrün, im Herbst gelb. *Borke* Rötlichbraun, schuppig. *Blüten* Einhäusig, eingeschlechtig, männliche gelb, hängend, weibliche rot, aufrecht, im Frühjahr. *Früchte* Eiförmige, aufrechte Zapfen, braun, bis 2 cm lang, wenige, gerade Schuppen.

- HERKUNFT Nordamerika
- LEBENSRAUM Wälder, Sümpfe
- ANMERKUNG Auch Tamarack genannt. Das Verbreitungsgebiet umfaßt den NO der USA mit Alaska und Kanada und reicht bis zum Polarkreis.

Höhe	Wuchs	Belaubung	Laubform
20 m	Schmal kegelig	Sommergrün	

Familie	Art	Autor
PINACEAE	*Larix occidentalis*	Nuttall

WESTAMERIKANISCHE LÄRCHE

Blätter Nadelförmig und weich, bis 4 cm lang, an Langtrieben einzeln, an Kurztrieben in dichten Büscheln, hellgrün, im Herbst gelb. *Borke* Rötlichbraun, dick und schuppig. *Blüten* Einhäusig, eingeschlechtig, männliche gelb, an der Zweigunterseite, weibliche rot, aufrecht, im Frühjahr. *Früchte* Eiförmige, aufrechte Zapfen, braun, bis 4 cm lang, Deckschuppen zwischen Samenschuppen vorragend.

- HERKUNFT W-Nordamerika
- LEBENSRAUM Gebirge
- ANMERKUNG In ihrer Heimat erreichen die Pflanzen rasch ihre größte Höhe. Besonders nach Waldbränden, wenn Samen überreich keimen, ist die Art in Wäldern bestandsbildend.

Höhe	Wuchs	Belaubung	Laubform
50 m	Schmal kegelig	Sommergrün	

Familie	Art	Autor
PINACEAE	*Picea abies*	(Linné) Karsten

GEMEINE FICHTE

Blätter Nadelförmig, dünn und steif, bis 2 cm lang, vierkantig, zugespitzt, dunkelgrün, auf der Unterseite der meist kahlen braunen Zweige locker verteilt. *Borke* Rotbraun bis grau, in dünnen Streifen abschuppend. *Blüten* Einhäusig, eingeschlechtig, männliche rot mit gelblichen Pollen, weibliche rot, erst aufwärts gerichtet, dann hängend, im Frühjahr. *Früchte* Zylindrische, hängende Zapfen, braun, bis 15 cm lang.

- HERKUNFT Europa
- LEBENSRAUM Bergwälder, feuchte Böden
- ANMERKUNG Zu dieser bedeutenden Art gehören zahlreiche Unterarten und Sorten. Forstlich angebaut, liefert sie das wichtigste Nutzholz Europas.

Höhe	Wuchs	Belaubung	Laubform
50 m	Schmal kegelig	Immergrün	

Familie	Art	Autor
PINACEAE	*Picea breweriana*	Watson

SISKIYOU-FICHTE

Blätter Nadelförmig, dünn, oft gekrümmt, bis 3 cm, flach, stumpf, dunkelgrün, unterseits zwei weiße Streifen, allseitig um den Zweig stehend. *Borke* Dunkel rötlichgrau, im Alter schuppig. *Blüten* Einhäusig, eingeschlechtig, männliche rot mit gelben Pollen, weibliche rot oder grün, im Frühjahr. *Früchte* Zylindrische, hängende Zapfen, braun, bis 12 cm.

- HERKUNFT N-Kalifornien, S-Oregon (USA)
- LEBENSRAUM Gebirge

Höhe	Wuchs	Belaubung	Laubform
35 m	Schmal überhängend	Immergrün	

Familie	Art	Autor
PINACEAE	*Picea glauca*	(Moench) Voss

SCHIMMELFICHTE

Blätter Nadelförmig, dünn und steif, bis 1,5 cm lang, vierkantig, blaugrün, mit weißen Streifen, an den fast weißen Zweigen oberseits dicht stehend. *Borke* Graubraun, schuppig. *Blüten* Einhäusig, eingeschlechtig, männliche rot mit grünen Pollen, weibliche purpurrot, im Frühjahr. *Früchte* Zylindrische, hängende Zapfen, hellbraun, bis 6 cm lang.

- HERKUNFT Kanada, NO-USA
- LEBENSRAUM Wälder

Höhe	Wuchs	Belaubung	Laubform
30 m	Schmal kegelig	Immergrün	

Familie	Art	Autor
PINACEAE	*Picea jezoensis*	(Siebold & Zuccarini) Carrière

AJAN-FICHTE

Blätter Nadelförmig, dünn, bis 1,5 cm, flach, oberseits dunkelgrün, unterseits zwei breite weiße Streifen, an den glatten, fahlen Trieben nach vorn gerichtet, unterseits abstehend. *Borke* Graubraun, tiefe Risse, schuppig. *Blüten* Einhäusig, eingeschlechtig, männliche rötlich, weibliche purpurrot, im Frühjahr. *Früchte* Zylindrische, hängende Zapfen, rotbraun, bis 7,5 cm.

- HERKUNFT NO-Asien, Japan
- LEBENSRAUM Wälder an steilen Mittelgebirgshängen und trockene Hochebenen

Höhe	Wuchs	Belaubung	Laubform
50 m	Schmal kegelig	Immergrün	

Familie	Art	Autor
PINACEAE	*Picea likiangensis*	(Franchet) Pritzel

LIKIANG-FICHTE

Blätter Nadelförmig und dünn, bis 1,5 cm lang, scharf zugespitzt, oberseits blaugrün, unterseits blauweiß, oberseits zum Ende der meist behaarten, hellbraunen Triebe gerichtet, unterseits abstehend. *Borke* Blaßgrau, schuppig, im Alter rissig. *Blüten* Einhäusig, eingeschlechtig, reich vorkommend, männliche rot mit gelblichen Pollen, weibliche hellrot, im Frühjahr. *Früchte* Zylindrische, hängende Zapfen, bis 10 cm lang, violett, reif hellbraun.

- HERKUNFT W-China, Tibet
- LEBENSRAUM Bergwälder

Höhe	Wuchs	Belaubung	Laubform
30 m	Breit kegelig	Immergrün	

Familie	Art	Autor
PINACEAE	*Picea mariana*	(Miller) B. S. P.

SCHWARZFICHTE

Blätter Nadelförmig und dünn, bis 1,5 cm lang, vierkantig, Spitze stumpf, oberseits blaugrün, unterseits blauweiß, sehr dicht um die behaarten, rötlichbraunen Triebe stehend. *Borke* Graubraun, schuppig. *Blüten* Einhäusig, eingeschlechtig, männliche und weibliche rot, im Frühjahr. *Früchte* Eiförmige, hängende Zapfen, rotbraun, bis 4 cm lang.

- HERKUNFT Kanada, NO-USA
- LEBENSRAUM Berghänge, Sumpfgebiete

Höhe	Wuchs	Belaubung	Laubform
30 m	Schmal kegelig	Immergrün	

Familie	Art	Autor
PINACEAE	*Picea omorika*	(Pančić) Purkyně

SERBISCHE FICHTE

Blätter Nadelförmig und dünn, bis 2 cm, flach, oberseits glänzend dunkelgrün, meist an der Oberseite der behaarten, hellbraunen Triebe. *Borke* Violettbraun, in eckigen Platten abschuppend. *Blüten* Einhäusig, eingeschlechtig, männliche und weibliche rot, im Frühjahr. *Früchte* Länglich-eiförmige, hängende Zapfen, violettbraun, bis 6 cm.

- HERKUNFT Serbien, Bosnien
- LEBENSRAUM Reliktstandort an der Drina, auf Kalkböden

Höhe	Wuchs	Belaubung	Laubform
30 m	Schmal kegelig	Immergrün	

Familie	Art	Autor
PINACEAE	*Picea orientalis*	(Linné) Link

KAUKASUS-FICHTE

Blätter Nadelförmig, bis 8 mm lang, vierkantig, Spitze stumpf, glänzend dunkelgrün, nach vorn gerichtet, dicht um die behaarten, hellbraunen Triebe stehend. *Borke* Rötlichbraun, in kleinen Schuppen. *Blüten* Einhäusig, eingeschlechtig, männliche rot mit gelben Pollen, weibliche rot, im Frühjahr. *Früchte* Zylindrische, hängende Zapfen, bis 10 cm lang, violett, reif braun.

- HERKUNFT Kaukasus, NO-Türkei
- LEBENSRAUM Bergwälder

Höhe	Wuchs	Belaubung	Laubform
50 m	Schmal kegelig	Immergrün	

Familie	Art	Autor
Pinaceae	*Picea pungens*	Engelmann

Stechfichte

Blätter Nadelförmig, bis 3 cm, scharf zugespitzt, stechend, graugrün bis blaugrau, allseitig um die hellbraunen Zweige. *Borke* Rötlichgraubraun, schuppig. *Blüten* Einhäusig, eingeschlechtig, männliche rötlich, weibliche grün, im späten Frühjahr. *Früchte* Hellbraune, hängende Zapfen, bis 10 cm lang.

- Herkunft W-USA
- Lebensraum Hochgebirge, an trockenen Hängen und in Flußauen

△ 'Koster'
Diese Zierform trägt silbrigblaue Nadeln.

Picea ▷ pungens

Höhe	Wuchs	Belaubung	Laubform
35 m	Schmal kegelig	Immergrün	

Familie	Art	Autor
Pinaceae	*Picea sitchensis*	(Bongard) Carrière

Sitkafichte

Blätter Nadelförmig, dünn, bis 3 cm, scharf zugespitzt, oberseits glänzend grün, unterseits zwei weiße Streifen und gekielt, allseitig um die gelben bis hellbraunen Zweige stehend. *Borke* Dunkelpurpurn bis grau, mit großen Schuppen. *Blüten* Einhäusig, eingeschlechtig, männliche rötlich, weibliche grün, im Frühjahr. *Früchte* Zylindrische, hängende Zapfen, hellbraun, bis 10 cm lang.

- Herkunft W-Nordamerika
- Lebensraum Küstengebiete, feuchte Böden

Höhe	Wuchs	Belaubung	Laubform
50 m	Schmal kegelig	Immergrün	

Familie	Art	Autor
Pinaceae	*Picea smithiana*	(Wallich) Boissier

Himalaja-Fichte

Blätter Nadelförmig, lang und dünn, bis 4 cm lang, vierkantig, dunkelgrün, allseitig um die glatten, glänzenden, hellbraunen, hängenden Zweige stehend. *Borke* Rötlichgrau, schuppig. *Blüten* Einhäusig, eingeschlechtig, männliche gelbgrün, an den Zweigspitzen hängend, weibliche grün, aufrecht, im späten Frühjahr bzw. Frühsommer. *Früchte* Hängende Zapfen, bis 20 cm, erst grün, reif glänzend braun.

- Herkunft W-Himalaja
- Lebensraum Immergrüne Bergwälder

Höhe	Wuchs	Belaubung	Laubform
40 m	Schmal überhängend	Immergrün	

Familie	Art	Autor
Pinaceae	*Pinus ayacahuite*	Ehrenberg

Mexikanische Weymouths-Kiefer

Blätter Nadelförmig und dünn, bis 15 cm lang, in Büscheln zu fünft, blaugrün, an leicht behaarten, gelbbraunen Zweigen. *Borke* Grau, rauh und grob rissig. *Blüten* Einhäusig, eingeschlechtig, männliche gelb, weibliche rot, an Kurztrieben im Frühsommer. *Früchte* Zylindrische, harzige, hängende Zapfen, gelbbraun, bis 45 cm lang, Schuppenspitzen rötlich.

- Herkunft N-Guatemala, Mexiko
- Lebensraum Berghänge

Höhe	Wuchs	Belaubung	Laubform
35 m	Breit kegelig	Immergrün	

Familie	Art	Autor
Pinaceae	*Pinus bungeana*	Zuccarini

Bunges-Kiefer

Blätter Nadelförmig und starr, bis 7,5 cm lang, in Büscheln zu dritt, scharf zugespitzt, gelbgrün, an graugrünen Zweigen. *Borke* Graugrün und cremigweiß, in kleinen Stücken abblätternd. *Blüten* Einhäusig, eingeschlechtig, männliche gelb, weibliche grün, an Kurztrieben im Frühsommer. *Früchte* Eiförmig gedrungene, gelbbraune Zapfen, bis 7 cm lang, Schuppen mit kurzen Dornen.

- Herkunft N-China
- Lebensraum Vorwiegend steile Berghänge, auf Schiefer

Höhe	Wuchs	Belaubung	Laubform
20 m	Breit kegelig	Immergrün	

Familie	Art	Autor
Pinaceae	*Pinus cembra*	Linné

Zirbelkiefer

Blätter Nadelförmig, bis 9 cm lang, in Büscheln zu dritt, an der Außenseite glänzend grün, auf der Innenfläche blaugrün, an behaarten, grünlichorangebraunen Zweigen. *Borke* Graubraun, schuppig. *Blüten* Einhäusig, eingeschlechtig, männliche rötlich mit gelben Pollen, weibliche rot, an Kurztrieben im späten Frühjahr. *Früchte* Eiförmige Zapfen, bis 7,5 cm lang, blaurot, reif rotbraun, nie ganz öffnend.

- Herkunft N-Asien, Europa
- Lebensraum Gebirge
- Anmerkung Auch als Arve oder Zirbe bekannt.

Höhe	Wuchs	Belaubung	Laubform
20 m	Schmal säulenförmig	Immergrün	

Familie PINACEAE	Art *Pinus contorta*	Autor Loudon

DREHKIEFER

Blätter Nadelförmig und gedreht, bis 5 cm lang, paarig, dicht stehend, dunkelgrün oder gelbgrün, an grünbraunen Zweigen. *Borke* Rotbraun, rissig, plattig. *Blüten* Einhäusig, eingeschlechtig, männliche gelb, weibliche rot, an Kurztrieben im späten Frühjahr. *Früchte* Eiförmige, am Zweig nach hinten gerichtete Zapfen, hellbraun, bis 5 cm lang, Schuppen mit schmalem Dorn.

- HERKUNFT W-Nordamerika
- LEBENSRAUM Küsten, Sümpfe
- ANMERKUNG Heimisch von Alaska bis Mexiko. Die Varietät var. *latifolia* kann in ihrer gebirgigen Heimat bis 30 m hoch werden.

P. CONTORTA

◁ VAR. LATIFOLIA

▽ PINUS CONTORTA

Höhe 10 m	Wuchs Breit kegelig	Belaubung Immergrün	Laubform

Familie PINACEAE	Art *Pinus coulteri*	Autor D. Don

COULTERS-KIEFER

Blätter Nadelförmig, starr, bis 30 cm, in Büscheln zu dritt, graugrün, an gedrungenen, bereiften Zweigen. *Borke* Rotbraun, schuppig, tiefrissig. *Blüten* Einhäusig, eingeschlechtig, männliche dunkelpurpurn mit gelben Pollen, weibliche rot, an Kurztrieben im späten Frühjahr bis Frühsommer. *Früchte* Eiförmige, harzige Zapfen, gelbbraun, bis 30 cm, Schuppen in gekrümmten Dornen endend, meist mehrere Jahre geschlossen.

- HERKUNFT Kalifornien (USA)
- LEBENSRAUM Trockene Felsengebirge

Höhe 25 m	Wuchs Breit ausladend	Belaubung Immergrün	Laubform

Familie PINACEAE	Art *Pinus densiflora*	Autor Siebold & Zuccarini

JAPANISCHE ROTKIEFER

Blätter Nadelförmig und dünn, bis 10 cm lang, paarig, hellgrün, nach vorn gerichtet, an anfangs grünen Trieben. *Borke* Rotbraun, später graurot, im Alter in unregelmäßige Platten aufplatzend. *Blüten* Einhäusig, eingeschlechtig, männliche gelbbraun, weibliche rot, an Kurztrieben im späten Frühjahr. *Früchte* Kegelige, hellbraune Zapfen, bis 5 cm lang, nach zwei Jahren reif.

- HERKUNFT NO-China, Japan, Korea
- LEBENSRAUM Küste bis Gebirge

Höhe 35 m	Wuchs Breit ausladend	Belaubung Immergrün	Laubform

Familie PINACEAE	Art *Pinus* x *holfordiana*	Autor Jackson

HOLFORDS-KIEFER

Blätter Nadelförmig, dünn, bis 18 cm lang, in Büscheln zu fünft, Außenfläche hellgrün, Innenfläche blaugrau, an behaarten, grünen Zweigen. *Borke* Grau und rissig. *Blüten* Einhäusig, eingeschlechtig, männliche gelb, weibliche rot, an Kurztrieben im Frühsommer. *Früchte* Harzige, hängende Zapfen, rotbraun, bis 30 cm lang.

- HERKUNFT Aus gärtnerischer Kultur
- ANMERKUNG Eine Hybride aus *Pinus ayacahuite* var. *veitchii* (s. Seite 66) und der Tränenkiefer (*Pinus wallichiana*, s. Seite 75).

Höhe 25 m	Wuchs Breit kegelig	Belaubung Immergrün	Laubform

Familie PINACEAE	Art *Pinus jeffreyi*	Autor Murray

JEFFREYS-KIEFER

Blätter Nadelförmig, steif, bis 25 cm lang, zu dritt, blaugrün, an gedrungenen, bereiften Zweigen. *Borke* Dunkelgraubraun, mit tiefen, schmalen Rissen. *Blüten* Einhäusig, eingeschlechtig, männliche rot mit gelben Pollen, weibliche dunkelpurpurn, an Kurztrieben im Frühsommer. *Früchte* Kegelige, gelbbraune Zapfen, bis 30 cm lang, Schuppen mit zurückgebogenen Dornen.

- HERKUNFT W-USA
- LEBENSRAUM Trockene Berghänge der Hochgebirge
- ANMERKUNG Eng verwandt mit der Gelbkiefer (*Pinus ponderosa*, s. Seite 73).

Höhe 40 m	Wuchs Breit kegelig	Belaubung Immergrün	Laubform

Familie	Art	Autor
Pinaceae	*Pinus koraiensis*	Siebold & Zuccarini

Korea-Kiefer

Blätter Nadelförmig und dünn, bis 12 cm lang, in dichten Büscheln zu fünft, Außenfläche glänzend grün, Innenfläche blauweiß. *Borke* Dunkelgrau, dickschuppig. *Blüten* Einhäusig, eingeschlechtig, männliche rot mit gelben Pollen, weibliche rot, an Kurztrieben im Frühsommer. *Früchte* Kegelige, rotbraune Zapfen, bis 12 cm lang.

- Herkunft NO-Asien
- Lebensraum Flußtäler und Vorgebirge

Höhe	Wuchs	Belaubung	Laubform
35 m	Breit kegelig	Immergrün	

Familie	Art	Autor
Pinaceae	*Pinus leucodermis*	Antoine

Schlangenhautkiefer

Blätter Nadelförmig, steif, bis 9 cm lang, paarig, scharf zugespitzt, dunkelgrün, gedrängt an den bereiften Zweigen, nach vorn gerichtet. *Borke* Grau, in kleinen, eckigen Platten abschuppend. *Blüten* Einhäusig, eingeschlechtig, männliche gelb, weibliche purpurrot, endständig an Kurztrieben im Frühjahr. *Früchte* Eiförmige Zapfen, bis 10 cm lang, dunkelblau, nach zwei Jahren gelbbraun.

- Herkunft Balkan
- Lebensraum Gebirge, vorwiegend auf Kalkstein
- Anmerkung Auch als *Pinus heldreichii* var. *leucodermis* bekannt. Leicht an den blauen jungen Zapfen und der schlangenhautartigen gegliederten Oberfläche älterer Zweige zu erkennen.

Höhe	Wuchs	Belaubung	Laubform
25 m	Schmal kegelig	Immergrün	

Familie	Art	Autor
PINACEAE	*Pinus monophylla*	Torrey & Frémont

ARIZONA-KIEFER

Blätter Nadelförmig, gebogen, steif, bis 5 cm lang, scharfspitzig, graugrün bis blaugrün, einzeln an rotbraunen, gedrungenen Zweigen stehend. *Borke* Grau, mit schmalen Rissen. *Blüten* Einhäusig, eingeschlechtig, männliche gelb, weibliche rot, an Kurztrieben im Frühsommer. *Früchte* Bis 5,5 cm lange Zapfen, erst grün, reif braungrau.

- HERKUNFT N-Mexiko, SW-USA
- LEBENSRAUM Trockene Felsengebirge
- ANMERKUNG Auch als *P. cembroides* var. *monophylla* bekannt. Leicht an den einzeln stehenden Nadeln zu erkennen; bei fast allen Kiefern stehen die Nadeln in Gruppen.

Höhe	Wuchs	Belaubung	Laubform
15 m	Breit kegelig	Immergrün	

Familie	Art	Autor
PINACEAE	*Pinus montezumae*	A. B. Lambert

MONTEZUMA-KIEFER

Blätter Nadelförmig, bis 30 cm lang, meist zu fünft, am Rand fein gezähnt und rauh, graugrün, nach allen Seiten abstehend, an gedrungenen, glatten, rotbraunen Trieben. *Borke* Grau, dick und gefurcht. *Blüten* Einhäusig, eingeschlechtig, männliche purpurn mit gelben Pollen, weibliche rot, an Kurztrieben im Frühsommer. *Früchte* Zylindrische bis eiförmige Zapfen, bis 15 cm lang, blauviolett, reif gelb- oder rotbraun, Schuppen mit Dorn, einzeln oder in Gruppen.

- HERKUNFT Guatemala, Mexiko
- LEBENSRAUM Gebirge
- ANMERKUNG Benannt nach Montezuma II., dem Aztekenherrscher am Anfang des 16. Jh.

Höhe	Wuchs	Belaubung	Laubform
20 m	Breit ausladend	Immergrün	

Familie PINACEAE	Art *Pinus muricata*	Autor D. Don

BISCHOFSKIEFER

Blätter Nadelförmig, steif, bis 15 cm lang, paarig, graugrün oder blaugrün, an rotbraunen Zweigen. *Borke* Dunkelrotbraun, dick, gefurcht und rissig. *Blüten* Einhäusig, eingeschlechtig, männliche gelb, weibliche rot, an Kurztrieben im Frühsommer. *Früchte* Schief eiförmige, rotbraune Zapfen, bis 8 cm lang, in Gruppen, bleiben viele Jahre am Baum.

- HERKUNFT Kalifornien (USA)
- LEBENSRAUM Küstengebiete

Höhe 25 m	Wuchs Breit säulenförmig	Belaubung Immergrün	Laufform

Familie PINACEAE	Art *Pinus nigra*	Autor Arnold

SCHWARZKIEFER

Blätter Nadelförmig und steif, bis 15 cm lang, paarig, scharf zugespitzt, dunkelgrün, an gedrungenen, glänzend braunen Trieben. *Borke* Fast schwarz, schuppig. *Blüten* Einhäusig, eingeschlechtig, männliche gelb, weibliche rot, an Kurztrieben im späten Frühjahr bis Frühsommer. *Früchte* Eiförmige, braune Zapfen, bis 8 cm lang.

- HERKUNFT Mittel- und SO-Europa
- LEBENSRAUM Gebirge, oft auf Kalkstein

△ PINUS NIGRA

◁ SSP. LARICIO
Auch als var. *calabrica* bekannt, besitzt die Korsische Kiefer graugrüne Nadeln.

Höhe 40 m	Wuchs Breit säulenförmig	Belaubung Immergrün	Laufform

Familie PINACEAE	Art *Pinus parviflora*	Autor Siebold & Zuccarini

MÄDCHENKIEFER

Blätter Nadelförmig, leicht gedreht, bis 6 cm lang, in Büscheln zu fünft, Außenseiten grün oder blaugrün, Innenflächen blauweiß, an grünlichen Zweigen. *Borke* Grau, schuppig, tiefrissig. *Blüten* Einhäusig, eingeschlechtig, männliche purpurrot mit gelben Pollen, weibliche rot, an Kurztrieben im Frühsommer. *Früchte* Eiförmige Zapfen, bis 7 cm lang, anfangs grün, reif rotbraun, lederige Schuppen.

- HERKUNFT Japan
- LEBENSRAUM Gebirge, felsige Böden

Höhe 25 m	Wuchs Breit säulenförmig	Belaubung Immergrün	Laufform

Familie PINACEAE	Art *Pinus peuce*	Autor Grisebach

MAZEDONISCHE KIEFER

Blätter Nadelförmig und steif, bis 10 cm lang, in dichten Büscheln zu fünft, blaugrün, pinselförmig nach vorn gerichtet, an bereiften, grünen Zweigen. *Borke* Dunkelrotbraun, rissig, in Platten abschuppend. *Blüten* Einhäusig, eingeschlechtig, männliche gelb, weibliche rot, an Kurztrieben im Frühsommer. *Früchte* Zylindrische bis kegelige Zapfen, harzig, hängend, bis 15 cm lang, erst grün, reif braun.

- HERKUNFT SO-Europa
- LEBENSRAUM Gebirge

Höhe 30 m	Wuchs Schmal säulenförmig	Belaubung Immergrün	Laubform

Familie PINACEAE	Art *Pinus pinaster*	Autor Aiton

STRANDKIEFER

Blätter Nadelförmig und steif, bis 20 cm, paarig, scharf zugespitzt, graugrün, später dunkelgrün, an gedrungenen Zweigen. *Borke* Dunkelrotbraun, plattig gefurcht, tiefrissig. *Blüten* Einhäusig, eingeschlechtig, männliche gelb, weibliche rot, an Kurztrieben im Frühsommer. *Früchte* Kegelige, glänzend braune Zapfen, bis 20 cm lang, Schuppen mit scharfen Dornen, mehrere Jahre am Ast.

- HERKUNFT N-Afrika, SW-Europa
- LEBENSRAUM Sandige Böden

Höhe 35 m	Wuchs Breit säulenförmig	Belaubung Immergrün	Laubform

Familie PINACEAE	Art *Pinus pinea*	Autor Linné

PINIE

Blätter Nadelförmig und kräftig, bis 12 cm lang, paarig, graugrün, an rötlichbraunen Zweigen; an jungen Pflanzen einzeln, hellblaugrau. *Borke* Rötlichbraun, tiefrissig. *Blüten* Einhäusig, eingeschlechtig, männliche gelb, weibliche grün, an Kurztrieben im Frühsommer. *Früchte* Fast runde, schwere Zapfen, glänzend braun, bis 12 cm lang.

- HERKUNFT Mittelmeerraum
- LEBENSRAUM Sandige Böden in Küstennähe

Höhe 20 m	Wuchs Breit ausladend	Belaubung Immergrün	Laubform

Familie	Art	Autor
PINACEAE	*Pinus ponderosa*	Lawson

GELBKIEFER

Blätter Nadelförmig und steif, bis 25 cm lang, in Büscheln zu dritt, dunkelgraugrün, nach vorn gerichtet, an gedrungenen gelb- bis rotbraunen Zweigen. *Borke* Gelbbraun oder rötlich, dick, tiefrissig. *Blüten* Einhäusig, eingeschlechtig, männliche dunkelpurpurn, weibliche rot, an Kurztrieben im späten Frühjahr. *Früchte* Eiförmige Zapfen, 10 cm oder länger, reif purpurn bis glänzend dunkelbraun.

- HERKUNFT W-Nordamerika
- LEBENSRAUM Berghänge

Höhe	Wuchs	Belaubung	Laubform
50 m	Breit kegelig	Immergrün	

Familie	Art	Autor
PINACEAE	*Pinus radiata*	D. Don

MONTEREY-KIEFER

Blätter Nadelförmig, dünn, bis 15 cm lang, in Büscheln zu dritt, hellgrün, an graugrünen Zweigen. *Borke* Dunkelgrau, tiefrissig. *Blüten* Einhäusig, eingeschlechtig, männliche gelbbraun, weibliche dunkelpurpurn, an Kurztrieben im Frühsommer. *Früchte* Braune Zapfen, bis 12 cm lang, viele Jahre am Ast.

- HERKUNFT Kalifornien (USA)
- LEBENSRAUM Trockene, küstennahe Hänge

Höhe	Wuchs	Belaubung	Laubform
30 m	Breit kegelig	Immergrün	

Familie	Art	Autor
PINACEAE	*Pinus strobus*	Linné

WEYMOUTHS-KIEFER

Blätter Nadelförmig, dünn, bis 12 cm lang, in Büscheln zu fünft, Außenseiten graugrün, Innenflächen grauweiß, dichtstehend. *Borke* Dunkelgrau, glatt, später tiefrissig. *Blüten* Einhäusig, eingeschlechtig, männliche gelb, weibliche rosa, an Kurztrieben im Frühsommer. *Früchte* Zylindrische, gebogene Zapfen, hängend, 15 cm oder länger, jung grün, reif hellbraun.

- HERKUNFT O-Nordamerika
- LEBENSRAUM Wälder geringer Höhenlagen

Höhe	Wuchs	Belaubung	Laubform
50 m	Schmal kegelig	Immergrün	

Familie Pinaceae	Art *Pinus sylvestris*	Autor Linné

Gemeine Kiefer, Föhre

Blätter Nadelförmig, kräftig, gedreht, bis 7 cm lang, paarig, blaugrün bis blaugrau. *Borke* Graubraun, unregelmäßig abschuppend, im Kronenbereich orange und schuppig. *Blüten* Einhäusig, eingeschlechtig, männliche gelb, weibliche rot, an Kurztrieben im späten Frühjahr bis Frühsommer. *Früchte* Eiförmige Zapfen, bis 7,5 cm lang, jung grün, reif braun.

- Herkunft Asien, Europa
- Lebensraum Gebirge, auf sandigen oder kieshaltigen Böden
- Anmerkung Einzeln stehend hat die Art einen breit ausladenden Wuchs, als Forstbaum wächst sie schmaler.

▽ Pinus sylvestris

△ 'Edwin Hillier' Diese Sorte hat auffallende Nadeln und eine rostbraune Borke.

Höhe 35 m	Wuchs Breit ausladend	Belaubung Immergrün	Laubform

Familie Pinaceae	Art *Pinus tabuliformis*	Autor Carrière

Chinesische Kiefer

Blätter Nadelförmig, bis 15 cm lang, meist paarig, manchmal auch zu dritt, grün bis graugrün, an gelbbraunen Zweigen; junge Triebe bereift. *Borke* Grau und rissig, im Kronenbereich orange- oder hellrötlich. *Blüten* Einhäusig, eingeschlechtig, männliche gelb, weibliche dunkelpurpurn, an den Trieben im Frühsommer. *Früchte* Eiförmige, braune Zapfen, bis 6 cm lang, Schuppen mit kleinen Dornen, mehrere Jahre am Zweig.

- Herkunft W-, Zentral- und N-China
- Lebensraum Gebirge
- Anmerkung Jüngere Pflanzen haben meist einen kegeligen Wuchs; die waagrechten, etagenförmig angeordneten Zweige bilden sich erst mit zunehmendem Alter.

Höhe 25 m	Wuchs Breit ausladend	Belaubung Immergrün	Laubform

Familie PINACEAE	Art *Pinus thunbergii*	Autor Parlatore

THUNBERGS-KIEFER

Blätter Nadelförmig, steif, bis 10 cm lang, paarig, scharf zugespitzt, dicht stehend und nach vorn gerichtet an glatten, gelbbraunen Zweigen. *Borke* Grau, in unregelmäßigen Platten abschuppend. *Blüten* Einhäusig, eingeschlechtig, männliche gelblich, weibliche purpurn, an Kurztrieben im Frühsommer. *Früchte* Eiförmige Zapfen, bis 7 cm lang, anfangs violett oder grün, reif graubraun.

- HERKUNFT NO-China, Japan, Korea
- LEBENSRAUM In Küstennähe
- ANMERKUNG Die Art ist mit der Schwarzkiefer (*Pinus nigra*, s. Seite 71) verwandt. Im Winter ist sie leicht an den weißen, behaarten Blattknospen zu erkennen.

Höhe 30 m	Wuchs Breit kegelig	Belaubung Immergrün	Laubform

Familie PINACEAE	Art *Pinus wallichiana*	Autor Jackson

TRÄNENKIEFER

Blätter Nadelförmig, dünn, oft im unteren Drittel geknickt, schlaff, bis 20 cm, in Büscheln zu fünft, Außenseiten grün, Innenflächen blauweiß, an grünen, bereiften Zweigen. *Borke* Grau und glatt, später dunkelgrau und rissig. *Blüten* Einhäusig, eingeschlechtig, männliche gelb, weibliche blaugrün und rosa, an Kurztrieben im Frühsommer. *Früchte* Leicht gebogene, harzige, hängende Zapfen, bis 30 cm lang, jung grün, reif hellbraun.

- HERKUNFT Himalaja
- LEBENSRAUM Bergwälder
- ANMERKUNG Auch als Himalaja- oder Bhutan-Kiefer bekannt. Der letzte Name sollte *P. bhutanica* vorbehalten bleiben, einer erst kürzlich beschriebenen Art aus Bhutan (Südasien).

Höhe 40 m	Wuchs Breit kegelig	Belaubung Immergrün	Laubform

Familie	Art	Autor
PINACEAE	*Pseudolarix amabilis*	(Nelson) Rehder

GOLDLÄRCHE

Blätter Linealisch, dünn, bis 5 cm lang, einzeln an Langtrieben, dicht an den aufwärts weisenden Kurztrieben, im Herbst goldgelb. *Borke* Graubraun, in kleinen, eckigen Platten abschuppend. *Blüten* Einhäusig, eingeschlechtig, gelb, an den Spitzen der Kurztriebe, im späten Frühjahr oder Frühsommer. *Früchte* Eiförmige Zapfen, bis 5 cm lang, grün, reif braun, brechen vor dem Abfallen auseinander.

- HERKUNFT O-China
- LEBENSRAUM Bergwälder
- ANMERKUNG Ein naher Verwandter der Lärche (*Larix,* s. Seiten 60 – 61).

Höhe	Wuchs	Belaubung	Laubform
40 m	Breit kegelig	Sommergrün	

Familie	Art	Autor
PINACEAE	*Pseudotsuga menziesii*	(Mirbel) Franco

DOUGLASIE

Blätter Linealisch, bis 3 cm lang, Spitze stumpf, oberseits grün, unterseits mit zwei weißen Streifen, aromatisch, zweizeilig oder allseits den Zweig umlaufend. *Borke* Dunkelrotbraun, dick, rissig. *Blüten* Einhäusig, eingeschlechtig, männliche gelb, an der Zweigunterseite, weibliche grün oder rötlichgrün, im Frühjahr. *Früchte* Rotbraune, hängende Zapfen, bis 10 cm lang, dreispitzige Deckschuppen über Samenschuppen herausragend.

- HERKUNFT W-Nordamerika
- LEBENSRAUM Nadelwälder an feuchten Berghängen
- ANMERKUNG Der Name erinnert an den schottischen Botaniker David Douglas (19. Jh.). Wichtiger Forstbaum.

Höhe	Wuchs	Belaubung	Laubform
60 m	Schmal kegelig	Immergrün	

Familie	Art	Autor
PINACEAE	*Tsuga canadensis*	(Linné) Carrière

KANADISCHE HEMLOCKSTANNE

Blätter Linealisch, bis 1,2 cm, oberseits dunkelgrün, unterseits blauweißer Mittelstreifen. *Borke* Rötlichbraun, schuppig, rissig. *Blüten* Einhäusig, eingeschlechtig, männliche gelb, an Zweigunterseite, weibliche kleinen grünen Zapfen ähnelnd, an der Zweigspitze, im späten Frühjahr. *Früchte* Eiförmige, hellbraune, hängende Zapfen, bis 2 cm.

- HERKUNFT O-Nordamerika
- LEBENSRAUM Hügelige oder felsige Wälder

Höhe	Wuchs	Belaubung	Laubform
30 m	Breit kegelig	Immergrün	

Familie	Art	Autor
PINACEAE	*Tsuga caroliniana*	Engelmann

CAROLINA-HEMLOCKSTANNE

Blätter Linealisch, bis 2 cm lang, oberseits dunkelgrün, unterseits zwei weiße Streifen. *Borke* Rotbraun, später gefurcht und gratig. *Blüten* Einhäusig, eingeschlechtig, rötlich, männliche an der Zweigunterseite, weibliche an der Zweigspitze, im späten Frühjahr. *Früchte* Eiförmige, hellbraune, hängende Zapfen, 2,5 cm lang.

- HERKUNFT SO-USA
- LEBENSRAUM Berghänge

Höhe	Wuchs	Belaubung	Laubform
20 m	Breit kegelig	Immergrün	

Familie	Art	Autor
PINACEAE	*Tsuga heterophylla*	(Rafinesque) Sargent

WESTLICHE HEMLOCKSTANNE

Blätter Linealisch, bis 2 cm lang, Ränder parallel, oberseits dunkelgrün, unterseits zwei weiße Streifen. *Borke* Rötlichbraun, rissig, schuppig. *Blüten* Einhäusig, eingeschlechtig, rötlich, männliche an der Zweigunterseite, weibliche an der Zweigspitze, im Frühjahr. *Früchte* Eiförmige, braune, hängende Zapfen, 2 cm lang.

- HERKUNFT W-Nordamerika
- LEBENSRAUM Wälder

Höhe	Wuchs	Belaubung	Laubform
60 m	Schmal kegelig	Immergrün	

PODOCARPACEAE

MEHR ALS 100 ARTEN – hauptsächlich der Gattung Podocarpus – gehören zu diesen Gehölzen. Sie sind in den warmen Regionen der Südhemisphäre heimisch. Die meisten Arten sind zweihäusig, männliche Blüten bilden kätzchenartige Blütenstände. Aus weiblichen entstehen fleischige Zapfen oder Samenhüllen.

Familie	Art	Autor
PODOCARPACEAE	*Podocarpus andinus*	Endlicher

PFLAUMEN-STEINEIBE

Blätter Linealisch, bis 2,5 cm lang, mit scharf abgesetzter Spitze, oberseits dunkelblaugrün, unterseits zwei weiße Streifen, allseitig um Zweig angeordnet. *Borke* Dunkelgrau, glatt. *Blüten* Zweihäusig, männliche gelb, 2,5 cm lang, weibliche klein, grün, im Frühsommer. *Früchte* Fleischige, pflaumenähnliche, eßbare Samenhüllen mit einem Samen, grün, reif gelb.

- HERKUNFT Argentinien, S-Chile
- LEBENSRAUM Gebirge

Höhe	Wuchs	Belaubung	Laubform
15 m	Breit kegelig	Immergrün	

Familie	Art	Autor
PODOCARPACEAE	*Saxegothaea conspicua*	Lindley

PATAGONISCHE EIBE

Blätter Linealisch, oft gebogen, bis 3 cm, mit kurz abgesetzter Spitze, oberseits dunkelgrün, unterseits zwei weißliche Streifen, locker zweizeilig oder allseitig umlaufend. *Borke* Violettbraun, glatt, in Streifen ablösend. *Blüten* Einhäusig, eingeschlechtig, männliche rötlichpurpurn, in Blattachseln an Zweigunterseite, weibliche blaugrün, an Zweigspitze, im späten Frühjahr bis Frühsommer. *Früchte* Kugelige, fleischige Zapfen, bis 2 cm dick, mit blaugrünen, nabeldornigen Schuppen.

- HERKUNFT Chile
- LEBENSRAUM Wälder

Höhe	Wuchs	Belaubung	Laubform
12 m	Breit kegelig	Immergrün	

TAXACEAE

DIESE FAMILIE ZÄHLT HÄUFIG nicht zu den Nadelgehölzen, weil die Pflanzen ihre Samen nicht in Zapfen ausbilden. Zu den sechs Gattungen gehören 18 Arten immergrüner, meist zweihäusiger Gehölze. Aus der weiblichen Blüte entsteht ein von einem dickfleischigen Samenmantel umgebener Same.

Familie TAXACEAE	Art *Taxus baccata*	Autor Linné

GEMEINE EIBE

Blätter Linealisch, bis 3 cm lang, leicht zugespitzt, oberseits dunkelgrün, unterseits mit zwei hellgrünen Streifen, meist zweizeilig gescheitelt. *Borke* Rötlichbraun, glatt, in dünnen Streifen lösend. *Blüten* Zweihäusig, klein, männliche blaßgelb, in Ähren blattachselständig, an der Zweigunterseite, weibliche einzeln, an der Spitze junger Triebe, im Frühjahr. *Früchte* Einzelner Same, von dickfleischigem, meist rotem Samenmantel (1 cm lang) umgeben, oben offen mit sichtbarem, grünem Samen.

- HERKUNFT N-Afrika, SW-Asien, Europa
- LEBENSRAUM Kalkreiche Böden
- ANMERKUNG Außer dem Samenmantel sind alle Teile giftig.

△ TAXUS BACCATA

'LUTEA' ▷
Benannt nach ihrem orangegelben Samenmantel.

Höhe 20 m	Wuchs Breit kegelig	Belaubung Immergrün	Laubform

Familie TAXACEAE	Art *Torreya californica*	Autor Torrey

KALIFORNISCHE NUSSEIBE

Blätter Nadelförmig, bis 6 cm, zugespitzt, oberseits glänzend dunkelgrün, unterseits zwei weißliche Streifen. *Borke* Graubraun, mit senkrechten Furchen. *Blüten* Zweihäusig, männliche gelb, blattachselständig, weibliche klein und grün, im Frühjahr bis Frühsommer. *Früchte* Einzelner großer Same, von grünem, purpurrot geflecktem Samenmantel umschlossen, insgesamt 4 cm lang.

- HERKUNFT Kalifornien
- LEBENSRAUM Kühle Hanglagen und Schluchten in Küstengebieten und Gebirgen

Höhe 30 m	Wuchs Breit kegelig	Belaubung Immergrün	Laubform

TAXODIACEAE

DIE FAMILIE DER SUMPFZYPRESSEN umfaßt rund zehn Gattungen mit 15 sommer- und immergrünen Arten, die in Nordamerika, Ostasien und Tasmanien heimisch sind. Ihre Blätter sind nadel- oder schuppenförmig. Sie sind einhäusige, eingeschlechtige Pflanzen, aus deren weiblichen Blütenständen holzige Zapfen entstehen.

Familie	Art	Autor
TAXODIACEAE	*Athrotaxis laxifolia*	W. J. Hooker

SCHUPPENFICHTE

Blätter Klein, bis 6 mm lang, mit scharfen, leicht abstehenden Spitzen, gelblich, später dunkelgrün. *Borke* Rotbraun, senkrecht abschälend. *Blüten* Einhäusig, eingeschlechtig, gelbbraun, im zeitigen Frühjahr. *Früchte* Kugelige Zapfen, 2 cm dick, blaßgrün, reif rotbraun, Schuppen mit Dornen.

- HERKUNFT Tasmanien
- LEBENSRAUM Gebirge

Höhe	Wuchs	Belaubung	Laubform
10 m	Breit kegelig	Immergrün	

Familie	Art	Autor
TAXODIACEAE	*Cryptomeria japonica*	D. Don

SICHELTANNE

Blätter Dünn, bis 1,5 cm lang, flache Basis, zugespitzt, sichelförmig einwärts gebogen, hellgrün. *Borke* Rötlichbraun, weich, dick, senkrecht ablösend. *Blüten* Einhäusig, eingeschlechtig, männliche gelbbraun, blattachselständig, weibliche grün, an den Zweigspitzen, im zeitigen Frühjahr. *Früchte* Kugelige braune Zapfen, 2 cm dick.

- HERKUNFT Japan
- LEBENSRAUM Wälder

▽ CRYPTOMERIA JAPONICA

'LOBBII' ▽
Die Nadeln dieser Sorte stehen an längeren Trieben.

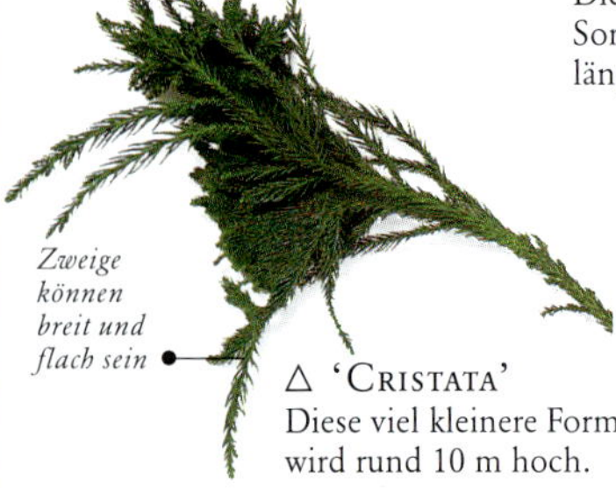

△ 'CRISTATA'
Diese viel kleinere Form wird rund 10 m hoch.

Höhe	Wuchs	Belaubung	Laubform
30 m	Breit kegelig	Immergrün	

Familie	Art	Autor
Taxodiaceae	*Cunninghamia lanceolata*	(A. B. Lambert) W. J. Hooker

Spiesstanne

Blätter Schmal lanzettlich, bis 6 cm lang, glänzend grün, unterseits zwei weiße Streifen. *Borke* Rotbraun, schuppig. *Blüten* Einhäusig, eingeschlechtig, männliche gelbbraun, weibliche gelbgrün, an den Zweigspitzen. *Früchte* Kugelige Zapfen, bis 4 cm dick, jung grün, reif braun.

- Herkunft China
- Lebensraum Nadelwälder

Höhe	Wuchs	Belaubung	Laubform
25 m	Breit säulenförmig	Immergrün	

Familie	Art	Autor
Taxodiaceae	*Glyptostrobus pensilis*	(Staunton) K. Koch

Chinesische Sumpfzypresse

Blätter Linealisch, schuppenartig, bis 1,5 cm lang, blaugrün, zweizeilig an einjährigen Kurztrieben, ansonsten spiralig angeordnet, rote Herbstfärbung. *Borke* Graubraun, flachrissig. *Blüten* Eingeschlechtig, unauffällig. *Früchte* Kugelige bis eiförmige Zapfen, grün, 2,5 cm.

- Herkunft SO-China
- Lebensraum Sümpfe und Flußauen
- Anmerkung Die Art ist wildwachsend kaum noch anzutreffen.

Höhe	Wuchs	Belaubung	Laubform
10 m	Schmal kegelig	Sommergrün	

Familie	Art	Autor
Taxodiaceae	*Metasequoia glyptostroboides*	Hu & Cheng

Chinesisches Rotholz

Blätter Linealisch, bis 2,5 cm lang, weich, flach, früher hellgrüner Austrieb, später dunkelgrün, gegenständig an einjährigen Kurztrieben, an bleibenden Zweigen schraubig gestellt, Herbstfärbung gelb, rötlich oder rot. *Borke* Rötlich bis rotbraun, in senkrechten Streifen ablösend. *Blüten* Einhäusig, eingeschlechtig, männliche gelb, weibliche grünlich, an Kurztrieben im Frühjahr. *Früchte* Kugelige Zapfen, 2,5 cm dick, grün, reif braun.

- Herkunft SW-China
- Lebensraum Feuchte Böden und Flußauen

Höhe	Wuchs	Belaubung	Laubform
40 m	Schmal kegelig	Sommergrün	

Familie	Art	Autor
TAXODIACEAE	*Sciadopitys verticillata*	Siebold & Zuccarini

SCHIRMTANNE

Blätter Nadelförmig, bis 12 cm lang, beidseitig tief gerillt, oberseits dunkelgrün, unterseits gelbgrün. *Borke* Rotbraun, in langen, senkrechten Streifen ablösend. *Blüten* Einhäusig, eingeschlechtig, männliche gelb, zahlreich, weibliche grün, an den Zweigspitzen, im Frühjahr. *Früchte* Eiförmige Zapfen, bis 7,5 cm lang, anfangs grün, nach zwei Jahren rotbraun.

- HERKUNFT Japan
- LEBENSRAUM Gebirge

Höhe	Wuchs	Belaubung	Laubform
25 m	Schmal kegelig	Immergrün	

Familie	Art	Autor
TAXODIACEAE	*Sequoia sempervirens*	(D. Don) Endlicher

KÜSTENSEQUOIE, REDWOOD

Blätter Linealisch, bis 2 cm lang, zugespitzt, oberseits dunkelgrün, unterseits zwei weiße Streifen, zweizeilig gescheitelt. *Borke* Rotbraun, weich, faserig, dick, tief längsrissig. *Blüten* Einhäusig, eingeschlechtig, männliche gelbbraun, weibliche grün, im Spätwinter bis Frühjahr. *Früchte* Walzenförmige bis rundliche Zapfen, rotbraun, bis 3 cm dick, im ersten Jahr reif.

- HERKUNFT Kalifornien, Oregon (USA)
- LEBENSRAUM Pazifisches Küstengebiet

Höhe	Wuchs	Belaubung	Laubform
100 m	Schmal kegelig	Immergrün	

Familie	Art	Autor
TAXODIACEAE	*Sequoiadendron giganteum*	(Lindley) Buchholz

MAMMUTBAUM

Blätter Bis 8 mm lang, scharf zugespitzt, etwas abstehend, dunkelgraugrün, den Zweig herablaufend. *Borke* Rotbraun, weich, faserig, sehr dick. *Blüten* Einhäusig, eingeschlechtig, männliche gelb, endständig, weibliche grün, im zeitigen Frühjahr. *Früchte* Eiförmige Zapfen, bis 7,5 cm lang, anfangs grün, reif und braun im zweiten Jahr, oft mehrere Jahre am Zweig.

- HERKUNFT Kalifornien (USA)
- LEBENSRAUM Westhänge der Gebirge

Höhe	Wuchs	Belaubung	Laubform
80 m	Schmal kegelig	Immergrün	

Familie	Art	Autor
Taxodiaceae	*Taiwania cryptomerioides*	Hayata

TAIWANIE

Blätter Schmal, bis 2 cm lang, an der Basis flach und breiter, mit kleiner, stacheliger Spitze, blaugrün, nach vorn gerichtet, an fertilen Zweigen viel kleiner. *Borke* Rotbraun, in senkrechten Streifen lösend. *Blüten* Einhäusig, eingeschlechtig, männliche zu mehreren zusammengestellt, weibliche vereinzelt, endständig, im Frühjahr. *Früchte* Kugelige Zapfen, bis 1,2 cm dick, grün, reif braun.

- Herkunft Taiwan
- Lebensraum Bergwälder

Höhe	Wuchs	Belaubung	Laubform
60 m	Breit kegelig	Immergrün	

Familie	Art	Autor
Taxodiaceae	*Taxodium ascendens*	Brongniart

AUFSTEIGENDE SUMPFZYPRESSE

Blätter Linealisch, bis 1 cm, den aufstrebenden, sommergrünen Trieben allseitig dicht anliegend, später leicht abstehend. *Borke* Rotbraun, dick, rauh, rissig. *Blüten* Einhäusig, eingeschlechtig, männliche in gelbgrünen, hängenden Kätzchen, bis 20 cm lang, weibliche grün, an der Basis der Kätzchen, erscheinen im Herbst und öffnen sich im Frühjahr. *Früchte* Kugelige Zapfen, bis 3 cm.

- Herkunft SO-USA
- Lebensraum Sümpfe, an Seen

Höhe	Wuchs	Belaubung	Laubform
30 m	Schmal säulenförmig	Sommergrün	

Familie	Art	Autor
Taxodiaceae	*Taxodium distichum*	(Linné) Richard

SUMPFZYPRESSE

Blätter Linealisch, bis 2 cm, weich, flach, gescheitelt oder schraubig stehend, später Austrieb. *Borke* Graubraun, dünn, rauh, an Stammbasis häufig gerillt. *Blüten* Einhäusig, eingeschlechtig, männliche gelbgrüne, hängende Kätzchen, bis 20 cm lang, weibliche grün, an Basis der Kätzchen, erscheinen im Herbst und öffnen sich im Frühjahr. *Früchte* Kugelige Zapfen, bis 3 cm, grün, reif braun.

- Herkunft SO-USA
- Lebensraum Sümpfe, Flußauen
- Anmerkung Oft mit kniehohen „Atemwurzeln"

Höhe	Wuchs	Belaubung	Laubform
40 m	Breit kegelig	Sommergrün	

LAUBBÄUME

ACERACEAE

ZUR FAMILIE der Ahorngewächse gehören zwei Gattungen mit etwa 150 Arten sommergrüner, selten immergrüner Gehölze. Wenige Arten sind in den Tropen heimisch, die meisten kommen in den nördlichen gemäßigten Breiten vor.

Die gegenständigen Blätter sind häufig gelappt, manchmal nur gezähnt oder unpaarig gefiedert. Die kleinen, meist eingeschlechtigen Blüten können cremefarben bis gelb, grün, rot oder purpurn sein. Sie öffnen sich meist beim Laubaustrieb auf ein- oder zweihäusigen Pflanzen. Die Frucht besteht aus zwei geflügelten Nüßchen. Beim Ahorn *(Acer)* ist die Teilfrucht einseitig geflügelt, bei *Dipteronia* umschließt der scheibenförmige Flügel das Nüßchen.

Familie	Art	Autor
ACERACEAE	*Acer buergerianum*	Miquel

DREIZAHN-AHORN

Blätter Handförmig gelappt, bis 10 cm lang, breit, sich zur Spreitenbasis verschmälernd, mit drei nach vorn gerichteten Lappen, ganzrandig bis schwach gesägt, oberseits dunkelgrün, unterseits blaugrün, später kahl, im Herbst rot. *Borke* Graubraun, im Alter schuppig, plattig. *Blüten* Klein, gelbgrün, in breit kegeligen, aufrechten Doldenrispen, im Frühjahr mit dem Laubaustrieb. *Früchte* Spaltfrüchte mit parallelen Flügeln, bis 2,5 cm lang, erst grün oder rötlich, reif braun.

- HERKUNFT China, Japan
- LEBENSRAUM Bergwälder

Höhe	Wuchs	Belaubung	Laubform
15 m	Breit ausladend	Sommergrün	

Familie	Art	Autor
ACERACEAE	*Acer campestre*	Linné

FELDAHORN

Blätter Handförmig eingeschnitten, bis 7,5 cm lang und 10 cm breit, fünflappig, an Spreitenbasis herzförmig, oberseits dunkelgrün, unterseits heller und flaumig, im Herbst gelb; Blattstiel mit Milchsaft. *Borke* Hellbraun, korkig, im Alter rissig. *Blüten* Klein, grün, in aufrechten Doldenrispen, im Frühjahr mit Laubaustrieb. *Früchte* Bis 2,5 cm, manchmal erst rot, in hängenden Rispen.

- HERKUNFT N-Afrika, SW-Asien, Europa
- LEBENSRAUM Wälder, Feldgehölze und Hecken

Größere Blattlappen zur Spitze hin mit Sekundärlappen

Weit gespreizte Fruchtflügel

Junge Blätter entfalten sich zur Blütezeit

ACER CAMPESTRE

'PULVERULENTUM' ▷ Die kleineren Blätter der Sorte sind stark weiß gesprenkelt.

Variable Blattzeichnung

Höhe	Wuchs	Belaubung	Laubform
15 m	Breit ausladend	Sommergrün	

Familie	Art	Autor
ACERACEAE	*Acer capillipes*	Maximowicz

ROTER SCHLANGENHAUTAHORN

Blätter Bis 15 cm lang und 10 cm breit, dreilappig, Mittellappen am größten, Seitenlappen kurz, alle in schlanker Spitze auslaufend, gesägt, anfangs rot, später oberseits dunkelgrün, unterseits hellgrün und kahl, im Herbst leuchtend orange bis rot, rote Blattstiele. *Borke* Grün und grau, mit weißlichen Längsstreifen. *Blüten* Klein, grün, in hängenden Trauben, im späten Frühjahr mit Laubaustrieb. *Früchte* Mit fast waagrechten Flügeln, bis 2 cm lang, grün, rot reifend.

- HERKUNFT Japan
- LEBENSRAUM Bergwälder in Flußnähe, auf feuchten Böden
- ANMERKUNG Die Schlangenhautahorne sind leicht an ihrer gestreiften Rinde zu erkennen.

Blüten in schlanken Trauben

Blattfärbung im Herbst

Kleine Erhebungen in den Nervenachseln

Graugrüne, weiß gestreifte Borke

Höhe	Wuchs	Belaubung	Laubform
20 m	Breit säulenförmig	Sommergrün	

Familie	Art	Autor
ACERACEAE	*Acer cappadocicum*	Gleditsch

KOLCHISCHER SPITZAHORN

Blätter Handförmig gelappt, bis 10 cm lang und 15 cm breit, fünf- bis siebenlappig, mit ganzrandigen, spitz zulaufenden Lappen, Basis herzförmig, oberseits dunkelgrün, unterseits in Achseln der Nerven behaart, sonst beiderseits kahl, im Herbst goldgelb; Blattstiel mit Milchsaft. *Borke* Grau, glatt. *Blüten* Klein, gelbgrün, in aufrechten Doldenrispen, im späten Frühjahr mit Laubaustrieb. *Früchte* Mit weit auseinanderstehenden Flügeln, bis 4 cm.

- HERKUNFT W-Asien bis China
- LEBENSRAUM Wälder
- ANMERKUNG In Tibet werden aus Teilen der Rinde Trinkgefäße gefertigt.

△ A. CAPPADOCICUM

◁ 'AUREUM'
Die gelben Blätter dieser Sorte werden im Spätsommer grün.

Höhe	Wuchs	Belaubung	Laubform
20 m	Breit ausladend	Sommergrün	

Familie	Art	Autor
ACERACEAE	*Acer carpinifolium*	Siebold & Zuccarini

HAINBUCHENAHORN

Blätter Länglich, bis 15 cm lang und 5 cm breit, ungelappt, vorn zugespitzt, scharf gesägt, mit zahlreichen parallelen Nerven, oberseits dunkelgrün, jung unterseits an den Nerven heller und flaumig, im Herbst gelb und braun. *Borke* Grau, glatt, mit auffälligen Lentizellen. *Blüten* Klein, gelbgrün, an dünnen Stielen, in hängenden Blütenständen, im späten Frühjahr mit Laubaustrieb. *Früchte* Mit fast rechtwinkligen Flügeln, bis 2 cm lang.

- HERKUNFT Japan
- LEBENSRAUM Laubwälder an Gebirgsflüssen
- ANMERKUNG Die ungewöhnliche Blattform, die an Hainbuchenblätter (*Carpinus*, s. Seiten 126–127) erinnert, unterscheidet diese Art von anderen Ahornen.

Höhe	Wuchs	Belaubung	Laubform
10 m	Breit kegelig	Sommergrün	

Familie	Art	Autor
ACERACEAE	*Acer circinatum*	Pursh

WEINAHORN

Blätter Bis 12 cm breit, sieben- bis neunlappig, gesägt, oberseits hellgrün, jung unterseits flaumig, im Herbst orange und rot. *Borke* Graubraun, glatt. *Blüten* Klein, mit weißen Kron- und roten Kelchblättern, in hängenden Trauben im späten Frühjahr. *Früchte* Mit fast waagrechten, rötlichen Flügeln, bis 3 cm lang.

- HERKUNFT W-Nordamerika
- LEBENSRAUM Nadelwälder

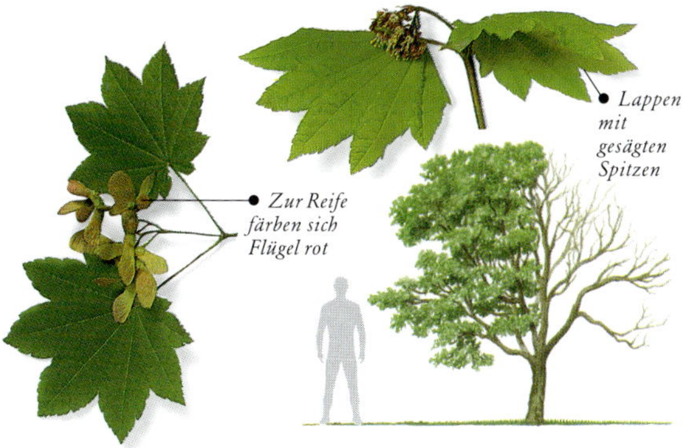

Höhe	Wuchs	Belaubung	Laubform
6 m	Breit ausladend	Sommergrün	

Familie	Art	Autor
ACERACEAE	*Acer cissifolium*	(Siebold & Zuccarini) K. Koch

JUNGFERNAHORN

Blätter Mit drei ei- bis verkehrteiförmigen Blättchen, bis 10 cm lang, oberseits dunkelgrün, kahl, im Herbst gelb oder rot. *Borke* Gelbgrau, rauh, mit Lentizellen. *Blüten* Zweihäusig, beide klein, gelb, zahlreich, in schlanken, bis 10 cm langen Trauben, im Frühjahr. *Früchte* Mit fast parallelen Flügeln.

- HERKUNFT Japan
- LEBENSRAUM Flußnähe

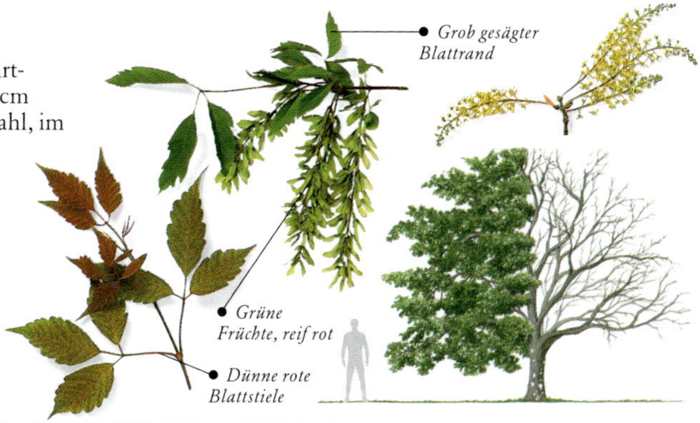

Höhe	Wuchs	Belaubung	Laubform
15 m	Breit ausladend	Sommergrün	

Familie	Art	Autor
ACERACEAE	*Acer crataegifolium*	Siebold & Zuccarini

WEISSDORNAHORN

Blätter Eiförmig, bis 7,5 cm lang und 5 cm breit, undeutlich dreilappig, gesägt, Mittellappen lang und spitz zulaufend, oberseits dunkelgrün, unterseits heller, kahl. *Borke* Grün, mit weißen Längsstreifen. *Blüten* Klein, gelbgrün, in aufrechten Trauben, im Frühjahr mit Laubaustrieb. *Früchte* Mit fast waagrechten, rötlichen Flügeln, bis 3 cm lang.

- HERKUNFT Zentral- und S-Japan
- LEBENSRAUM Wälder und sonnige Lagen der Vorgebirge

Höhe	Wuchs	Belaubung	Laubform
7 m	Breit kegelig	Sommergrün	

Familie ACERACEAE	Art *Acer davidii*	Autor Franchet

DAVIDS-AHORN

Blätter Eiförmig, bis 15 cm lang und 10 cm breit, nicht oder nur wenig gelappt, Basis leicht herzförmig, gesägt, oberseits dunkelgrün, unterseits anfangs behaart, manche Sorten im Herbst orange. *Borke* Grün, mit weißen Längsstreifen, im Alter grau und rissig. *Blüten* Klein, grün, in hängenden Trauben, im späten Frühjahr mit Laubaustrieb. *Früchte* Flügel stumpfwinklig zueinanderstehend, bis 3 cm lang.

- HERKUNFT China
- LEBENSRAUM Gebirge, Wälder
- ANMERKUNG Die Blätter dieser zu den Schlangenhautahornen zählenden Art variieren in Form und Größe. Mehrere Sorten sind in Kultur.

△ ACER DAVIDII

△ 'GEORGE FORREST'
Die dunklen Blätter dieser Sorte zeigen kaum Herbstfärbung.

△ 'ERNEST WILSON'
Die Blätter dieser Sorte färben sich im Herbst orange.

Höhe 15 m	Wuchs Breit kegelig	Belaubung Sommergrün	Laubform

Familie ACERACEAE	Art *Acer ginnala*	Autor Maximowicz

FEUERAHORN

Blätter Eiförmig, bis 7,5 cm lang und 6 cm breit, deutlich dreilappig mit kleineren Seitenlappen, gesägt, oberseits glänzend dunkelgrün, kahl, im Frühherbst orangerot. *Borke* Dunkelgraubraun, glatt. *Blüten* Weißlich, duftend, in aufrechten Büscheln, im späten Frühjahr nach den Blättern. *Früchte* Fast parallele, rötliche Flügel, bis 2,5 cm lang, in hängenden Fruchtständen.

- HERKUNFT China, Japan
- LEBENSRAUM Dickichte in Flußauen und exponierte Lagen in Gebirgstälern

Höhe 10 m	Wuchs Breit ausladend	Belaubung Sommergrün	Laubform

Familie	Art	Autor
ACERACEAE	*Acer griseum*	(Franchet) Pax

ZIMTAHORN

Blätter Mit jeweils drei elliptischen, grob gezähnten Blättchen, mittleres Blättchen bis 10 cm lang und 5 cm breit, Blätter oberseits dunkelgrün, unterseits weißlich-blaugrün und weich behaart, im Herbst rot. *Borke* Rötlich bis hellzimtbraun, in dünnen Streifen ablösend. *Blüten* Klein, gelbgrün, an behaarten Stielen, in hängenden Büscheln, im späten Frühjahr mit Laubaustrieb. *Früchte* Mit breiten, hellgrünen Flügeln, bis 3 cm lang.

- HERKUNFT Zentral-China
- LEBENSRAUM Bergwälder
- ANMERKUNG An der ablösenden Rinde leicht zu erkennen.

Höhe	Wuchs	Belaubung	Laubform
15 m	Breit säulenförmig	Sommergrün	

Familie	Art	Autor
ACERACEAE	*Acer henryi*	Pax

ACER HENRYI

Blätter Drei elliptische, ganzrandige oder undeutlich gezähnte, spitz zulaufende Blättchen, bis 10 cm lang und 4 cm breit, oberseits dunkelgrün, unterseits meist behaart, im Herbst leuchtend rot. *Borke* Grau, mit auffallenden Lentizellen. *Blüten* Winzig, gelblich, zahlreich, in schlanken, bis 20 cm langen Trauben, im Frühjahr vor oder mit Laubaustrieb. *Früchte* Mit fast parallelen Flügeln, bis 2,5 cm lang, anfangs grün, reif rot.

- HERKUNFT Zentral-China
- LEBENSRAUM Bergwälder

Höhe	Wuchs	Belaubung	Laubform
15 m	Breit ausladend	Sommergrün	

Familie ACERACEAE	Art *Acer japonicum*	Autor Thunberg

THUNBERGS FÄCHERAHORN

Blätter Im Umriß fast rund, sieben- bis elflappig, Blattlappen grob gesägt und eiförmig bis lanzettlich, bis 13 cm lang und breit, anfangs beiderseits seidig behaart, später oberseits dunkelgrün, im Herbst rot, an flaumig behaarten Blattstielen. *Borke* Graubraun, glatt. *Blüten* Klein, purpurrot, mit gelben Staubbeuteln, in langstieligen, hängenden Doldenrispen, im Frühjahr mit Laubaustrieb. *Früchte* Mit weit auseinanderstrebenden Flügeln, grün oder rötlich, bis 2,5 cm.

- HERKUNFT Japan
- LEBENSRAUM Bergwälder, meist in trockenen, sonnigen Lagen
- ANMERKUNG Die abgebildete Form 'Vitifolium' hat etwas größere, zehn- bis zwölflappige Blätter, die anfangs bronzefarben sind.

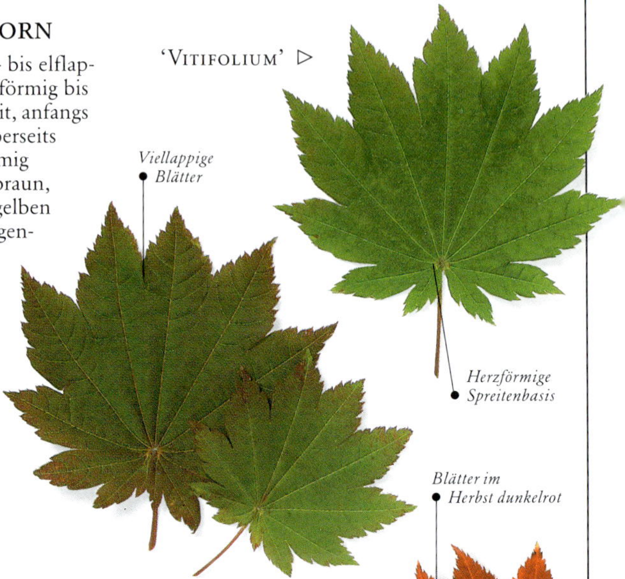

'VITIFOLIUM' ▷

△ 'VITIFOLIUM'

△ 'VITIFOLIUM'

◁ 'VITIFOLIUM'

◁ 'VITIFOLIUM'

◁ 'ACONITIFOLIUM' Die Blätter dieser Sorte sind tief fiederschnittig geteilt.

Höhe 10 m	Wuchs Breit ausladend	Belaubung Sommergrün	Laubform

Familie ACERACEAE	Art *Acer lobelii*	Autor Tenore

KALABRISCHER SPITZAHORN

Blätter Handförmig eingeschnitten, bis 15 cm lang und etwas breiter, fünflappig, mit meist welligem, kahlem Rand, zugespitzt, oberseits glänzend dunkelgrün und kahl, unterseits an Achseln der Nerven behaart, an blauweißen, bereiften Zweigen. *Borke* Blaßgrau, glatt, mit flachen Längsrissen. *Blüten* Klein, gelbgrün, in aufrechten Doldenrispen im späten Frühjahr mit Laubaustrieb. *Früchte* Mit fast waagrechten, grünen Flügeln, bis 3 cm, in aufrechten Fruchtständen.

- HERKUNFT S-Italien
- LEBENSRAUM Bergwälder

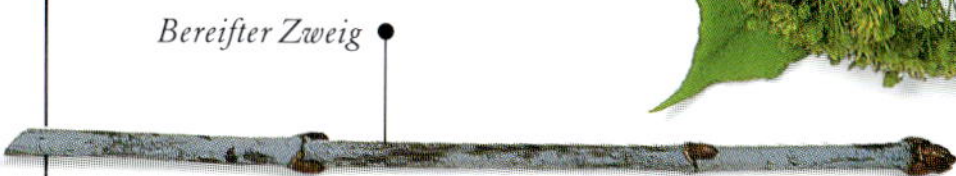

Höhe 20 m	Wuchs Schmal säulenförmig	Belaubung Sommergrün	Laubform

Familie ACERACEAE	Art *Acer macrophyllum*	Autor Pursh

OREGON-AHORN

Blätter Handförmig eingeschnitten, bis 25 cm lang und 30 cm breit, drei- bis fünflappig, die drei mittleren mit Sekundärlappen, oberseits dunkelgrün, unterseits anfangs flaumig, im Herbst dunkelgelb, orange bis braun, langstielig. *Borke* Graubraun, flachrissig, mit Längsfurchen. *Blüten* Gelb, duftend, in hängenden, bis 25 cm langen Rispen, im Frühjahr mit Laubaustrieb. *Früchte* Rauh, mit großen, fast rechtwinklig stehenden Flügeln, bis 5 cm lang, an hängenden Fruchtständen.

- HERKUNFT W-Nordamerika
- LEBENSRAUM Flußauen, feuchte Waldböden und Schluchten
- ANMERKUNG Kennzeichnend für diesen stattlichen Baum sind die großen Blätter, Blüten und Früchte.

Höhe 25 m	Wuchs Breit säulenförmig	Belaubung Sommergrün	Laubform

Familie ACERACEAE	Art *Acer maximowiczianum*	Autor Miquel

NIKKO-AHORN

Blätter Mit drei ganzrandigen oder leicht kerbig gezähnten Blättchen, das mittlere bis 10 cm lang und 6 cm breit, die seitlichen kleiner, mit asymmetrischem Spreitengrund, oberseits dunkelgrün und kahl, unterseits graugrün und leicht behaart, im Herbst rot. *Borke* Graubraun und glatt. *Blüten* Klein und gelb, zu dritt an behaarten Stielen hängend, im späten Frühjahr mit Laubaustrieb. *Früchte* Mit breiten, grünen Flügeln, zumindest stumpfwinklig zueinander, bis 5 cm lang.

- HERKUNFT Japan
- LEBENSRAUM In Flußnähe
- ANMERKUNG Auch als *Acer nikoense* bekannt. Auffallendstes Merkmal dieser Art ist die Herbstfärbung. Die Früchte enthalten selten keimfähigen Samen.

Höhe 20 m	Wuchs Breit ausladend	Belaubung Sommergrün	Laubform

Familie ACERACEAE	Art *Acer miyabei*	Autor Maximowicz

MIYABES-AHORN

Blätter Handförmig eingeschnitten, bis 13 cm lang, drei- bis fünflappig, die größeren Lappen nach vorne zugespitzt, meist deutliche Sekundärlappen, Basis tief herzförmig, oberseits glänzend grün, unterseits heller, beiderseits flaumig, unterseits dichter behaart, im Herbst gelb, an dünnen roten Stielen; Blattstiel mit Milchsaft. *Borke* Graubraun, korkig, mit flachen, rötlichbraunen Rissen, bei alten Pflanzen dünnschuppig. *Blüten* Entweder männlich oder zwittrig, klein und gelb, an hängenden, dünnstieligen Rispen an der Zweigspitze, im Frühjahr mit Laubaustrieb. *Früchte* Mit meist waagrecht stehenden Flügeln, bis 2,5 cm lang.

- HERKUNFT Japan
- LEBENSRAUM Wälder

Höhe 12 m	Wuchs Breit säulenförmig	Belaubung Sommergrün	Laubform

Familie	Art	Autor
ACERACEAE	*Acer negundo*	Linné

ESCHENAHORN

Blätter Meist drei- bis fünf- oder siebenzählig gefiedert, Blättchen an dünner Spindel, länglich zugespitzt, das mittlere bis 10 cm lang und 6 cm breit, oberseits dunkelgrün und kahl, unterseits kahl bis behaart. *Borke* Graubraun und glatt. *Blüten* Zweihäusig, klein, bei manchen Sorten rötlich, ohne Kronblätter, aus weiblichen entstehen bald kleine Fruchtflügel, die männlichen in hängenden, quastenförmigen Büscheln, im Frühjahr vor oder mit Laubaustrieb. *Früchte* Mit abwärts zeigenden, bis 4 cm langen Flügeln, spitz- bis stumpfwinklig zueinander, bleiben im Winter am Zweig.

- HERKUNFT Nordamerika
- LEBENSRAUM Flußauen, feuchte Standorte
- ANMERKUNG Das Erscheinungsbild ist variabel; es gibt mehrere buntlaubige Auslesen.

ACER NEGUNDO

'ELEGANS' ▷
Diese Sorte ist an der gelbgrünen Panaschierung zu erkennen.

'FLAMINGO' ▷
Die Ränder der rosafarbenen Blättchen dieser Sorte färben sich später weiß.

△ 'VARIEGATUM'
Eine panaschierte Sorte mit weißrandigen Blättchen.

◁ VAR. VIOLACEUM
Die auffallend bereiften Zweige dieser Varietät werden später purpurrot. Die Blüten sind rosa.

Höhe	Wuchs	Belaubung	Laubform
20 m	Breit säulenförmig	Sommergrün	

Familie	Art	Autor
ACERACEAE	*Acer opalus*	Miller

SCHNEEBALLAHORN

Blätter Handförmig gelappt, bis 10 cm lang und breit, mit drei bis fünf stumpf gezähnten Blattlappen, oberseits glänzend grün und kahl, unterseits anfangs flaumig, im Herbst gelb. *Borke* Grau, rosa überzogen, in großen, eckigen Platten abschuppend. *Blüten* Klein und hellgelb, im Frühjahr an kahlen Zweigen vor Laubaustrieb. *Früchte* Geflügelt, bis 4 cm lang.

- HERKUNFT S- und W-Europa, von Italien bis Spanien
- LEBENSRAUM Hügelland, Gebirge
- ANMERKUNG Blühend ist diese Art am schönsten.

Höhe	Wuchs	Belaubung	Laubform
20 m	Breit ausladend	Sommergrün	

Familie	Art	Autor
ACERACEAE	*Acer palmatum*	Thunberg

ECHTER FÄCHERAHORN

Blätter Rundlich im Umriß, mit fünf bis sieben spitz zulaufenden, gesägten Blattlappen, bis 10 cm, hellgrün, kahl, unterseits in Achseln der Nerven behaart, im Herbst rot, orange oder gelb. *Borke* Graubraun, glatt. *Blüten* Klein, purpurrot, in aufrechten bis hängenden Doldenrispen, im Frühjahr mit Laubaustrieb. *Früchte* Mit grünen oder roten Flügeln, bis 1 cm lang.

- HERKUNFT China, Japan, Korea
- LEBENSRAUM Dickichte
- ANMERKUNG Zu den zahlreichen, meist strauchigen Sorten gehören auch Zwergformen und solche mit eingeschnittenen, bunten oder panaschierten Blättern.

Höhe	Wuchs	Belaubung	Laubform
15 m	Breit ausladend	Sommergrün	

Familie	Art	Autor
ACERACEAE	*Acer palmatum*	Thunberg

△ 'ATROPURPUREUM'
Diese Sorte zeichnet sich durch ihr schwarzrotes Laub aus, das sich im Herbst leuchtend rot färbt. Meist wächst sie als kleinerer Baum.

△ 'SENKAKI'

◁ 'SENKAKI'
Diese Sorte hat kleine, anfangs orangegelbe, später hellgrüne Blätter und eine bronzegelbe Herbstfärbung.

△ 'RIBESIFOLIUM'
Diese kleinere Sorte mit kompaktem Wuchs wird rund 5 m hoch.

▷ 'LINEARILOBUM ATROPURPUREUM'
Diese Sorte fällt durch die spinnenartigen, dunkelroten Blattlappen auf. Die geflügelten rötlichen Früchte hängen in kleinen Gruppen.

Höhe	Wuchs	Belaubung	Laubform
15 m	Breit ausladend	Sommergrün	

Familie ACERACEAE	Art *Acer pensylvanicum*	Autor Linné

AMERIKANISCHER STREIFENAHORN

Blätter Bis 15 cm oder länger, fast genauso breit, dreilappig, die zugespitzten Lappen nach vorn gerichtet, grob gesägt, oberseits dunkelgelbgrün und kahl, unterseits jung rotbraun behaart, im Herbst gelb. *Borke* Grün, rotbraune und weiße Längsstreifen, im Alter grau. *Blüten* Klein, gelbgrün, in hängenden Trauben, im späten Frühjahr mit Laubaustrieb. *Früchte* Mit grünen Flügeln, stumpfwinklig zueinander, bis 2,5 cm lang.

- HERKUNFT O-Nordamerika
- LEBENSRAUM Feuchte Waldböden
- ANMERKUNG Auch als Pennsylvanischer Streifenahorn bekannt. Diese Art ist der einzige in Nordamerika heimische Streifenahorn. Die Borke wird im Winter gerne von Elchen verzehrt.

◁ △ ACER PENSYLVANICUM

◁ 'ERYTHROCLADUM'
Die Sorte ist leicht an ihren roten Knospen und jungen Trieben zu erkennen.

△ ACER PENSYLVANICUM

Höhe 8 m	Wuchs Breit säulenförmig	Belaubung Sommergrün	Laubform

Familie ACERACEAE	Art *Acer platanoides*	Autor Linné

SPITZAHORN

Blätter Handförmig gelappt, bis 15 cm lang und 17,5 cm breit, fünflappig, Blattlappen und Sekundärlappen in schmale Spitzen ausgezogen, hellgrün, ausgewachsen beiderseits kahl, im Herbst gelb, zuweilen rot, langer, dünner Blattstiel mit Milchsaft. *Borke* Grau, glatt. *Blüten* Klein, leuchtend gelb, in auffallenden Schirmrispen, im Frühjahr vor und mit Laubaustrieb. *Früchte* Mit großen, fast waagrechten Flügeln, bis 5 cm lang.

- HERKUNFT SW-Asien, Europa
- LEBENSRAUM Bergwälder
- ANMERKUNG Eine heimische Art, die rasch ihre größte Höhe erreicht. In Kultur sind zahlreiche Zierformen mit auffälligem Blattwerk und Wuchs.

Spitz ausgezogene Lappen

Großflügelige Früchte

△ ACER PLATANOIDES

Blüte vor Laubaustrieb

◁ ACER PLATANOIDES

▽ 'CRIMSON KING'
Diese Sorte hat schwarzrote Blätter sowie rote Knospenschuppen und Blütenstiele.

Rote Knospenschuppen

Rote Blütenstiele

Rote Blattstiele

▽ 'CRIMSON SENTRY'
Die leuchtendroten jungen Blätter dieser Sorte färben sich später schwarzrot. Der Wuchs ist aufrecht.

Ausgewachsene Blätter sind schwarzrot

Rötliche junge Blätter

Höhe 25 m	Wuchs Breit säulenförmig	Belaubung Sommergrün	Laubform

Familie	Art	Autor
ACERACEAE	*Acer platanoides*	Linné

▽ 'CUCULLATUM'
An dieser Sorte fallen die Blätter auf: sie sind fächerartig und sehen mit nach unten gebogenen, gedrehten, krallenförmigen Lappen wie verwelkt aus.

△ 'DEBORAH'
Beim Austrieb sind die Blätter dieser Sorte rot, später dunkelgrün.

▽ 'LORBERGII'
Diese kleinere Sorte wird 15 m hoch. Die dunkelgrünen Blätter sind fast bis zur Basis in fünf Lappen mit langer Spitze geteilt.

△ 'DRUMMONDII'
Eine auffällig panaschierte Sorte, bei der die gelblichen Blattränder später weiß werden. Manche Triebe haben jedoch die einfarbig grünen Blätter der Eltern.

Höhe	Wuchs	Belaubung	Laubform
25 m	Breit säulenförmig	Sommergrün	

Familie	Art	Autor
ACERACEAE	*Acer pseudoplatanus*	Linné

BERGAHORN

Blätter Handförmig eingeschnitten, bis 12 cm lang und 15 cm breit, mit fünf grob gesägten Blattlappen, oberseits dunkelgrün und kahl, unterseits graugrün. *Borke* Rötlich- bis gelblichgrau, unregelmäßig abschuppend. *Blüten* Klein, gelbgrün, ohne Kronblätter, hängend in walzenförmigen Rispen, im Frühjahr mit Laubaustrieb. *Früchte* Flügel bis 2,5 cm, etwa rechtwinklig zueinander.

- HERKUNFT SW-Asien, Europa
- LEBENSRAUM Sommergrüne Bergwälder
- ANMERKUNG Die Art ist auch in Großbritannien und Nordamerika eingebürgert. Einzeln gepflanzt, besitzt sie einen breit ausladenden Wuchs.

△ ACER PSEUDOPLATANUS

△ 'ATROPURPUREUM' Typisches Merkmal dieser Sorte sind die oberseits dunkelgrünen, unterseits dunkelroten Blätter.

△ F. ERYTHROCARPUM Die jungen Früchte dieser Sorte haben auffällig rote Flügel.

'BRILLIANTISSIMUM' △ Die Blätter dieser Sorte sind beim Austrieb hellrosa; zuerst färben sie sich weißlich, mit grüner Nervatur, später gelbgrün.

◁ 'NIZETII' Eine Sorte mit oberseits großflächiger, weißlichgrüner Panaschierung. Die Blattunterseite ist rotgrün.

Höhe	Wuchs	Belaubung	Laubform
30 m	Breit säulenförmig	Sommergrün	

Familie	Art	Autor
ACERACEAE	*Acer rubrum*	Linné

ROTAHORN

Blätter Bis 10 cm lang und fast so breit, mit drei oder fünf gesägten Blattlappen, oberseits dunkelgrün und kahl, unterseits blaugrün, Nerven behaart, im Herbst rot oder gelb. *Borke* Dunkelgrau, glatt. *Blüten* Klein, rot, an dünnen Stielen, in Büscheln an Trieben, im zeitigen Frühjahr. *Früchte* Mit roten Flügeln, etwa 2 cm lang.

- HERKUNFT O-Nordamerika
- LEBENSRAUM Feuchte Böden

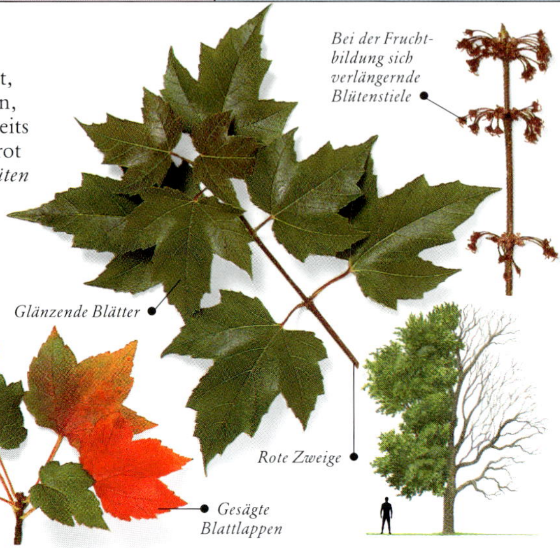

Höhe	Wuchs	Belaubung	Laubform
25 m	Breit säulenförmig	Sommergrün	

Familie	Art	Autor
ACERACEAE	*Acer rufinerve*	Siebold & Zuccarini

ROSTBARTAHORN

Blätter Bis 13 cm lang und breit, meist mit drei grob gesägten Blattlappen, oberseits dunkelgrün und kahl, unterseits Nerven rostbraun behaart, im Herbst gelb bis rot. *Borke* Dunkelgrün mit weißlichen und hellgrünen Streifen, rautenförmige Flecken. *Blüten* Klein, gelbgrün, in aufrechten Trauben im Frühjahr. *Früchte* Mit 2 cm langen Flügeln, spitzwinklig zueinander.

- HERKUNFT Japan
- LEBENSRAUM Bergwälder

Höhe	Wuchs	Belaubung	Laubform
10 m	Breit säulenförmig	Sommergrün	

Familie	Art	Autor
Aceraceae	*Acer saccharinum*	Linné

Silberahorn

Blätter Handförmig, bis 15 cm lang und breit, fünflappig, mit Sekundärlappen, scharf gesägt, oberseits hellgrün und kahl, unterseits bläulichweiß und wenig behaart, im Herbst meist gelb. *Borke* Grau, glatt, im Alter schuppig. *Blüten* Eingeschlechtig, klein, grünlichgelb, ohne Kronblätter, in Büscheln im zeitigen Frühjahr. *Früchte* Flügel 2 cm lang, stumpfwinklig zueinander.

- Herkunft O-Nordamerika
- Lebensraum Feuchte Böden, Flußauen

Höhe	Wuchs	Belaubung	Laubform
30 m	Breit säulenförmig	Sommergrün	

Familie	Art	Autor
Aceraceae	*Acer saccharum*	Marshall

Zuckerahorn

Blätter Handförmig gelappt, bis 13 cm lang und wenig breiter, fünflappig, die drei großen Mittellappen jederseits mit zwei bis drei Sekundärlappen, an der Basis herzförmig, oberseits dunkelgrün, unterseits Nervenwinkel behaart, im Herbst gelb bis orange oder rot. *Borke* Graubraun, glatt, bei alten Stämmen gefurcht und schuppig. *Blüten* Klein, gelbgrün, ohne Kronblätter, in hängenden Doldenrispen, an dünnen Stielen, im Frühjahr mit Laubaustrieb. *Früchte* Mit fast parallelen Flügeln, 2,5 cm lang.

- Herkunft O-Nordamerika
- Lebensraum Wälder
- Anmerkung Aus dem Saft dieser Art wird Ahornsirup gewonnen.

Höhe	Wuchs	Belaubung	Laubform
30 m	Breit säulenförmig	Sommergrün	

Familie	Art	Autor
ACERACEAE	*Acer shirasawanum*	Koidzumi

ACER SHIRASAWANUM

Blätter Umriß rund, bis 12 cm lang und breit, meist mit elf scharf gesägten Lappen, oberseits hellgrün, beiderseits kahl, im Herbst gelb bis rot. *Borke* Graubraun, glatt. *Blüten* Klein, mit rötlichem Kelch und gelblichen Kronblättern, in fast aufrechten Büscheln, im Frühjahr mit Laubaustrieb. *Früchte* Mit stumpfwinklig stehenden Flügeln, aufrechte Fruchtstände.

- HERKUNFT Japan
- LEBENSRAUM Berghänge und Täler
- ANMERKUNG Die Art wird oft mit dem verwandten Thunbergs-Fächerahorn (*Acer japonicum*, s. Seite 90) verwechselt.

ACER ▷ SHIRASAWANUM

◁ 'AUREUM'
Eine Sorte mit goldgelbem Laub.

Höhe	Wuchs	Belaubung	Laubform
20 m	Breit ausladend	Sommergrün	

Familie	Art	Autor
ACERACEAE	*Acer sieboldianum*	Miquel

SIEBOLDS FÄCHERAHORN

Blätter Umriß rund, bis 7,5 cm lang und breit, sieben- bis neun- oder elflappig, Blattlappen bis fast zur Blattmitte, kurz zugespitzt und scharf gesägt, hellgrün, Blattstiel und Zweig jung weißlich behaart, später oberseits dunkelgrün, im Herbst rot. *Borke* Dunkelgraubraun, glatt. *Blüten* Klein, mit gelben Kron- und roten Kelchblättern, in langstieligen, hängenden, behaarten Büscheln, im Frühjahr mit Laubaustrieb. *Früchte* Flügel stumpfwinklig zueinander, bis 2 cm lang.

- HERKUNFT Japan
- LEBENSRAUM Sonnige Bergkämme, Flußauen im Gebirge

Höhe	Wuchs	Belaubung	Laubform
10 m	Breit ausladend	Sommergrün	

Familie	Art	Autor
ACERACEAE	*Acer spicatum*	Lamarck

VERMONT-AHORN

Blätter Handförmig gelappt, bis 12 cm lang, drei- bis fünflappig, zugespitzt, grob gesägt, oberseits dunkelgelbgrün und kahl, oft runzlig, unterseits behaart, im Herbst gelb, orange oder rot. *Borke* Graubraun, glatt. *Blüten* Klein, grünlichweiß, zahlreich in dichten, schmalen, aufrechten Rispen, diese bis 15 cm lang, im Frühsommer. *Früchte* Flügel fast rechtwinklig zueinander, bis 2,5 cm lang, anfangs grün, später oft rot.

- HERKUNFT O-Nordamerika
- LEBENSRAUM Kühle, feuchte Wälder, meist im Gebirge
- ANMERKUNG Strauch bis kleiner Baum, weit verbreitet. Eine Reihe verwandter Arten in O-Asien heimisch.

Höhe	Wuchs	Belaubung	Laubform
8 m	Breit ausladend	Sommergrün	

Familie	Art	Autor
ACERACEAE	*Acer trautvetteri*	Medwedew

KOLCHISCHER BERGAHORN

Blätter Handförmig gelappt, bis 15 cm lang und 20 cm breit, fünflappig, grob gesägt, weiter als bis zur Mitte eingeschnitten, oberseits glänzend dunkelgrün und kahl, unterseits blaugrün, mit behaarten Nervenachseln, im Herbst goldgelb, an langen, roten Blattstielen. *Borke* Hellgrau, glatt. *Blüten* Klein und gelb, in aufrechten Blütenständen, im Frühjahr aus hellroten Knopsen austreibende Blätter. *Früchte* Mit breiten, hellroten, fast parallelen Flügeln, bis 5 cm lang.

- HERKUNFT SW-Asien
- LEBENSRAUM Mischwälder
- ANMERKUNG Bei dieser Art fallen besonders die Früchte auf.

Höhe	Wuchs	Belaubung	Laubform
15 m	Breit ausladend	Sommergrün	

Familie	Art	Autor
ACERACEAE	*Acer triflorum*	Komarow

DREIBLÜTIGER AHORN

Blätter Dreizählig, Blättchen grob gesägt, mittleres bis 10 cm lang und 4 cm breit, oberseits hellgrün, beiderseits behaart, im Herbst leuchtend orange bis rot. *Borke* Hell- bis graubraun, senkrecht abschälend. *Blüten* Klein, gelb, zu dritt hängend, im Frühjahr mit Laubaustrieb. *Früchte* Flügel fast parallel, bis 4 cm lang.

- HERKUNFT NO-China, Korea
- LEBENSRAUM Bergwälder und -schluchten

Höhe	Wuchs	Belaubung	Laubform
12 m	Breit ausladend	Sommergrün	

Familie	Art	Autor
ACERACEAE	*Acer velutinum*	Boissier

PERSISCHER BERGAHORN

Blätter Handförmig gelappt, bis 15 cm lang und breit, meist fünflappig, grob gesägt, oberseits gelbgrün, unterseits weich behaart, langstielig. *Borke* Graubraun, glatt. *Blüten* Klein, grün, in großen, aufrechten Rispen, im späten Frühjahr kurz nach Laubaustrieb. *Früchte* Große Flügel, fast rechtwinklig zueinander, bis 4 cm lang.

- HERKUNFT Kaukasus, N-Iran
- LEBENSRAUM Bergwälder
- ANMERKUNG Blätter ähneln denen des Echten Bergahorns (*Acer pseudoplatanus*, s. Seite 99), sind aber größer.

Höhe	Wuchs	Belaubung	Laubform
15 m	Breit ausladend	Sommergrün	

ANACARDIACEAE

DIESE FAMILIE ist in den wärmeren Zonen mit rund 600 Arten immer- und sommergrüner Bäume, Sträucher und Lianen in etwa 80 Gattungen vertreten. Die Blätter sind meist wechselständig und einfach oder gefiedert. Die kleinen Blüten stehen oft auf zweihäusigen Pflanzen. Die Blätter mancher Arten, vor allem der Gattung *Rhus*, enthalten einen hautreizenden, teils sogar ätzenden Stoff. Zur Familie gehören auch der Cashewbaum *(Anacardium occidentale)*, der Mangobaum *(Mangifera indica)* und der Kletternde Giftsumach *(Rhus radicans)*.

Familie	Art	Autor
ANACARDIACEAE	*Cotinus obovatus*	Rafinesque

AMERIKANISCHER PERÜCKENSTRAUCH

Blätter Verkehrteiförmig, bis 15 cm lang und 7,5 cm breit, dünn, ganzrandig, anfangs bronzefarben, später blaugrün, oberseits kahl, unterseits behaart, im Herbst leuchtend orange und rot. *Borke* Graubraun, im Alter schuppig. *Blüten* Meist zweihäusig, klein und gelb, in langen, endständigen Rispen, im Frühsommer. *Früchte* Einzelfrucht, klein, gruppenweise an dünnen, federartigen Stielen.

- HERKUNFT Zentral- und S-USA
- LEBENSRAUM Felsiges Hügelland

Höhe	Wuchs	Belaubung	Laubform
10 m	Breit kegelig	Sommergrün	

Familie	Art	Autor
ANACARDIACEAE	*Rhus copallina*	Linné

RHUS COPALLINA

Blätter Gefiedert, bis 35 cm lang, mit bis zu 23 länglich zugespitzten, meist ganzrandigen Blättchen, bis 10 cm lang und 4 cm breit, oberseits flaumig, später kahl und glänzend, dunkelgrün, unterseits heller und behaart, im Herbst leuchtend rot. *Borke* Dunkelgrau, mit dünnen Schuppen. *Blüten* Klein, gelblich, in dichten, kegelförmigen, endständigen Rispen, im Sommer. *Früchte* Klein, in kegeligen, hellroten Rispen, bis 20 cm lang.

- HERKUNFT O-Nordamerika
- LEBENSRAUM Gebirge, Wälder, Gebüsch, trockene Standorte

Höhe	Wuchs	Belaubung	Laubform
10 m	Breit ausladend	Sommergrün	

Familie	Art	Autor
ANACARDIACEAE	*Rhus trichocarpa*	Miquel

RHUS TRICHOCARPA

Blätter Bis 50 cm lang, mit bis zu 17 spitz eiförmigen Blättchen, bis 10 cm lang und 4 cm breit, rötlich, später matt dunkelgrün, flaumig, im Herbst orangerot. *Borke* Hellgraubraun, mit auffälligen Lentizellen. *Blüten* Klein, gelblich, in kegeligen Rispen, blattachselständig, im Sommer. *Früchte* Klein, bräunlichgelb.

- HERKUNFT China, Japan, Korea
- LEBENSRAUM Gebirge und Gebüsch

Höhe	Wuchs	Belaubung	Laubform
8 m	Breit ausladend	Sommergrün	

Familie	Art	Autor
ANACARDIACEAE	*Rhus typhina*	Linné

ESSIGBAUM

Blätter Bis 60 cm lang, mit bis zu 27 lanzettlichen bis länglichen, scharf gesägten Blättchen, bis 12 cm lang und 5 cm breit, oberseits dunkelgrün, unterseits blaugrün, beiderseits anfangs flaumig, später verkahlend, im Herbst hellorange und rot, an kräftigen, samtigen Zweigen. *Borke* Dunkelbraun, glatt. *Blüten* Ein- oder zweihäusig, klein, grün, dicht gedrängt in endständigen Kolbenrispen, im Sommer. *Früchte* Klein, hellrot; dichtstehend, in kolbenförmigen Rispen, diese bis 20 cm lang.

- HERKUNFT O-Nordamerika
- LEBENSRAUM Wiesen, Feldgehölze und Waldränder, oft auf trockenen, felsigen Böden

◁ RHUS TYPHINA

RHUS TYPHINA ▷

◁ 'DISSECTA' Diese Sorte hat tief geschlitzte Blättchen.

Höhe	Wuchs	Belaubung	Laubform
10 m	Breit ausladend	Sommergrün	

Annonaceae

Eine vorwiegend tropische Familie mit mehr als 2000 Arten, verwandt mit den Magnolien (*Magnolia,* s. Seiten 202–215). Typisches Merkmal der Bäume sind die einfachen, wechselständigen Blätter und die dreizähligen Blütenhüllen. Die Zimtäpfel *(Annona)* sind bekannte Mitglieder der Familie.

Familie	Art	Autor
Annonaceae	*Asimina triloba*	(Linné) Dunal

Papau

Blätter Länglich bis verkehrteiförmig, bis 25 cm lang, kurz zugespitzt, ganzrandig, hellgrün, unterseits anfangs flaumig, später kahl, im Herbst gelb. *Borke* Graubraun, im Alter etwas rauh und schuppig. *Blüten* Bis 4 cm breit, erst grün, später rötlichbraun, sechs Kronblätter, die drei inneren aufrecht, die drei äußeren größer und abstehend, einzeln, an kurzen, kräftigen Stielen an älteren Zweigen, im späten Frühjahr mit Laubaustrieb.
Früchte Fleischig, eßbar, bis 15 cm lang, erst grün, reif gelbbraun.

- Herkunft O-Nordamerika
- Lebensraum Fruchtbare, feuchte Wälder
- Anmerkung Der Geschmack der ungewöhnlichen Früchte erinnert etwas an Bananen. Die Art wird manchmal mit *Carica papaya,* dem Papayabaum, verwechselt, ein wegen seiner eßbaren Früchte angebauter tropischer Baum.

Höhe	Wuchs	Belaubung	Laubform
9 m	Breit ausladend	Sommergrün	

AQUIFOLIACEAE

EINE VORWIEGEND in den Tropen und Subtropen verbreitete Familie mit über 400 immergrüner und sommergrünen Arten. Die meisten Arten gehören zur Gattung *Ilex* (Stechpalmen). Die Gehölze haben wechselständige Blätter und kleine, weiße oder rosa Blüten; aus den weiblichen Blüten entstehen im Herbst gelbe, rote, orange oder schwarze Steinfrüchte. Aus den Blättern von *Ilex paraguariensis,* einer südamerikanischen Art, wird der Mate-Tee gewonnen.

Familie	Art	Autor
AQUIFOLIACEAE	*Ilex* x *altaclerensis*	(hort. ex Loudon) Dallimore

GROSSBLÄTTRIGE STECHPALME

Blätter In Größe und Form vielgestaltig, länglich bis eiförmig, bis 13 cm oder länger und 7,5 cm breit, gezähnt, oft stachelig, oberseits glänzend dunkelgrün. *Borke* Grau und glatt. *Blüten* Zweihäusig, klein und weiß, oft purpurn überzogen, duftend, meist zu mehreren in den Blattachseln, im Frühjahr. *Früchte* Große, fleischige, rote Beeren.

- HERKUNFT Aus gärtnerischer Kultur
- ANMERKUNG Eine Hybride zwischen der Gemeinen Stechpalme (*Ilex aquifolium,* s. Seite 109) und *Ilex perado,* einer auf den Kanaren, Madeira und den Azoren heimischen Art, ihre bekannten Sorten mit vielen Zierformen werden gerne in Gärten gepflanzt.

◁ 'BELGICA AUREA'
Die langen Blätter der weiblichen Pflanze haben kaum Stacheln.

△ 'CAMELLIIFOLIA'
Weibl. Pflanze mit fast ganzrandigen Blättern.

'GOLDEN KING' ▷
Die breiten, dicken Blätter dieser weiblichen Pflanze haben einen gelben Rand.

△ 'HODGINSII'
Männl. Pflanze mit wenig bestachelten, großen, dunkelgrünen Blättern und rötlichen Trieben.

'LAWSONIANA' ▷
Die gelb panaschierten Blätter der weiblichen Pflanze sind fast ganzrandig.

◁ 'WILSONII'
Weibl. Pflanze mit großen Blättern.

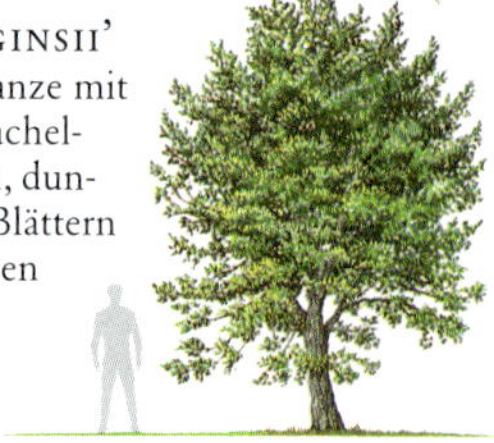

Höhe	Wuchs	Belaubung	Laubform
20 m	Breit säulenförmig	Immergrün	

Familie	Art	Autor
AQUIFOLIACEAE	*Ilex aquifolium*	Linné

GEMEINE STECHPALME

Blätter Variabel, eiförmig bis elliptisch, bis 10 cm lang und 5 cm breit, jung ausgeprägt stachelig gezähnt, im Alter mehr oder weniger ganzrandig, oberseits glänzend dunkelgrün. *Borke* Hellgrau und glatt. *Blüten* Zweihäusig, klein und weiß oder rötlich, duftend, in Trauben in den Blattachseln, im späten Frühjahr. *Früchte* Meist rote Beeren, bis 1 cm dick.

- HERKUNFT W-Asien, Europa
- LEBENSRAUM Wälder, insbesondere Eichen- und Buchenwälder
- ANMERKUNG Aus der Art sind viele Sorten mit den verschiedensten Blatt- und Fruchtformen entstanden.

▽ ILEX AQUIFOLIUM

◁ ILEX AQUIFOLIUM

◁ ILEX AQUIFOLIUM

'CRISPA AUREA PICTA' ▷
Die dicken, oft gedrehten Blätter dieser männlichen Pflanze haben, von der Blattspitze abgesehen, keine Dornen und in der Mitte eine helle Zeichnung.

▽ 'ARGENTEA MARGINATA'
Weibliche Pflanze mit rötlichen jungen Blättern, grünen Trieben und roten Beeren.

'BACCIFLAVA' △
Eine gelbfrüchtige Sorte mit stachelrandigen Blättern.

◁ 'FEROX'
Wegen der auch oberseits bestachelten Blätter wird diese weibliche Pflanze auch Igelstechpalme genannt.

Höhe	Wuchs	Belaubung	Laubform
20 m	Breit säulenförmig	Immergrün	

Familie Aquifoliaceae	Art *Ilex aquifolium*	Autor Linné

△ 'Ferox Argentea'
Der Blattrand ist bei dieser männlichen Sorte gelblich bis weiß. Die Blattoberseite ist bestachelt.

▽ 'Flavescens'
Diese weibliche Pflanze hat gelb geflammte Blätter. Auch Blattstiel und Mittelrippe sind gelb.

△ 'Handsworth New Silver'
Rötliche Zweige, cremefarbene Blattränder und kleine, rote Beeren sind typisch für diese weibliche Pflanze.

◁ 'J. C. van Tol'
Eine einhäusige Pflanze mit dicken, oberseits glänzend dunkelgrünen und kahlen Blättern, wenig bestachelt oder ganzrandig.

Höhe 20 m	Wuchs Breit säulenförmig	Belaubung Immergrün	Laubform

Familie	Art	Autor
AQUIFOLIACEAE	*Ilex aquifolium*	Linné

'MADAME BRIOT' ▷
Die breiten Blätter dieser strauchigen weiblichen Pflanze haben einen dunkelgelben Blattrand. Die Beeren sind im Herbst scharlachrot.

△ **'PYRAMIDALIS FRUCTU LUTEO'**
Die elliptischen, glänzend grünen, oft ganzrandigen Blätter dieser weiblichen Pflanze und die zahlreichen gelben Beeren ergeben ein harmonisches Bild.

△ **'SILVER MILKMAID'**
Die Blätter dieser alten Sorte mit roten Beeren sind dunkelgrün mit cremefarbener Mitte. Anders als der Name vermuten läßt, ist auch die früher als 'Silver Milkboy' bekannte Pflanze weiblich.

△ **'SILVER QUEEN'**
Eine männliche Pflanze mit dunkelroten Trieben und breiten, weiß geränderten Blättern, die beim Austrieb orange bis rosa sind. Die Zweige sind purpurn.

Höhe	Wuchs	Belaubung	Laubform
20 m	Breit säulenförmig	Immergrün	

Familie Aquifoliaceae	Art *Ilex x koehneana*	Autor Loesener

Ilex x koehneana

Blätter Elliptisch bis länglich, bis 15 cm lang, Rand scharf stachelig gezähnt, anfangs oft bronzefarben, später glänzend dunkelgrün, junge Triebe rötlich. *Borke* Grau, glatt. *Blüten* Zweihäusig, klein, grünlichweiß, in Büscheln in den Blattachseln, im Frühjahr. *Früchte* Rote Beeren, 8 mm dick.

- Herkunft Aus gärtnerischer Kultur
- Anmerkung Eine zuerst in Florenz bekannt gewordene Hybride aus der Gemeinen Stechpalme (*Ilex aquifolium,* s. Seite 109) und *Ilex latifolia* (s. u.). Die großen Blätter gehen auf *I. latifolia* zurück.

△ Ilex x koehneana

'Chestnut Leaf' ▷
Diese Sorte stammt aus Frankreich. Sie hat spitz bestachelte Blätter und kleine, leuchtendrote Beeren.

Höhe 6 m	Wuchs Breit kegelig	Belaubung Immergrün	Laubform

Familie Aquifoliaceae	Art *Ilex latifolia*	Autor Thunberg

Breitblättrige Stechpalme

Blätter Länglich, bis 20 cm lang und 7,5 cm breit, sehr dick, Rand grob (nicht stachelig) gezähnt, oberseits glänzend dunkelgrün, unterseits gelbgrün, an kräftigen Zweigen; junge Zweige olivgrün. *Borke* Grau, im Alter rissig. *Blüten* Zweihäusig, klein, gelbgrün, duftend in Trugdolden in den Blattachseln, im späten Frühjahr. *Früchte* Beeren dichtstehend, rötlich bis orange, reif im Spätherbst.

- Herkunft O-China, Japan
- Lebensraum Warme Regionen
- Anmerkung Die sehr großen Blätter sind für Stechpalmen der gemäßigten Breiten einzigartig. In Japan wird die Art häufig an Tempeln gepflanzt.

Höhe 20 m	Wuchs Breit kegelig	Belaubung Immergrün	Laubform

Familie	Art	Autor
AQUIFOLIACEAE	*Ilex opaca*	Aiton

AMERIKANISCHE STECHPALME

Blätter Elliptisch, bis 10 cm lang und 5 cm breit, stechende Spitze, stachelig gezähnt, oberseits matt dunkel- bis gelbgrün, unterseits gelbgrün. *Borke* Grau und glatt. *Blüten* Meist zweihäusig, klein, mattweiß, in den Blattachseln, im späten Frühjahr. *Früchte* Meist rote Beeren, bis 1 cm dick.

- HERKUNFT O-USA
- LEBENSRAUM Sandige Böden in Küstennähe, feuchte Wälder

Höhe	Wuchs	Belaubung	Laubform
15 m	Breit kegelig	Immergrün	

Familie	Art	Autor
AQUIFOLIACEAE	*Ilex pedunculosa*	Miquel

LANGSTIELIGE STECHPALME

Blätter Eiförmig bis elliptisch, bis 7,5 cm lang und 3 cm breit, zugespitzt, ganzrandig, oberseits glänzend dunkelgrün. *Borke* Graugrün, glatt. *Blüten* Zweihäusig, klein, weiß, in den Blattachseln und am Zweig, im Sommer. *Früchte* Hellrote Beeren, bis 8 mm.

- HERKUNFT Japan, Taiwan
- LEBENSRAUM Wälder, Gebüsch

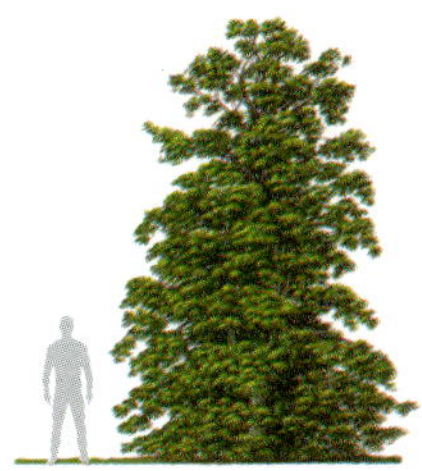

Höhe	Wuchs	Belaubung	Laubform
10 m	Breit kegelig	Immergrün	

Familie	Art	Autor
AQUIFOLIACEAE	*Ilex purpurea*	Hasskarl

ILEX PURPUREA

Blätter Elliptisch-lanzettlich, bis 12 cm lang und 4 cm breit, zugespitzt, gezähnt, oberseits glänzend dunkelgrün, unterseits heller, kahl. *Borke* Grau, glatt. *Blüten* Zweihäusig, dunkelrot bis violett, Blütenkrone vierzählig, blattachsel- und endständig, im Frühsommer bis Sommer. *Früchte* Rote Beeren, bis 8 mm lang.

- HERKUNFT China, Japan
- LEBENSRAUM Bergwälder

Höhe	Wuchs	Belaubung	Laubform
13 m	Breit kegelig	Immergrün	

ARALIACEAE

DIESE FAMILIE immer- und sommergrüner Gehölze und Stauden ist mit über 50 Gattungen und 800 Arten weltweit, vor allem in den Tropen verbreitet. Die Blätter sind meist zusammengesetzt oder gelappt; die kleinen, grünlichweißen oder weißen Blüten stehen meist in mehrfach zusammengesetzten Dolden.

Familie ARALIACEAE	Art *Aralia spinosa*	Autor Linné

HERKULESKEULE

Blätter Doppelt gefiedert, groß, 40 – 80 cm oder mehr, mit zahlreichen eiförmigen, zugespitzten, gesägten Blättchen, bis 7,5 cm lang und 4 cm breit, oberseits anfangs bronzefarben, später dunkelgrün, unterseits heller, fast kahl, im Herbst gelb bis purpurrot, mit stacheligem Blattstiel, an kräftigen, stacheligen Zweigen. *Borke* Grau, sehr stachelig. *Blüten* Klein, weißlich, in kleinen Dolden, die mehrfach verzweigte Trauben an einer Hauptachse bilden, im Spätsommer. *Früchte* Kugelig, schwarzrot, bis 6 mm groß.

- HERKUNFT O-USA
- LEBENSRAUM Flußauen und feuchte Wälder
- ANMERKUNG Selten im Handel

ARALIA △▽ SPINOSA

▽ ARALIA ELATA
Eine ähnliche Art aus NO-Asien und Japan; Blüten im Herbst, wenn *Aralia spinosa* Früchte trägt.

Höhe 10 m	Wuchs Breit ausladend	Belaubung Sommergrün	Laubform

Familie	Art	Autor
Araliaceae	*Kalopanax pictus*	(Thunberg) Nakai

Baumaralie

Blätter Handförmig gelappt, mit fünf bis sieben gesägten Lappen, bis 25 cm lang und breit oder mehr, oberseits glänzend dunkelgrün und kahl, unterseits anfangs flaumig. *Borke* Schwarzbraun, stachelig, tiefrissig. *Blüten* Klein und weiß, zahlreich, dünnstielig, in endständigen Doppeldolden, im Spätsommer. *Früchte* Kugelig, blauschwarz, ca. 5 mm lang.

- Herkunft China, O-Rußland
- Lebensraum Flußauen und feuchte Wälder
- Anmerkung Die jungen Blätter der Art sind gekocht eßbar. Die ähnliche *Kalopanax pictus* var. *maximowiczii* hat bis weit über die Mitte eingeschnittene Blätter.

Höhe	Wuchs	Belaubung	Laubform
25 m	Breit säulenförmig	Sommergrün	

Familie	Art	Autor
Araliaceae	*Pseudopanax ferox*	(Kirk) Kirk

Pseudopanax ferox

Blätter Bei jungen Pflanzen schmal, steif, bis 45 cm lang, mit scharf hakenförmig gesägtem Rand, schwarzrot, mit orangefarbener Mittelrippe, hängend; bei älteren Pflanzen bis 15 cm lang, stumpf gezähnt oder ganzrandig, aufrecht oder abstehend. *Borke* Grau, glatt. *Blüten* Nur an älteren Pflanzen, klein, grünlich, in kugeligen Köpfchen, endständig, im Sommer. *Früchte* Länglich, schwarz, 8 mm.

- Herkunft Neuseeland
- Lebensraum Wälder und Gebüsch
- Anmerkung Der Baum bleibt jahrelang unverzweigt und hat mehrere Wachstumsphasen; erst langsam entwickelt sich die kugelige Krone. Die verwandte, ebenfalls auf Neuseeland heimische Art *P. crassifolius* kommt wildwachsend häufiger vor. Sie hat in ihrer Jugend manchmal über 1 m lange Blätter.

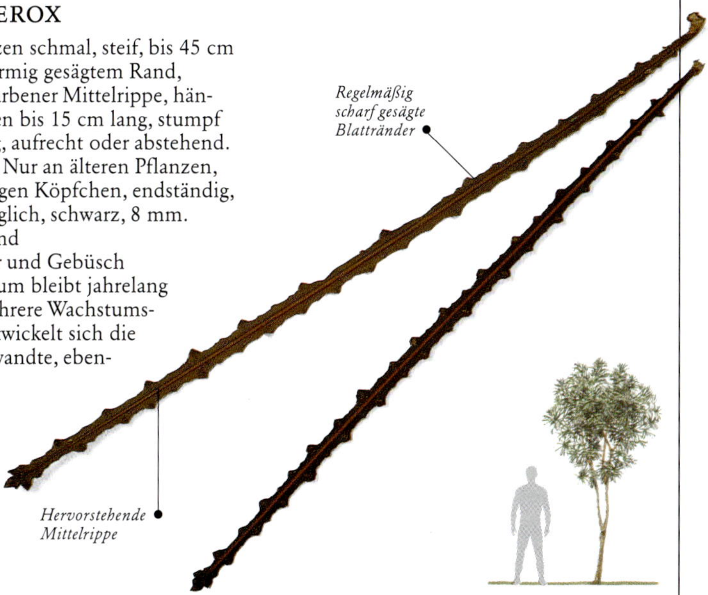

Höhe	Wuchs	Belaubung	Laubform
5 m	Unverwechselbar	Immergrün	

Betulaceae

Einige der bekanntesten kätzchentragenden Pflanzen gehören zur Familie der Birkengewächse, z. B. die Haselnuß (*Corylus*, s. Seite 127). Die sechs Gattungen mit über 150 Arten sommergrüner Bäume und Sträucher sind vorwiegend in den nördlichen gemäßigten Zonen heimisch, Erlen (*Alnus*, s. Seiten 116 – 117) auch in den Anden. Die Pflanzen sind einhäusig, mit wechselständigen Blättern. Als Blütenstände werden eingeschlechtige Kätzchen gebildet.

Familie	Art	Autor
Betulaceae	*Alnus cordata*	Desfontaines

Italienische Erle

Blätter Rundlich, bis 10 cm lang und breit, oberseits glänzend dunkelgrün und kahl, unterseits heller, mit behaarten Nervenachseln. *Borke* Grau, glatt, im Alter rissig. *Blüten* Einhäusig, in Kätzchen, männliche bis 7,5 cm, gelb, weibliche klein, rot, aufrecht, im zeitigen Frühjahr. *Früchte* Nüßchen in verholzenden, zapfenförmigen Fruchtständen, 3 cm lang, braun.
- Herkunft Korsika, Mittel- und S-Italien
- Lebensraum Laubwälder der Gebirge

Höhe	Wuchs	Belaubung	Laubform
25 m	Breit kegelig	Sommergrün	

Familie	Art	Autor
Betulaceae	*Alnus glutinosa*	(Linné) Gaertner

Schwarzerle

Blätter Verkehrteiförmig, bis 10 cm lang, 7,5 cm breit, gesägt, oberseits dunkelgrün, kahl, unterseits an den Nervenachseln behaart. *Borke* Dunkelgrau, rissig. *Blüten* Einhäusig, in Kätzchen, männliche bis 10 cm, gelbgrün, hängend, weibliche klein, rot, aufrecht, im zeitigen Frühjahr. *Früchte* In zapfenartigen Fruchtständen, dunkelbraun, 2 cm.
- Herkunft N-Afrika, W-Asien, Europa
- Lebensraum Flußauen

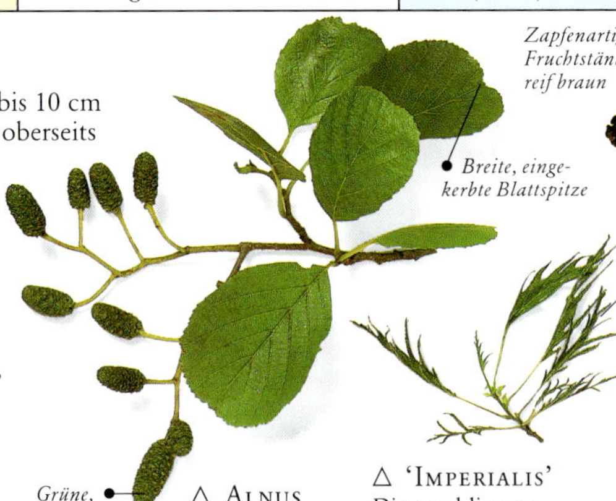

△ Alnus glutinosa

△ 'Imperialis'
Die geschlitzten Blätter dieser kleineren Sorte wirken wie Federn.

Höhe	Wuchs	Belaubung	Laubform
25 m	Breit kegelig	Sommergrün	

Familie	Art	Autor
Betulaceae	*Alnus incana*	(Linné) Moench

Grauerle

Blätter Eiförmig, bis 10 cm lang und 5 cm breit, kurz zugespitzt, doppelt gesägt, manchmal schwach gelappt, oberseits matt dunkelgrün, anfangs behaart, unterseits grau behaart. *Borke* Dunkelgrau, glatt. *Blüten* Einhäusig, eingeschlechtig, in Kätzchen, männliche bis 10 cm, rötlich, hängend, weibliche klein, rot, aufrecht, im Spätwinter bis zeitigem Frühjahr. *Früchte* Zapfenartige Fruchtstände, bis 2 cm, anfangs grün, reif braun.

- Herkunft
Kaukasus, Europa
- Lebensraum
Gebirge

△ Alnus incana

◁ 'Aurea' Eine Sorte mit gelbgrünen Blättern und lachsfarbenen Zweigen.

△ Alnus incana

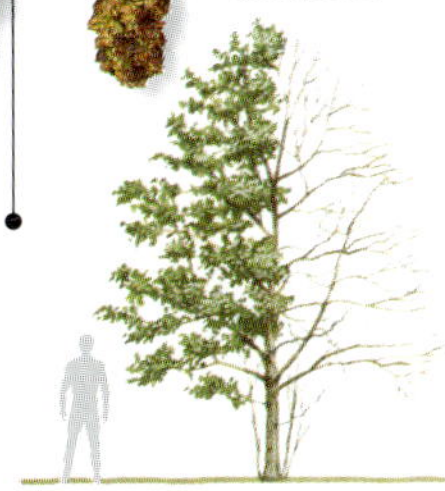

Höhe	Wuchs	Belaubung	Laubform
20 m	Breit kegelig	Sommergrün	

Familie	Art	Autor
Betulaceae	*Alnus oregona*	Nuttall

Roterle

Blätter Eiförmig bis elliptisch, bis 10 cm lang und 7,5 cm breit, an der Basis verschmälert, kurz zugespitzt, oberseits dunkelgrün, kahl, unterseits anfangs ganz, später nur an Adern behaart, blaugrün. *Borke* Hellgrau, rauh. *Blüten* Einhäusig, eingeschlechtig, in Kätzchen, männliche bis 15 cm, gelborange, hängend, weibliche klein, rot, aufrecht, im zeitigen Frühjahr. *Früchte* Fruchtstand zapfenartig, bis 2,5 cm.

- Herkunft W-Nordamerika
- Lebensraum Flußauen und Canyons, Küstennähe
- Anmerkung Erinnert aus der Ferne an weißstämmige Birkenarten.

Höhe	Wuchs	Belaubung	Laubform
15 m	Breit kegelig	Sommergrün	

Familie Betulaceae	Art *Betula albosinensis*	Autor Burkill

Kupferbirke

Blätter Eiförmig, bis 7,5 cm lang und 4 cm breit, zugespitzt, gesägt, jung behaart, später kahl, glänzend grün, im Herbst gelb, an leicht rauhen Zweigen; junge Zweige drüsig. *Borke* Orange bis kupferrot, sehr dünn waagrecht abrollend; neue Borke cremefarben. *Blüten* Einhäusig, eingeschlechtig, in Kätzchen, männliche bis 6 cm lang, gelb, hängend, weibliche grün, aufrecht, im Frühjahr. *Früchte* In Kätzchen, reif aufbrechend.

- Herkunft W-China
- Lebensraum Wälder der Hochgebirge
- Anmerkung Durch die kupferfarbene, dünn abrollende Rinde ist diese Art eine der auffallendsten Birken.

Glänzende, scharf gesägte Blätter

Kätzchen erscheinen im Sommer und öffnen sich im nächsten Frühjahr

Dünn abrollende rötliche Borke

Hängende männl. Kätzchen

Aufrechte weibl. Kätzchen

△ Betula albosinensis

▽ var. septentrionalis
Diese Varietät erkennt man an den blassen, eher mattgrünen Blättern und der kupferfarbenen bis rötlichgrauen Rinde.

Matt-grüne Blätter

Kupferfarbene Rinde mit hellen Lentizellen

Blätter an drüsigen jungen Zweigen

Endständige männl. Kätzchen

Aufrechte weibl. Fruchtkätzchen

Höhe 25 m	Wuchs Breit kegelig	Belaubung Sommergrün	Laubform

Familie	Art	Autor
Betulaceae	*Betula alleghaniensis*	Britton

Gelbbirke

Blätter Länglich-eiförmig, bis 10 cm lang und 5 cm breit, zugespitzt, gesägt, oberseits mattgrün, unterseits heller, im Herbst gelb, an aromatisch duftenden Zweigen. *Borke* Gelbgrau, waagrecht abrollend. *Blüten* Einhäusig, in Kätzchen, männliche bis 10 cm lang, gelb, weibliche rötlichgrün, im Frühjahr. *Früchte* In kräftigen, aufrechten Kätzchen, reif aufbrechend.

- Herkunft O-Nordamerika
- Lebensraum Feuchte Wälder

Höhe	Wuchs	Belaubung	Laubform
30 m	Breit säulenförmig	Sommergrün	

Familie	Art	Autor
Betulaceae	*Betula ermanii*	Chamisso

Goldbirke

Blätter Eiförmig, bis 7,5 cm lang und 5 cm breit, lang zugespitzt, oberseits glänzend grün, unterseits an den Adern behaart, im Herbst gelb. *Borke* Gelbweiß, mit waagrechten Lentizellen, abrollend. *Blüten* Einhäusig, eingeschlechtig, in Kätzchen, männliche bis 10 cm, gelblich, hängend, weibliche grün, aufrecht, im Frühjahr. *Früchte* In Kätzchen, reif aufbrechend.

- Herkunft NO-Asien, Japan
- Lebensraum Wälder

Höhe	Wuchs	Belaubung	Laubform
25 m	Breit kegelig	Sommergrün	

Familie	Art	Autor
BETULACEAE	*Betula grossa*	Siebold & Zuccarini

BETULA GROSSA

Blätter Eiförmig, bis 10 cm lang und 5 cm breit, lang zugespitzt, Basis herzförmig, grob gesägt, oberseits dunkelgrün, unterseits seidig behaarte Adern, im Herbst gelb, an aromatisch duftenden Zweigen. *Borke* Schwarzrot, mit waagrechten Streifen, im Alter dunkelgrau. *Blüten* Einhäusig, eingeschlechtig, in Kätzchen, männliche bis 2,5 cm, gelb, hängend, weibliche grün, aufrecht, im Frühjahr. *Früchte* In aufrechten Kätzchen, reif aufbrechend.

- HERKUNFT Japan
- LEBENSRAUM Bergwälder
- ANMERKUNG Eng verwandt ist die Zuckerbirke (*Betula lenta*, s. u.) aus Nordamerika mit ähnlicher Rinde und aromatisch duftenden Zweigen.

Höhe	Wuchs	Belaubung	Laubform
20 m	Breit kegelig	Sommergrün	

Familie	Art	Autor
BETULACEAE	*Betula lenta*	Linné

ZUCKERBIRKE

Blätter Eiförmig, bis 12 cm lang und 6 cm breit, zugespitzt, scharf gesägt, oberseits glänzend dunkelgrün, unterseits heller, Adern seidig behaart, im Herbst gelb, Zweigrinde aromatisch duftend. *Borke* Rotbraun, mit hellen, waagrechten Lentizellen, später dunkel und stark rissig. *Blüten* Einhäusig, eingeschlechtig, in Kätzchen, männliche bis 7,5 cm, gelb, hängend, weibliche grün, aufrecht, im Frühjahr. *Früchte* In aufrechten Kätzchen, reif aufbrechend.

- HERKUNFT O-Nordamerika
- LEBENSRAUM Feuchte Wälder des Tieflands im Norden bis zu Gebirgen im Süden des Verbreitungsgebiets
- ANMERKUNG Auch als Schwarzbirke bekannt.

Höhe	Wuchs	Belaubung	Laubform
25 m	Breit ausladend	Sommergrün	

Familie	Art	Autor
Betulaceae	*Betula maximowicziana*	Regel

Maximowiczs-Birke

Blätter Breit eiförmig, bis 15 cm lang und 12 cm breit, zugespitzt, Basis tief herzförmig, scharf doppelt gesägt, oberseits dunkelgrün, später kahl, im Herbst gelb, an warzigen Zweigen. *Borke* Anfangs orangebraun, später grau bis weißlich mit rosa Schimmer, mit waagrechten Lentizellen, dünn abrollend. *Blüten* Einhäusig, eingeschlechtig, in Kätzchen, männliche bis 10 cm lang, gelbbraun, hängend, weibliche grün, abstehend bis hängend, im Spätwinter. *Früchte* In hängenden Kätzchen, reif aufbrechend.

- Herkunft Zentral- und N-Japan
- Lebensraum Wälder
- Anmerkung Keine andere Birkenart hat so große Blätter.

Höhe	Wuchs	Belaubung	Laubform
25 m	Breit kegelig	Sommergrün	

Familie	Art	Autor
Betulaceae	*Betula nigra*	Linné

Schwarzbirke

Blätter Bis 10 cm lang, zugespitzt, Basis keilförmig, doppelt gesägt, oberseits glänzend grün, unterseits blaugrün mit behaarten Adern. *Borke* Rötlichgrau, im Alter dunkelbraun und kraus gerollt. *Blüten* Einhäusig, in Kätzchen, männliche gelbbraun, bis 7,5 cm, weibliche grün, im Frühjahr. *Früchte* In Kätzchen, reif aufbrechend.

- Herkunft O-USA
- Lebensraum Feuchte Wälder, Flußauen

Höhe	Wuchs	Belaubung	Laubform
30 m	Breit ausladend	Sommergrün	

Familie	Art	Autor
BETULACEAE	*Betula papyrifera*	Marshall

PAPIERBIRKE

Blätter Eiförmig, bis 10 cm lang und 7,5 cm breit, zugespitzt, grob doppelt gesägt, oberseits dunkelgrün, unterseits heller und anfangs mit behaarten Nervenachseln, im Herbst gelb bis orange. *Borke* Weiß, auffällige dunkle Lentizellen, papierdünn abblätternd; neue Borke blaß rötlichorange. *Blüten* Einhäusig, eingeschlechtig, in Kätzchen, männliche bis 10 cm lang, gelb, hängend, weibliche schlank, grün, abstehend oder hängend, im Frühjahr. *Früchte* In Kätzchen, reif aufbrechend.

- HERKUNFT Nordamerika
- LEBENSRAUM Nördliche Wälder, Gebirge
- ANMERKUNG Im Herkunftsgebiet auch als „Kanubirke" bekannt. Die Rinde wurde von den amerikanischen Ureinwohnern zum Bau von Kanus verwendet. Diese am weitesten verbreitete amerikanische Art gedeiht in N-USA und von Labrador bis Alaska.

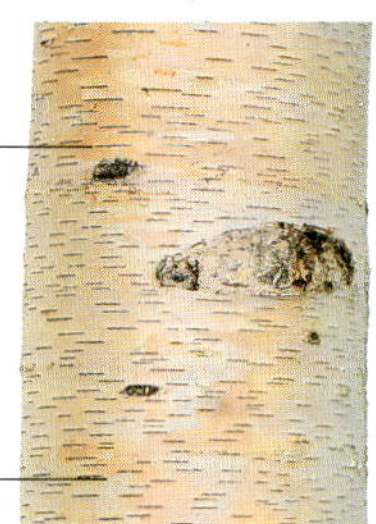

Höhe	Wuchs	Belaubung	Laubform
30 m	Breit kegelig	Sommergrün	

Familie	Art	Autor
BETULACEAE	*Betula pendula*	Roth

SANDBIRKE

Blätter Rautenförmig bis dreieckig, bis 6 cm lang und 4 cm breit, lang zugespitzt, grob doppelt gesägt, oberseits glänzend dunkelgrün, im Herbst gelb, an schlanken, kahlen, warzigen, hängenden Zweigen. *Borke* Weiß, abblätternd, im Alter dunkle, rauhe Risse. *Blüten* Einhäusig, eingeschlechtig, in Kätzchen, männliche bis 6 cm lang, gelb, hängend, weibliche grün, teils aufrecht hängend, im zeitigen Frühjahr. *Früchte* In Kätzchen, reif aufbrechend.

- HERKUNFT N-Asien, Europa
- LEBENSRAUM Leichte, sandige Böden
- ANMERKUNG Auch als Weißbirke oder Hängebirke bekannt, bildet ausgedehnte Wälder.

△ BETULA PENDULA

▽ BETULA PENDULA

BETULA ▷ PENDULA

'PURPUREA' △
Diese Sorte fällt durch das schwarzrote Laub und die roten Blattstiele auf. Auch die Borke kann rötlich schimmern.

'DALECARLICA' ▷
Die kleinen Blätter dieser Sorte sind tief geschlitzt und unregelmäßig gesägt.

Höhe	Wuchs	Belaubung	Laubform
30 m	Schmal überhängend	Sommergrün	

Familie Betulaceae	Art *Betula populifolia*	Autor Marshall

Pappelblättrige Birke

Blätter Eiförmig bis dreieckig, bis 7,5 cm lang, sehr lang zugespitzt, scharf gesägt, oberseits glänzend dunkelgrün und drüsig, im Herbst gelb. *Borke* Weiß, lange, waagrechte Lentizellen, im Alter am Fuß schwarz, nicht abrollend. *Blüten* Einhäusig, eingeschlechtig, in Kätzchen, männliche bis 7,5 cm lang, gelbbraun, hängend, weibliche grün, aufrecht, im Frühjahr. *Früchte* In Kätzchen, reif aufbrechend.

- Herkunft O-Nordamerika
- Lebensraum Bergwälder
- Anmerkung Im Ursprungsgebiet auch als Graubirke bekannt. Der Stamm ist oft schon am Fuß verzweigt. Schnellwüchsig und kurzlebig.

Höhe 10 m	Wuchs Schmal kegelig	Belaubung Sommergrün	Laubform

Familie Betulaceae	Art *Betula pubescens*	Autor Ehrhart

Moorbirke

Blätter Rundlich bis eiförmig, bis 6 cm lang und 5 cm breit, kurz zugespitzt, doppelt gesägt, oberseits anfangs etwas behaart, unterseits an Adern behaart, im Herbst gelb, an flaumig behaarten Zweigen. *Borke* Weiß, am Stammfuß schwarz. *Blüten* Einhäusig, eingeschlechtig, in Kätzchen, männliche bis 6 cm lang, gelb, hängend, weibliche grün, aufrecht, im Frühjahr. *Früchte* In Kätzchen, reif aufbrechend.

- Herkunft N-Asien, Europa
- Lebensraum Wälder
- Anmerkung Die Art ist mit der Sandbirke verwandt (*Betula pendula*, s. Seite 123), ist jedoch leicht an den behaarten, nicht hängenden Trieben zu erkennen. Sie bevorzugt nährstoffarme Böden und moorige Lagen.

Höhe 25 m	Wuchs Breit kegelig	Belaubung Sommergrün	Laubform

Familie	Art	Autor
BETULACEAE	*Betula utilis*	D. Don

HIMALAJA-BIRKE

Blätter Eiförmig, bis 10 cm lang und 6 cm breit, lang zugespitzt, gesägt, oberseits dunkelgrün glänzend, unterseits in den Nervenwinkeln behaart, im Herbst goldgelb, an seidig behaarten Zweigen. *Borke* Sehr variabel, orange- oder kupferfarben, rosa oder reinweiß, papierdünn abblätternd. *Blüten* In Kätzchen, männliche gelb, hängend, bis 12 cm oder länger, weibliche grün, aufrecht, im Frühjahr. *Früchte* In Kätzchen, anfangs grün, reif braun und aufbrechend.

- HERKUNFT China, Himalaja
- LEBENSRAUM Hochgebirgswälder
- ANMERKUNG Die Borke dieser Art wird im Himalaja noch oft zur Herstellung von Papier und zum Decken der Dächer verwendet.

△ BETULA UTILIS

▽ BETULA UTILIS

△ VAR. JACQUEMONTII
Eine an der weißen Rinde zu erkennende Varietät.

VAR. JACQUEMONTII ▽
'SILVER SHADOW'
Eine Sorte mit großen, hängenden, dunkelgrünen Blättern.

VAR. JACQUEMONTII △
'GRAYSWOOD GHOST'
Diese Sorte ist leicht an den stark glänzenden Blättern zu erkennen.

◁ VAR. JACQUEMONTII
'JERMYNS'
Eine robuste Sorte mit breiten Blättern.

Höhe	Wuchs	Belaubung	Laubform
25 m	Breit kegelig	Sommergrün	

Familie	Art	Autor
BETULACEAE	*Carpinus betulus*	Linné

HAINBUCHE

Blätter Elliptisch bis eiförmig, bis 10 cm lang und 6 cm breit, zugespitzt, doppelt gesägt, mit auffälligen Adern, oberseits dunkelgrün und kahl, unterseits an den Adern behaart, im Herbst gelb. *Borke* Hellgrau, gerieft, im Alter rissig. *Blüten* Einhäusig, eingeschlechtig, in Kätzchen, männliche bis 5 cm lang, gelblich, hängend, weibliche klein, grün, endständig, im Frühjahr. *Früchte* Nüßchen mit dreilappigen Hüllblättern, diese anfangs grün, später gelbbraun, in hängenden Kätzchen, bis 7,5 cm lang.

- HERKUNFT SW-Asien, Europa
- LEBENSRAUM Feldhecken und Laubwälder
- ANMERKUNG Eine weitverbreitete Heckenpflanze.

Höhe	Wuchs	Belaubung	Laubform
30 m	Breit ausladend	Sommergrün	

Familie	Art	Autor
BETULACEAE	*Carpinus caroliniana*	Walter

AMERIKANISCHE HAINBUCHE

Blätter Eiförmig, bis 10 cm, lang zugespitzt, doppelt gesägt, dunkelgrün, im Herbst orange bis rot, an dünnen Stielen. *Borke* Grau, glatt, gerieft. *Blüten* Einhäusig, eingeschlechtig, in Kätzchen, männliche bis 4 cm, gelblich, hängend, weibliche klein, grün, endständig, im Frühjahr. *Früchte* Nüßchen, mit zwei- oder dreilappigen grünen Hüllblättern, in hängenden Kätzchen, bis 7,5 cm.

- HERKUNFT Mexiko, O-Nordamerika
- LEBENSRAUM Feuchte Wälder, Flußauen, sumpfige Böden
- ANMERKUNG Der Buche (*Fagus*, s. Seiten 151 – 153) ähnlich, aber an den Früchten leicht zu erkennen.

Höhe	Wuchs	Belaubung	Laubform
10 m	Breit ausladend	Sommergrün	

Familie BETULACEAE	Art *Carpinus cordata*	Autor Blume

HERZBLÄTTRIGE HAINBUCHE

Blätter Länglich eiförmig, bis 12 cm lang und 7,5 cm breit, an der Basis herzförmig, zugespitzt, gesägt, oberseits grün, kahl. *Borke* Graubraun, glatt, im Alter gefurcht und schuppig. *Blüten* Einhäusig, eingeschlechtig, in Kätzchen, männliche bis 5 cm, gelblich, weibliche klein, grün, endständig, im Frühjahr. *Früchte* Nüßchen, grüne Hüllblätter, in hängenden Kätzchen, bis 10 cm lang.

- HERKUNFT Japan
- LEBENSRAUM Bergwälder

Höhe 15 m	Wuchs Breit säulenförmig	Belaubung Sommergrün	Laubform

Familie BETULACEAE	Art *Carpinus japonica*	Autor Blume

JAPANISCHE HAINBUCHE

Blätter Länglich-eiförmig, bis 10 cm lang und 4 cm breit, zugespitzt, gesägt, oberseits dunkelgrün und kahl, im Herbst gelb. *Borke* Grau, glatt, im Alter dunkelbraun und schuppig. *Blüten* Einhäusig, in Kätzchen, männliche bis 5 cm lang, gelblich, weibliche klein, grün, endständig, im Frühjahr. *Früchte* Nüßchen mit gezähnten Hüllblättern, in Kätzchen, bis 6 cm lang.

- HERKUNFT Japan
- LEBENSRAUM Wälder und Dickichte

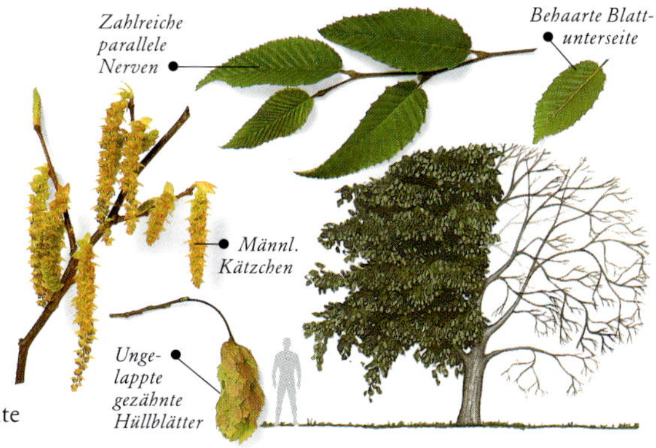

Höhe 15 m	Wuchs Breit ausladend	Belaubung Sommergrün	Laubform

Familie BETULACEAE	Art *Corylus colurna*	Autor Linné

BAUMHASEL

Blätter Breit eiförmig, bis 15 cm lang und 10 cm breit, an der Basis herzförmig, grob doppelt gesägt, oberseits dunkelgrün und fast kahl, unterseits an den Adern behaart, im Herbst gelb. *Borke* Grau, korkig. *Blüten* Einhäusig, eingeschlechtig, in Kätzchen, männliche bis 7,5 cm lang, gelb, hängend, weibliche sehr klein, rot, im zeitigen Frühjahr. *Früchte* Eßbare Nüsse, von tiefgeschlitzter Fruchthülle umgeben.

- HERKUNFT SW-Asien, SO-Europa
- LEBENSRAUM Schattige Bergwälder

Höhe 25 m	Wuchs Breit kegelig	Belaubung Sommergrün	Laubform

Familie	Art	Autor
BETULACEAE	*Ostrya carpinifolia*	Scopoli

GEMEINE HOPFENBUCHE

Blätter Eiförmig, bis 10 cm lang und 5 cm breit, zugespitzt, doppelt gesägt, schwach behaart, oberseits dunkelgrün. *Borke* Grau, glatt, im Alter braun, schuppig. *Blüten* Einhäusig, eingeschlechtig, in Kätzchen, männliche bis 7,5 cm lang, gelb, hängend, weibliche klein, grün, im Frühjahr. *Früchte* Nüßchen in sackartiger, gelblicher Fruchthülle, in hängenden Fruchtständen, bis 5 cm lang.

- HERKUNFT W-Asien, S-Europa
- LEBENSRAUM Bergwälder

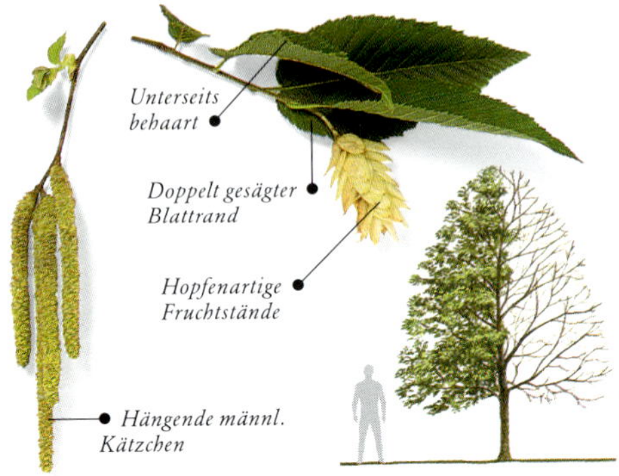

Höhe	Wuchs	Belaubung	Laubform
20 m	Breit kegelig	Sommergrün	

Familie	Art	Autor
BETULACEAE	*Ostrya japonica*	Sargent

JAPANISCHE HOPFENBUCHE

Blätter Eiförmig, bis 12 cm lang und 5 cm breit, lang zugespitzt, scharf gesägt, oberseits dunkelgrün, beiderseits schwach behaart. *Borke* Graubraun, schuppig. *Blüten* Einhäusig, eingeschlechtig, in Kätzchen, männliche bis 7,5 cm lang, gelb, hängend, weibliche sehr klein, grün, im Frühjahr. *Früchte* Nüßchen in sackartiger, gelblicher Fruchthülle, in hängenden Fruchtständen, bis 5 cm lang.

- HERKUNFT China, Japan, Korea
- LEBENSRAUM Bergwälder

Höhe	Wuchs	Belaubung	Laubform
25 m	Breit kegelig	Sommergrün	

Familie	Art	Autor
BETULACEAE	*Ostrya virginiana*	(Miller) K. Koch

VIRGINISCHE HOPFENBUCHE

Blätter Eiförmig, bis 12 cm lang und 5 cm breit, zugespitzt, gesägt, oberseits dunkelgrün und kahl, unterseits in Nervenwinkeln behaart. *Borke* Graubraun, schuppig. *Blüten* Einhäusig, eingeschlechtig, in Kätzchen, männliche bis 5 cm, gelb, hängend, weibliche klein, grün, im Frühjahr. *Früchte* Nüßchen in sackartiger gelblicher Fruchthülle, in hängenden Fruchtständen, bis 6 cm.

- HERKUNFT O-Nordamerika
- LEBENSRAUM Wälder
- ANMERKUNG Auch als Amerikanische Hopfenbuche bekannt.

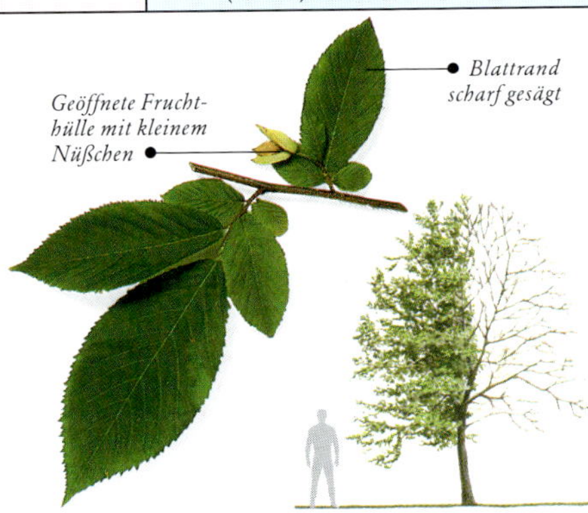

Höhe	Wuchs	Belaubung	Laubform
20 m	Breit kegelig	Sommergrün	

BIGNONIACEAE

DIESE VORWIEGEND IN DEN TROPEN heimische Familie umfaßt immergrüne und sommergrüne Bäume, Sträucher, einige Stauden und viele Lianen. Die rund 850 Arten in 120 Gattungen sind vor allem in Südamerika verbreitet. Ihre Blätter sind oft gegenständig oder wirtelig. Die Kronröhren der Blüten enden oft in einer welligkrausen Glocke mit fransigen Kronblättern.

Familie	Art	Autor
BIGNONIACEAE	*Catalpa bignonioides*	Walter

GEMEINER TROMPETENBAUM

Blätter Breit eiförmig, bis 25 cm lang und 20 cm breit, an der Basis herzförmig, scharf zugespitzt, selten schwach gelappt, ganzrandig, oberseits jung grünrot und flaumig, später hellgrün und kahl, unterseits blasser und behaart, lang gestielt. *Borke* Graubraun, schuppig. *Blüten* Glockig, 5 cm lang, zweilippig, weiß, mit gelben und purpurnen Flecken, in großen Rispen im Sommer und Spätsommer. *Früchte* Schmale, bohnenartige, hängende Kapseln, bis 40 cm lang, Samen nicht eßbar, bleiben lange am Zweig.

- HERKUNFT SO-USA
- LEBENSRAUM Flußauen und Wälder in niedrigen Lagen
- ANMERKUNG Auch als Indianerbohne bekannt.

◁ CATALPA BIGNONIOIDES

△ 'AUREA'
Die hellgelben Blätter dieser Sorte färben sich im Hochsommer grün.

◁ CATALPA BIGNONIOIDES

▽ CATALPA BIGNONIOIDES

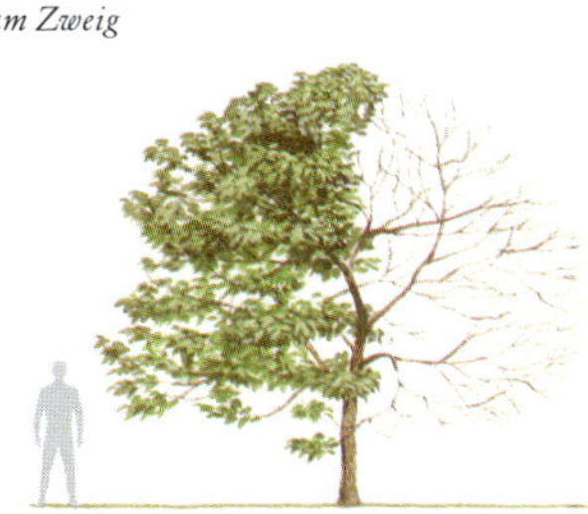

Höhe	Wuchs	Belaubung	Laubform
15 m	Breit ausladend	Sommergrün	

Familie	Art	Autor
BIGNONIACEAE	*Catalpa* x *erubescens*	Carrière

CATALPA X ERUBESCENS

Blätter Dreilappig, bis 30 cm lang und 25 cm breit, ganzrandig, bronzefarben, später hellgrün. *Borke* Graubraun, mit schuppigen Furchen. *Blüten* Glockig, 4 cm lang, weiß, mit gelben und purpurnen Flecken, aromatisch, in großen Rispen im Spätsommer. *Früchte* Bohnenförmige, hängende Kapseln, bis 40 cm lang.

• HERKUNFT Aus gärtnerischer Kultur

• ANMERKUNG Eine Hybride aus dem Gemeinen Trompetenbaum (s. Seite 129) und dem Kleinblütigen Trompetenbaum *(Catalpa ovata)*. Die Sorte 'Purpurea' ist im Austrieb dunkelpurpurn.

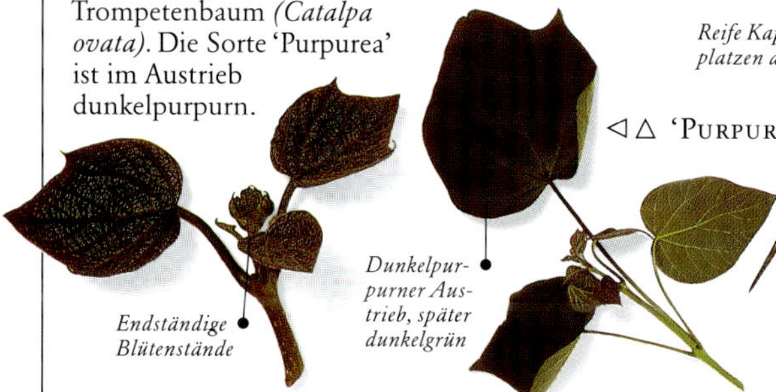

◁△ 'PURPUREA'

Höhe	Wuchs	Belaubung	Laubform
15 m	Breit ausladend	Sommergrün	

Familie	Art	Autor
BIGNONIACEAE	*Catalpa fargesii*	Bureau

CATALPA FARGESII

Blätter Breit eiförmig, bis 15 cm lang und 12 cm breit, teils mit einem oder zwei zugespitzten Seitenlappen, anfangs bronzefarben, später glänzend grün, unterseits meist flaumig behaart. *Borke* Dunkelgrau, eckig abplattend. *Blüten* Glockig, 5 cm lang, rosa, innen braun und gelb gefleckt, in Scheindolden, im Sommer. *Früchte* Bohnenförmige, hängende Kapseln, bis 45 cm lang.

• HERKUNFT W-China

• LEBENSRAUM Offenes Bergland

• ANMERKUNG Blüht meist früher als die anderen Arten. Am häufigsten kultiviert wird die Varietät var. *duclouxii*.

Höhe	Wuchs	Belaubung	Laubform
20 m	Breit säulenförmig	Sommergrün	

Familie	Art	Autor
BIGNONIACEAE	*Catalpa speciosa*	(Warder ex Barney) Engelmann

PRÄCHTIGER TROMPETENBAUM

Blätter Breit eiförmig, bis 30 cm lang und 20 cm breit, lang zugespitzt, oberseits glänzend dunkelgrün und anfangs flaumig, später kahl, unterseits flaumig behaart, lang gestielt. *Borke* Grau, schuppig und rissig. *Blüten* Glockig, 5 cm lang, weiß, mit gelben und wenigen purpurnen Flecken, in großen Rispen, im Sommer. *Früchte* Schlank, bohnenförmig, hängend, bis 45 cm lang, bleiben bis zum folgenden Jahr.

- HERKUNFT USA
- LEBENSRAUM Flußauen, feuchte Wälder, sumpfige Böden

Höhe	Wuchs	Belaubung	Laubform
40 m	Breit säulenförmig	Sommergrün	

BUXACEAE

DER BUCHSBAUM *(Buxus sempervirens)* ist der bekannteste Vertreter dieser Familie, zu der vier oder fünf Gattungen mit etwa 60 Arten immergrüner Bäume, Sträucher und einige Stauden gehören. Die Blätter sind meist gegenständig und die kleinen Blüten stehen in dichten Knäueln.

Familie	Art	Autor
BUXACEAE	*Buxus sempervirens*	Linné

BUCHSBAUM

Blätter Länglich bis eiförmig, bis 2,5 cm lang und 1 cm breit, Spitze eingekerbt, oberseits glänzend dunkelgrün, unterseits heller, an vierkantigen Zweigen. *Borke* Grau, glatt, im Alter in kleinen Platten aufplatzend. *Blüten* Einhäusig, eingeschlechtig, jedoch im selben Knäuel, klein, grün, männliche mit auffälligen gelben Staubblättern, in den Blattachseln, im zeitigen Frühjahr. *Früchte* Kleine, verholzende, grüne Kapseln, bis 8 mm.

- HERKUNFT N-Afrika, SW-Asien, Europa
- LEBENSRAUM Kalkhaltige, trockene Standorte
- ANMERKUNG Kleiner Baum oder Strauch mit sehr hartem, feinem gelbem Holz. In Kultur meist als Heckenpflanze oder ornamental geschnitten.

Höhe	Wuchs	Belaubung	Laubform
6 m	Breit kegelig	Immergrün	

CELASTRACEAE

Zu dieser weitverbreiteten Familie gehören fast 100 Gattungen mit rund 1000 Arten sommer- und immergrüner Bäume, Sträucher und Lianen. Die Blätter sind meist gegen- oder wechselständig, die Blüten klein und grünlich.

Familie	Art	Autor
CELASTRACEAE	*Euonymus europaea*	Linné

PFAFFENHÜTCHEN

Blätter Elliptisch bis eiförmig oder lanzettlich, bis 8 cm lang und 3 cm breit, zugespitzt, leicht gesägt, im Herbst meist rot. *Borke* Grau und glatt. *Blüten* Teils zweihäusig, klein und grünlichweiß, vierzählig, bis zu zehn in Rispen, in den Blattachseln, im späten Frühjahr bis Frühsommer. *Früchte* Hellrot, ca. 1,2 cm dick, vierlappig, Samen weiß mit orangefarbenem Mantel.

- HERKUNFT W-Asien, Europa
- LEBENSRAUM Wälder, Gebüsch und Feldhecken

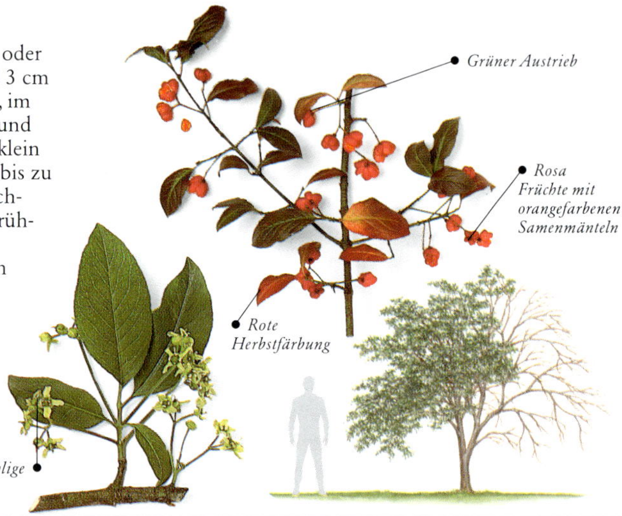

Höhe	Wuchs	Belaubung	Laubform
6 m	Breit ausladend	Sommergrün	

Familie	Art	Autor
CELASTRACEAE	*Maytenus boaria*	Molina

MAYTENUS BOARIA

Blätter Schmal elliptisch bis lanzettlich, bis 5 cm lang und 2 cm breit, zugespitzt, fein gesägt, oberseits anfangs hellgrün, später glänzend dunkelgrün, unterseits blasser, an hängenden Zweigen. *Borke* Grau, glatt, mit senkrechten, schmalen Rissen, am Fuß abblätternd, neue Rinde orange. *Blüten* Sehr klein, hellgrün, mit gelben Staubbeuteln, in Büscheln in den Blattachseln, im Frühjahr bis Frühsommer. *Früchte* Kleine, orangerote Kapseln.

- HERKUNFT Südamerika
- LEBENSRAUM Offenes Bergland

Höhe	Wuchs	Belaubung	Laubform
20 m	Breit überhängend	Sommergrün	

CERCIDIPHYLLACEAE

DIE HIER BESCHRIEBENE Pflanze und eine sehr ähnliche Art sind die einzigen Mitglieder dieser Familie. Früher wurde diese Familie zu den Magnolien (*Magnolia*, s. Seite 202 – 215) gezählt, heute stuft man sie aufgrund ihres primitiven Ursprungs als Verwandte der Platanen (*Platanus*, s. Seiten 234 – 235) ein.

Familie	CERCIDIPHYLLACEAE	Art	*Cercidiphyllum japonicum*	Autor	Siebold & Zuccarini

KATSURABAUM

Blätter Rundlich, bis 7,5 cm lang und breit, herzförmige Basis, stumpf gesägt, bronzefarben, später blaugrün und kahl, im Herbst gelb, rötlich oder purpurn. *Borke* Graubraun, gefurcht, schuppig. *Blüten* Zweihäusig, klein, ohne Blütenblätter, männliche mit zahlreichen roten Staubblättern, weibliche mit vier oder sechs roten Griffeln, in den Blattachseln, im zeitigen Frühjahr. *Früchte* Kleine, gebogene, grüne Balgfrüchte.

- HERKUNFT Himalaja bis Japan
- LEBENSRAUM Bergwälder

Höhe	30 m	Wuchs	Breit ausladend	Belaubung	Sommergrün	Laubform	

CORNACEAE

DIESE FAMILIE UMFASST 12 Gattungen mit 100 Arten sommer- und immergrüner Bäume und Sträucher, zu denen auch die Hartriegel (*Cornus*, s. Seiten 133 – 138) gehören; meist gedeihen sie in gemäßigten nördlichen Zonen. Die Blätter sind meist gegenständig, die kleinen Blüten oft von Hochblättern umgeben.

Familie	CORNACEAE	Art	*Cornus alternifolia*	Autor	Linné f.

WECHSELBLÄTTRIGER HARTRIEGEL

Blätter Elliptisch bis eiförmig, bis 12 cm lang und 6 cm breit, oberseits grün und kahl, unterseits bläulich und behaart. *Borke* Grau bis braun, im Alter rissig. *Blüten* Gelblichweiß, Schirmrispen 6 cm im Durchmesser, im Frühsommer. *Früchte* Beerenartig, blauschwarz, bis 6 mm.

- HERKUNFT O-Nordamerika
- LEBENSRAUM Wälder, Gebüsch, Flußauen

△ CORNUS ALTERNIFOLIA

'ARGENTEA' ▷

Höhe	6 m	Wuchs	Breit ausladend	Belaubung	Sommergrün	Laubform	

Familie	Art	Autor
CORNACEAE	*Cornus controversa*	Hemsley

PAGODENHARTRIEGEL

Blätter Eiförmig bis elliptisch, bis 15 cm lang und 7,5 cm breit, kurz zugespitzt, ganzrandig, oberseits glänzend dunkelgrün und kahl, unterseits bläulich, im Herbst purpurn, an langen, dünnen Stielen, endständig in Gruppen. *Borke* Glatt, grau, im Alter rissig. *Blüten* Klein und gelblichweiß, vierzählig, in endständigen, flachen, bis 15 cm großen Schirmrispen, an etagenartig angeordneten Zweigen, im Früh- bis Hochsommer. *Früchte* Kleine, kugelige, schwarzblaue Steinfrüchte.

- HERKUNFT O-Asien
- LEBENSRAUM Wälder und Gebüsch
- ANMERKUNG Diese Art und die viel kleinere *Cornus alternifolia* (s. Seite 133) sind die einzigen Hartriegel mit wechselständigen Blättern. In Japan werden aus dem Holz dieser Pflanze Puppen gefertigt.

△ C. CONTROVERSA

'VARIEGATA' △
Die Blätter dieser langsamer wachsenden Sorte sind auffällig panaschiert.

Höhe	Wuchs	Belaubung	Laubform
20 m	Breit ausladend	Sommergrün	

Familie	Art	Autor
CORNACEAE	*C.* 'Eddie's White Wonder'	– –

CORNUS 'EDDIE'S WHITE WONDER'

Blätter Breit elliptisch, bis 12 cm lang, kurz zugespitzt, oberseits etwas glänzend, unterseits grau und behaart, im Herbst orange, rot und purpurn. *Borke* Grau, glatt, mit einigen dünnen, hellen Streifen. *Blüten* Klein und grünlich, zahlreich, in dichten, halbkugeligen Blütenständen, umgeben von vier weißen oder leicht rötlichen, anfangs nicht an der Spitze verbundenen Hochblättern, im späten Frühjahr mit Laubaustrieb. *Früchte* Klein und rot, in halbkugeligen Gruppen, die reif auseinanderstreben.

- HERKUNFT Aus gärtnerischer Kultur
- ANMERKUNG Eine Hybride aus dem Blumenhartriegel (*Cornus florida*, s. Seite 135) und *Cornus nuttallii*, (s. Seite 137). Einzeln stehend bringen sie u. U. keine Früchte hervor.

Höhe	Wuchs	Belaubung	Laubform
12 m	Breit kegelig	Sommergrün	

Familie CORNACEAE	Art *Cornus florida*	Autor Linné

BLUMENHARTRIEGEL

Blätter Eiförmig bis elliptisch, bis 10 cm lang und 6 cm breit, zugespitzt, ganzrandig, oberseits dunkelgrün und kahl, unterseits weißlich und weich behaart, im Herbst rot, an bereiften Zweigen. *Borke* Rotbraun bis schwarz, tiefrissig, in kleinen Platten aufplatzend. *Blüten* Klein, grünlich, zahlreich, in dichten, halbkugeligen Blütenständen, diese von vier weißen bis tiefrosafarbenen, an der Spitze eingekerbten Hochblättern umgeben, im Winter als Knospe, im späten Frühjahr vor oder mit Laubaustrieb öffnend. *Früchte* Klein, rot, in Gruppen, die reif auseinanderstreben.

- HERKUNFT O-Nordamerika
- LEBENSRAUM Saure Waldböden

CORNUS FLORIDA

'CHEROKEE CHIEF' △
Die tiefrosa Hochblätter dieser Sorte sind zur Basis hin weißrosa.

△ 'WHITE CLOUD'
Diese Auslese ist an den breiten, weißen Hochblättern um die grünen Blüten zu erkennen.

Höhe 12 m	Wuchs Breit ausladend	Belaubung Sommergrün	Laubform

Familie	Art	Autor
Cornaceae	*Cornus kousa*	Hance

Japanischer Blütenhartriegel

Blätter Eiförmig, bis 7,5 cm lang und 5 cm breit, zugespitzt, Rand gewellt, ganzrandig, oberseits dunkelgrün und kahl, unterseits braun behaarte Nervenwinkel, sonst kahl. *Borke* Rotbraun, im Alter unregelmäßig abschuppend. *Blüten* Klein, gelbweiß oder grünlich, zahlreich, in dichten, halbkugeligen, aufrechten Köpfchen mit langen Stielen, jedes von vier gelblichweißen oder rötlich zugespitzten Hochblättern umgeben, im Frühsommer. *Früchte* Klein, in fleischigem, erdbeerartigem, eßbarem, rotem, hängendem Fruchtstand verwachsen.

- Herkunft Japan
- Lebensraum Bergwälder

Cornus kousa ▷

var. chinensis △

Höhe	Wuchs	Belaubung	Laubform
15 m	Breit säulenförmig	Sommergrün	

Familie	Art	Autor
Cornaceae	*Cornus macrophylla*	Wallich

Cornus macrophylla

Blätter Eiförmig, bis 15 cm lang und 7,5 cm breit, lang zugespitzt, gewellter Blattrand, ganzrandig, oberseits glänzend dunkelgrün und kahl, mit bis zu acht Nervenpaaren, unterseits bläulich und wenig behaart. *Borke* Dunkelgrau, im Alter rissig. *Blüten* Klein, gelblichweiß, vierzählig, in lockeren, 15 cm großen Trugdolden, im Sommer bis Spätsommer. *Früchte* Klein, kugelig, beerenartig, anfangs grün, reif blauschwarz, bis 6 mm dick.

- Herkunft China, Himalaja, Japan
- Lebensraum Wälder und Dickichte
- Anmerkung Ein schöner Baum, der kaum in Kultur ist.

Höhe	Wuchs	Belaubung	Laubform
20 m	Breit ausladend	Sommergrün	

Familie CORNACEAE	Art *Cornus nuttallii*	Autor Audubon

NUTTALLS BLÜTENHARTRIEGEL

Blätter Elliptisch bis verkehrteiförmig, bis 15 cm lang und 7,5 cm breit, zugespitzt, ganzrandig, oberseits dunkelgrün und fast kahl, unterseits jung behaart, im Herbst gelb, gelegentlich rot. *Borke* Grau, glatt, mit wenigen dünnen, hellen Streifen, am Fuß gerillt. *Blüten* Klein, grünlich, zahlreich, in dichten, halbkugeligen, aufrechten Köpfchen, jedes umgeben von vier bis sieben bis 7,5 cm langen Hochblättern, gelblichweiß, später weiß oder rosa, im späten Frühjahr. *Früchte* Klein, rot, in halbkugeligen Fruchtständen, die reif auseinanderstreben.

- HERKUNFT
W-Nordamerika
- LEBENSRAUM
Wälder im Flachland, im Süden des Herkunftsgebiets auch im Gebirge

Höhe 25 m	Wuchs Breit kegelig	Belaubung Sommergrün	Laubform

Familie CORNACEAE	Art *Cornus* 'Porlock'	Autor – –

CORNUS 'PORLOCK'

Blätter Elliptisch, bis 7,5 cm lang, oberseits bronzefarben, später blaßgrün, unterseits graugrün, manche im Herbst rosa, andere wintergrün. *Borke* Grau, glatt, mit flachen, orangen Rissen, am Fuß abschuppend, darunter blaßbraune und -graue Flecken. *Blüten* Klein, gelblichweiß, zahlreich, in dichten, halbkugeligen, lang gestielten, aufrechten Köpfchen, jedes umgeben von vier zugespitzten Hochblättern, gelblichweiß, später tiefrosa, im Frühsommer. *Früchte* Klein, in fleischigem, erdbeerartigem, eßbarem, rotem, hängendem Fruchtstand verwachsen.

- HERKUNFT
Aus gärtnerischer Kultur
- ANMERKUNG
Eine Hybride aus *Cornus capitata* und *C. kousa* (s. Seite 136).

Höhe 8 m	Wuchs Breit ausladend	Belaubung Sommergrün	Laubform

Familie	Art	Autor
CORNACEAE	*Cornus walteri*	Wangerin

CORNUS WALTERI

Blätter Elliptisch, bis 10 cm lang und 5 cm breit, zugespitzt, ganzrandig, oberseits leicht glänzend dunkelgrün, unterseits schwach behaart. *Borke* Hellgraubraun, tiefrissig, mit schmalen, korkigen Furchen. *Blüten* Klein und gelblichweiß, vierzählig, in Schirmrispen von 7,5 cm Durchmesser, im Sommer. *Früchte* Klein, kugelig, schwarz.

- HERKUNFT China
- LEBENSRAUM Bergwälder
- ANMERKUNG Strauch oder kleiner Baum, kommt kaum wildwachsend vor und ist auch in Kultur wenig bekannt. Im Winter ist die der Sonne zugewandte Seite der Triebe rötlich.

Höhe	Wuchs	Belaubung	Laubform
12 m	Breit kegelig	Sommergrün	

EBENACEAE

Rund 500 Arten in mehreren Gattungen sind bekannt; fast alle gehören zur Gattung *Diospyros*. Die sommergrünen und immergrünen, vorwiegend tropischen und subtropischen Gehölze haben meist wechselständige, ganzrandige Blätter. Die Pflanzen sind größtenteils zweihäusig.

Familie	Art	Autor
EBENACEAE	*Diospyros kaki*	Linné f.

KAKIPFLAUME

Blätter Eiförmig bis verkehrteiförmig, ca. 15 cm lang und 7,5 cm breit, zugespitzt, ganzrandig, oberseits glänzend dunkelgrün und meist kahl, unterseits heller und meist behaart, im Herbst rot oder orange. *Borke* Hellgrau und schuppig, durch Abblättern gefurcht. *Blüten* Zweihäusig, klein und glockig, ca. 1,5 cm lang, gelb, männliche in Gruppen, weibliche einzeln, an jungen Trieben, im Sommer. *Früchte* Große, saftige, gelbe bis orangefarbene oder rote Beeren, bis 7,5 cm, reif eßbar.

- HERKUNFT Unbekannt
- LEBENSRAUM Nur in Kultur bekannt
- ANMERKUNG Frucht ist als Kaki bekannt.

Höhe	Wuchs	Belaubung	Laubform
14 m	Breit ausladend	Sommergrün	

Familie EBENACEAE	Art *Diospyros lotus*	Autor Linné

LOTOSPFLAUME

Blätter Eiförmig bis lanzettlich, bis 15 cm lang, zugespitzt, ganzrandig, oberseits glänzend dunkelgrün, unterseits graugrün, beiderseits kahl oder behaart. *Borke* Grau, glatt, im Alter in eckige Platten aufplatzend. *Blüten* Zweihäusig, glockig, ca. 1 cm lang, gelb, männliche in Büscheln, weibliche einzeln, unterseits der jungen Triebe, im Sommer. *Früchte* Eßbare Beeren, bis 2 cm groß, grün, reif gelbbraun bis blauschwarz, manchmal bereift.

- HERKUNFT SW-Asien und N-Iran
- LEBENSRAUM Wälder
- ANMERKUNG Im Herkunftsgebiet wird die Art wegen der eßbaren Früchte angebaut.

Höhe 25 m	Wuchs Breit ausladend	Belaubung Sommergrün	Laubform

Familie EBENACEAE	Art *Diospyros virginiana*	Autor Linné

PERSIMONE

Blätter Länglich bis eiförmig, bis 12 cm lang und 5 cm breit, zugespitzt, ganzrandig, oberseits dunkelgrün, oft glänzend, unterseits graugrün und kahl oder wenig behaart. *Borke* Dunkelbraun bis schwarz, rissig, in kleine, eckige Platten aufplatzend. *Blüten* Zweihäusig, glockig, ca. 1 cm lang, gelb, männliche in Büscheln, weibliche einzeln, an jungen Trieben, im Sommer. *Früchte* Eßbare Beeren, bis 4 cm groß, anfangs grün, reif gelb, rot oder orangerot.

- HERKUNFT O-USA
- LEBENSRAUM Wälder und trockene Böden
- ANMERKUNG Auch als Virginische Dattelpflaume bekannt.

Höhe 30 m	Wuchs Breit ausladend	Belaubung Sommergrün	Laubform

ELAEAGNACEAE

Zu den Ölweidengewächsen gehören in drei Gattungen 50 Arten immer- oder sommergrüner Bäume und Sträucher, die in den gemäßigten Zonen der nördlichen Regionen heimisch sind. Die oft dornigen Pflanzen haben ganzrandige, meist schuppige Blätter. Die kleinen Blüten haben keine Kronblätter und wachsen teilweise auf zweihäusigen Pflanzen. Viele Arten tragen eßbare Früchte.

Familie	Art	Autor
ELAEAGNACEAE	*Elaeagnus angustifolia*	Linné

SCHMALBLÄTTRIGE ÖLWEIDE

Blätter Lanzettlich bis länglich, bis 7,5 cm lang und 1,5 cm breit, ganzrandig, oberseits dunkelgrün, unterseits silberschuppig, an silbrigen, oft dornigen Zweigen. *Borke* Rotbraun, rauh, oft abschuppend. *Blüten* Klein und gelb, aromatisch, in Trauben in den Blattachseln, im späten Frühjahr oder Frühsommer. *Früchte* Süße, eßbare, gelbe Beeren, 1 cm lang, mit silbrigen Schuppen.

- HERKUNFT W-Asien
- LEBENSRAUM Küsten, Flußauen, trockene Flußtäler, Überschwemmungsgebiete
- ANMERKUNG Im Herkunftsgebiet hat die Art wegen der Früchte und des Holzes große wirtschaftliche Bedeutung.

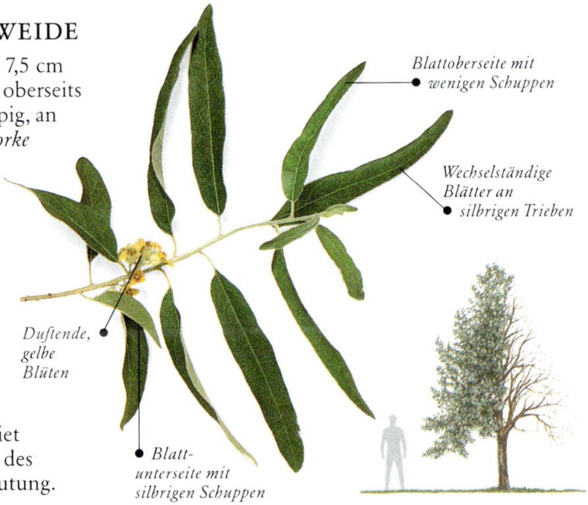

Höhe	Wuchs	Belaubung	Laubform
12 m	Breit kegelig	Sommergrün	

Familie	Art	Autor
ELAEAGNACEAE	*Hippophae rhamnoides*	Linné

SANDDORN

Blätter Schmal linealisch, bis 7 cm lang und 1,5 cm breit, ganzrandig, beiderseits silbrig geschuppt, an dornigen Zweigen. *Borke* Grünbraun bis schwarz, rauh, längsrissig. *Blüten* Zweihäusig, eingeschlechtig, sehr klein und gelblich, in kleinen Trauben, im Frühjahr vor den Blättern. *Früchte* Orangerote, selten gelbe Beeren, bis 8 mm lang, in dichten Trauben am Zweig, bleiben meist über Winter am Baum.

- HERKUNFT Asien, Europa
- LEBENSRAUM Küsten, Flußauen, sandige Böden
- ANMERKUNG Auch strauchartig.

Höhe	Wuchs	Belaubung	Laubform
3 m	Breit ausladend	Sommergrün	

ERICACEAE

DIE HEIDEKRAUTGEWÄCHSE mit ihren rund 100 Gattungen und 3000 Arten kommen nahezu weltweit vor. Sie sind meist immergrüne und sommergrüne Bäume und Sträucher mit vorwiegend wechselständigen Blättern. Die Blüten sind in Gestalt und Größe verschieden, meist jedoch fünfzählig, wobei die Kronblätter oft zumindest an der Basis miteinander verwachsen sind. Bei allen Arten wird die Nährstoffaufnahme von Pilzen an den Wurzeln unterstützt.

Familie	Art	Autor
ERICACEAE	*Arbutus andrachne*	Linné

GRIECHISCHER ERDBEERBAUM

Blätter Elliptisch bis verkehrteiförmig, bis 10 cm lang und 5 cm breit, meist ganzrandig, manchmal gesägt, oberseits glänzend dunkelgrün, unterseits heller, kahl. *Borke* Rotbraun, abblätternd, neue Rinde orangebraun. *Blüten* Krugförmig, klein, bis 6 mm lang, anfangs grünlich, später weiß, an kurzen Stielen, in endständigen, aufrechten, bis 10 cm langen Rispen, im zeitigen Frühjahr. *Früchte* Fast glatte, kugelige, orangerote Beeren, bis 1 cm groß.

- HERKUNFT SO-Europa bis SW-Asien
- LEBENSRAUM Wälder, Gebüsch, felsige Hänge
- ANMERKUNG In Nachbarschaft mit dem Erdbeerbaum (*A. unedo*, s. Seite 143) kann die Wildhybride *A.* x *andrachnoides* (s. Seite 142) entstehen.

Höhe	Wuchs	Belaubung	Laubform
10 m	Breit ausladend	Immergrün	

Familie	Art	Autor
Ericaceae	*Arbutus* x *andrachnoides*	Link

Bastard-Erdbeerbaum

Blätter Eiförmig bis elliptisch, bis 10 cm lang und 5 cm breit, gesägt, oberseits glänzend dunkelgrün, unterseits heller, beiderseits kahl. *Borke* Rotbraun, in dünnen Längsstreifen abblätternd. *Blüten* Krugförmig, klein und weiß, in endständigen, hängenden Rispen, zwischen Herbst und Frühjahr. *Früchte* Erdbeerartige, warzige, rote Beeren, 1,5 cm groß.

- Herkunft Griechenland
- Lebensraum Wälder, Gebüsch
- Anmerkung Eine natürlich vorkommende Hybride zwischen *Arbutus andrachne* (s. Seite 141), von dem die auffällige, abblätternde Rinde stammt, und *Arbutus unedo* (s. Seite 143). Sie ist wildwachsend in der Nähe der Elternpflanzen zu finden.

Höhe	Wuchs	Belaubung	Laubform
10 m	Breit ausladend	Immergrün	

Familie	Art	Autor
Ericaceae	*Arbutus menziesii*	Pursh

Madrone

Blätter Elliptisch, bis 15 cm lang und 7,5 cm breit, meist ganzrandig, oberseits glänzend dunkelgrün, unterseits blauweiß, kahl. *Borke* Rotbraun, glatt, abblätternd, im Alter dunkel und rissig, neue Rinde grün. *Blüten* Krugförmig, klein und weiß, teils rosa überzogen, aufrecht in großen, aufrechten, endständigen Rispen, bis 15 cm lang, im späten Frühjahr. *Früchte* Erdbeerartige, rauhe, orange bis rote Beeren, 1 cm groß.

- Herkunft W-Nordamerika
- Lebensraum Feuchte, bewaldete Hänge, Canyons in Eichen- und Redwoodwäldern, Felsenküsten
- Anmerkung Die Früchte sind in kleinen Mengen eßbar. Zur Fruchtreife kommen zahlreiche Vogelarten, die die Samen verbreiten.

Höhe	Wuchs	Belaubung	Laubform
40 m	Breit säulenförmig	Immergrün	

Familie ERICACEAE	Art *Arbutus unedo*	Autor Linné

ERDBEERBAUM

Blätter Elliptisch bis länglich, bis 10 cm lang und 5 cm breit, gesägt, kahl, oberseits stark glänzend, dunkelgrün, unterseits heller. *Borke* Rotbraun, rauh, schuppig, nicht abblätternd. *Blüten* Krugförmig, klein und weiß, teils hellrosa, in endständigen, hängenden, ca. 5 cm langen Rispen, im Herbst. *Früchte* Erdbeerartige, rauh warzige rote Beeren, 2 cm, im Herbst reif, aus Blüten des Vorjahres.

- HERKUNFT SW-Irland, Mittelmeerraum
- LEBENSRAUM Felsige Böden, Gebüsch
- ANMERKUNG Eine der wenigen Arten der Familie, die auf Kalkböden gedeihen. Die Zweige, die Blüten und Früchte gleichzeitig tragen, machen diesen Baum besonders attraktiv.

Höhe 10 m	Wuchs Breit ausladend	Belaubung Immergrün	Laubform

Familie ERICACEAE	Art *Oxydendrum arboreum*	Autor (Linné) Candolle

SAUERBAUM

Blätter Elliptisch bis länglich, bis 20 cm lang und 7,5 cm breit, zugespitzt, fein gesägt, oberseits glänzend dunkelgrün und kahl, unterseits leicht behaart, im Herbst gelb bis rot oder purpurn. *Borke* Graubraun, dick, tiefrissig, schuppig. *Blüten* Krugförmig, klein, weiß, zahlreich, aromatisch duftend, in großen, endständigen, aufrechten Blütenständen, im Herbst. *Früchte* Kleine, verholzende, braune Kapseln.

- HERKUNFT O-Nordamerika
- LEBENSRAUM Wälder, Flußauen
- ANMERKUNG Die Art wächst als Baum oder Strauch. Die Blätter schmecken säuerlich wie die des Sauerklees.

Höhe 20 m	Wuchs Breit kegelig	Belaubung Sommergrün	Laubform

Familie ERICACEAE	Art *Rhododendron arboreum*	Autor W. W. Smith

BAUMRHODODENDRON

Blätter Länglich bis lanzettlich, bis 20 cm lang und 5 cm breit, dick und lederig, zugespitzt, oberseits glänzend dunkelgrün und kahl, Mittelrippe und Nerven eingesenkt, unterseits oft glänzend, silbrig bis rostfarben behaart. *Borke* Rotbraun, rauh, abblätternd. *Blüten* Glockig, bis 5 cm lang, rot, rosa, teils weiß, bis zu 20 in dichten Doldentrauben, im Spätwinter bis Frühjahr. *Früchte* Verholzende, braune Kapseln, bis 2 cm lang, mit zahlreichen kleinen Samen.

- HERKUNFT Himalaja, Unterarten bis SW-China und Sri Lanka
- LEBENSRAUM Wälder und Dickichte im Berg- und Hügelland
- ANMERKUNG Im Herkunftsgebiet wächst die Art als Baum, in weniger günstigen Lagen als großer Strauch. Es handelt sich um die erste Rhododendron-Art, die aus dem Himalaja nach Europa eingeführt wurde. Die jungen Blätter sind giftig.

Höhe 15 m	Wuchs Breit säulenförmig	Belaubung Immergrün	Laubform

EUCOMMIACEAE

DIE EINZIGE PFLANZE dieser Familie, *Eucommia ulmoides,* ist ausgewachsen ein stattlicher und robuster Baum. Sie ist wahrscheinlich eng mit den Ulmen (*Ulmus,* s. Seiten 308 – 309) verwandt. Bei Zweifeln hinsichtlich der Identität hilft der gummiartige Saft, der beim Zerreißen der Blätter austritt, sofort weiter. Da dieser Saft jedoch in viel zu geringen Mengen enthalten ist, wird er nicht kommerziell genutzt.

Dieser Baum ist die einzige in den gemäßigten Zonen vorkommende Art, die diese Substanz produziert.

Familie	Art	Autor
EUCOMMIACEAE	*Eucommia ulmoides*	Oliver

GUTTAPERCHABAUM

Blätter Eiförmig bis elliptisch, bis 20 cm lang und 9 cm breit, lederig, zugespitzt, gezähnt, glänzend dunkelgrün, mit auffälliger Nervatur, an dünnen Zweigen hängend. *Borke* Hell taubengrau, tiefrissig. *Blüten* Zweihäusig, eingeschlechtig, sehr klein, ohne Kronblätter, an älteren Zweigen, im späten Frühjahr kurz vor Laubaustrieb. *Früchte* Geflügelt, 4 cm lang, einsamig, in Büscheln.

- HERKUNFT Unbekannt; wahrscheinlich SW-China
- LEBENSRAUM Meist kultiviert
- ANMERKUNG Der winterharte Baum wurde 1896 aus China nach Europa eingeführt und gedeiht nur in gärtnerischer Kultur. In seiner Heimat wird die Rinde für medizinische Zwecke verwendet.

UNSICHTBARE KRÄFTE ▷

Zerreißt man ein Blatt vorsichtig und hält es am Stiel nach unten, werden die beiden Hälften durch die dünnen Fäden des Guttaperchasaftes wie von einer unsichtbaren Kraft zusammengehalten.

Höhe	Wuchs	Belaubung	Laubform
20 m	Breit ausladend	Sommergrün	

EUCRYPHIACEAE

Eine Familie mit einer Gattung und fünf Arten immergrüner Gehölze, die in Chile und SO-Australien (einschließlich Tasmanien) heimisch sind. Die Blätter sind gegenständig, einfach oder zusammengesetzt, gezähnt oder ganzrandig. Die weißen Blüten haben meist vier Blüten- und zahlreiche Staubblätter.

Familie	Art	Autor
EUCRYPHIACEAE	*Eucryphia cordifolia*	Cavanilles

ULMO

Blätter Länglich-elliptisch, bis 7,5 cm lang und 5 cm breit, an der Basis herzförmig, gezähnt, oberseits dunkelgrün, unterseits grau und behaart. *Borke* Grau und glatt. *Blüten* 5 cm im Durchmesser, weiß, vierzählig, die zahlreichen Staubblätter sind erst rosa, dann orange, aromatisch, einzeln, in den Blattachseln, im Spätsommer. *Früchte* Kleine, verholzende Kapseln.

- HERKUNFT Chile
- LEBENSRAUM Regenwälder
- ANMERKUNG In Höhenlagen wächst die Art als Strauch.

Höhe	Wuchs	Belaubung	Laubform
40 m	Schmal säulenförmig	Immergrün	

Familie	Art	Autor
EUCRYPHIACEAE	*Eucryphia glutinosa*	(Poeppig & Endlicher) Baillon

EUCRYPHIA GLUTINOSA

Blätter Gefiedert, mit drei oder fünf Blättchen, diese bis 6 cm lang und 3 cm breit, gezähnt, oberseits glänzend dunkelgrün, unterseits heller, beiderseits jung behaart. *Borke* Grau, glatt. *Blüten* 5 cm im Durchmesser, weiß, vierzählig, zahlreiche rosa Staubbeutel, duftend, einzeln in Blattachseln, im Spätsommer. *Früchte* Kleine, verholzende Kapseln.

- HERKUNFT Chile
- LEBENSRAUM Wälder, Flußauen
- ANMERKUNG Pflanzen aus gärtnerischer Kultur sind nur teilweise immergrün oder sommergrün mit orangeroter Herbstfärbung.

'PLENA' ▷
Eine Sorte mit gefüllten Blüten

▽ EUCRYPHIA GLUTINOSA

Höhe	Wuchs	Belaubung	Laubform
10 m	Schmal säulenförmig	Immergrün	

Familie Eucryphiaceae	Art *Eucryphia* x *intermedia*	Autor Bausch

Eucryphia x intermedia

Blätter Entweder einfach und länglich, bis 6 cm lang und 2,5 cm breit, oder mit drei Blättchen, mittleres am größten, beide Typen ganzrandig oder mit wenigen Zähnen zur Spitze hin, oberseits glänzend grün, unterseits graugrün. *Borke* Grau, glatt. *Blüten* 5 cm im Durchmesser, weiß, vierzählig, mit zahlreichen dunkel gefleckten Staubblättern, duftend, einzeln in Blattachseln, im Spätsommer bis Herbst. *Früchte* Kleine, verholzende Kapseln.

- Herkunft Aus gärtnerischer Kultur
- Anmerkung Eine Hybride aus *E. glutinosa* (s. Seite 146) und *E. lucida* (s. u.), zuerst gezüchtet in Rostrevor, Nordirland. Die von dort stammende und am weitesten verbreitete Sorte 'Rostrevor' ist hier abgebildet.

'Rostrevor'

Höhe 10 m	Wuchs Breit säulenförmig	Belaubung Immergrün	Laubform

Familie Eucryphiaceae	Art *Eucryphia lucida*	Autor (Labillardière) Baillon

Eucryphia lucida

Blätter Länglich schmal, bis 5 cm lang und 1,5 cm breit, kurzstielig, ganzrandig, lederig, Spitze stumpf bis leicht gekerbt, oberseits glänzend dunkelgrün und leicht behaart, unterseits blauweiß und kahl, mit deutlicher Nervatur; an kräftigen Trieben auch dreizählig gefiedert. *Borke* Grau, glatt. *Blüten* Bis 5 cm im Durchmesser, weiß, mit vier rundlichen Blütenblättern, zahlreiche dünne, dunkle Staubblätter, duftend, einzeln in Blattachseln, im Spätsommer, anfangs becherförmig, geöffnet flach. *Früchte* Kleine, verholzende Kapseln, reif aufplatzend.

- Herkunft Tasmanien
- Lebensraum Wälder und Flußauen im Bergland
- Anmerkung Im Herkunftsgebiet auch als „Lederholz" bezeichnet. Kulturpflanzen werden meist nur 15 m hoch. 'Pink Cloud' ist eine aus Tasmanien stammende, rosablühende Sorte.

Höhe 20 m	Wuchs Schmal säulenförmig	Belaubung Immergrün	Laubform

Familie	Art	Autor
Eucryphiaceae	*Eucryphia milliganii*	J. D. Hooker

Eucryphia milliganii

Blätter Länglich, bis 2 cm lang und 8 mm breit, ganzrandig, oberseits glänzend dunkelgrün, unterseits blauweiß. *Borke* Grau, glatt. *Blüten* Bis 2 cm im Durchmesser, weiß, vierzählig mit rosa Staubbeuteln, duftend, einzeln in Blattachseln, im Spätsommer. *Früchte* Kleine, verholzende Kapseln.

- Herkunft Tasmanien
- Lebensraum Wälder und Flußauen im Bergland
- Anmerkung Baum oder Strauch

Höhe	Wuchs	Belaubung	Laubform
6 m	Schmal säulenförmig	Immergrün	

Familie	Art	Autor
Eucryphiaceae	*Eucryphia* x *nymansensis*	Bausch

Eucryphia x nymansensis

Blätter Elliptisch, bis 6 cm lang und 3 cm breit oder dreizählig gefiedert, gezähnt, oberseits glänzend dunkelgrün, unterseits heller. *Borke* Grau, glatt. *Blüten* Bis 7,5 cm im Durchmesser, weiß, vierzählig, viele rosa Staubbeutel, in den Blattachseln, im Spätsommer bis Herbst. *Früchte* Kleine, verholzende Kapseln.

- Herkunft Aus gärtnerischer Kultur
- Anmerkung Hybride aus *Eucryphia cordifolia* (s. Seite 146) und *E. glutinosa* (s. Seite 146).

Höhe	Wuchs	Belaubung	Laubform
15 m	Schmal säulenförmig	Immergrün	

Familie	Art	Autor
Eucryphiaceae	*Eucryphia* 'Penwith'	– –

Eucryphia 'Penwith'

Blätter Länglich, bis 7 cm lang und 3 cm breit, an der Basis leicht herzförmig, ganzrandig, oberseits dunkelgrün und kahl, unterseits blauweiß und fast kahl. *Borke* Dunkelgrau, glatt. *Blüten* Bis 5 cm im Durchmesser, weiß, vierzählig, mit zahlreichen rosa Staubbeuteln, duftend, in Blattachseln, im Spätsommer bis Herbst. *Früchte* Kleine, verholzende Kapseln.

- Herkunft Aus gärtnerischer Kultur
- Anmerkung Hybride aus *Eucryphia cordifolia* (s. Seite 146) und *E. lucida* (s. Seite 147).

Höhe	Wuchs	Belaubung	Laubform
15 m	Schmal säulenförmig	Immergrün	

FAGACEAE

Zu dieser Familie gehören einige bekannte sommer- und immergrüne Bäume wie die Kastanien (*Castanea*, s. Seiten 149 – 150), Buchen (*Fagus*, s. Seiten 151 – 153) und Eichen (*Quercus*, s. Seiten 158 – 173). Acht Gattungen mit über 1000 Arten sind in den gemäßigten nördlichen Breiten bis in Teile der Südhemisphäre heimisch. Die Blätter sind einfach und gelappt oder gezähnt. Die kleinen Blüten der kätzchenartigen Blütenstände sind meist eingeschlechtig und wachsen auf einhäusigen Pflanzen. Die Frucht ist eine Nuß in einem Fruchtbecher oder -mantel.

Familie	Art	Autor
FAGACEAE	*Castanea dentata*	(Marshall) Borkhausen

AMERIKANISCHE KASTANIE

Blätter Länglich, bis 25 cm lang und 5 cm breit, Blattspitze und Spreitenbasis zugespitzt, scharf gezähnt, kahl, oberseits mattgrün, unterseits hellgrün. *Borke* Dunkelbraun, flach rissig, mit breiten Furchen. *Blüten* Eingeschlechtig, aber im selben bis 20 cm langen Blütenstand, klein und gelblich, im Sommer. *Früchte* Bis zu drei eßbare, glänzend rotbraune Nüsse in stacheligem, bis 6 cm großem Fruchtbecher.

- HERKUNFT O-Nordamerika
- LEBENSRAUM Wälder
- ANMERKUNG Zunehmend seltener

Höhe	Wuchs	Belaubung	Laubform
30 m	Breit säulenförmig	Sommergrün	

Familie	Art	Autor
FAGACEAE	*Castanea mollissima*	Blume

CHINESISCHE KASTANIE

Blätter Länglich bis elliptisch, bis 20 cm lang und 7,5 cm breit, meist runde Basis, kurz zugespitzt, grob gezähnt, oberseits glänzend dunkelgrün und kahl, unterseits jung meist weich behaart. *Borke* Dunkelgrau, glatt, im Alter graubraun und rissig. *Blüten* Eingeschlechtig, aber im selben, bis 20 cm langen Kätzchen, klein und gelblich, im Sommer. *Früchte* Zwei bis drei eßbare, glänzend rotbraune Nüsse in weich stachelig behaartem Fruchtbecher.

- HERKUNFT China
- LEBENSRAUM Bergwälder
- ANMERKUNG Wird in China wegen der Nüsse angepflanzt.

Höhe	Wuchs	Belaubung	Laubform
25 m	Breit säulenförmig	Sommergrün	

Familie	Art	Autor
FAGACEAE	*Castanea sativa*	Miller

ESSKASTANIE

Blätter Länglich, bis 20 cm lang und 7,5 cm breit, Spreitenbasis rundlich bis leicht herzförmig, lang zugespitzt, grob gezähnt, oberseits glänzend dunkelgrün und kahl, unterseits grün, nur anfangs behaart. *Borke* Grau, glatt, im Alter meist braun und spiralförmig gefurcht. *Blüten* Eingeschlechtig, meist im selben, bis 25 cm langen Kätzchen, klein und gelblich, im Sommer. *Früchte* Ein bis drei eßbare, glänzend rotbraune Nüsse in stacheligem Fruchtbecher, bis 6 cm dick.

- HERKUNFT N-Afrika, SW-Asien, S-Europa
- LEBENSRAUM Wälder

Höhe	Wuchs	Belaubung	Laubform
30 m	Breit säulenförmig	Sommergrün	

Familie	Art	Autor
FAGACEAE	*Chrysolepis chrysophylla*	(W. J. Hooker) Hjelmqvist

CHRYSOLEPIS CHRYSOPHYLLA

Blätter Länglich bis lanzettlich, ca. 10 cm lang und 2,5 cm breit, steif, lederig, ganzrandig, oberseits glänzend dunkelgrün, unterseits behaart. *Borke* Grau, gefurcht. *Blüten* Eingeschlechtig, meist im selben, bis 4 cm langen Kätzchen, gelblichweiß, duftend, im Sommer. *Früchte* Ein bis drei eßbare, glänzend braune Nüsse in stacheligem Fruchtbecher, bis 4 cm dick.

- HERKUNFT W-USA
- LEBENSRAUM Wälder und Gebüsch in Küstengebirgen

Höhe	Wuchs	Belaubung	Laubform
30 m	Breit kegelig	Immergrün	

Familie	Art	Autor
FAGACEAE	*Fagus grandifolia*	Ehrhart

AMERIKANISCHE BUCHE

Blätter Eiförmig bis elliptisch, bis 12 cm lang und 6 cm breit, zugespitzt, gezähnt, 10 – 15 Seitenadern, oberseits glänzend dunkelgrün, anfangs seidig behaart, unterseits hellgrün, im Herbst gelb. *Borke* Grau und glatt. *Blüten* Eingeschlechtig, einhäusig, in Büscheln, klein, männliche gelb, weibliche grün, im Frühjahr. *Früchte* Ein bis drei kleine, eßbare Nüsse in borstigem Fruchtbecher, bis 2 cm lang.

- HERKUNFT O-Nordamerika
- LEBENSRAUM Fruchtbare Wälder

Höhe	Wuchs	Belaubung	Laubform
25 m	Breit ausladend	Sommergrün	

Familie	Art	Autor
FAGACEAE	*Fagus orientalis*	Lipsky

ORIENT-BUCHE

Blätter Elliptisch bis verkehrteiförmig, bis 12 cm lang und 6 cm breit, Blattrand meist wellig, ganzrandig oder leicht gezähnt, mit bis zu zwölf Nervenpaaren, oberseits dunkelgrün, kahl, unterseits Adern seidig behaart, im Herbst gelb. *Borke* Grau, glatt, teils gefurcht. *Blüten* Eingeschlechtig, einhäusig, in Büscheln, klein, männliche gelb, weibliche grün, im Frühjahr. *Früchte* Ein bis drei kleine, eßbare Nüsse in stacheligem Fruchtbecher, bis 2,5 cm lang.

- HERKUNFT SW-Asien, SO-Europa
- LEBENSRAUM Hügelland, Gebirge

Höhe	Wuchs	Belaubung	Laubform
30 m	Breit ausladend	Sommergrün	

Familie FAGACEAE	Art *Fagus sylvatica*	Autor Linné

ROTBUCHE

Blätter Eiförmig bis verkehrteiförmig, bis 10 cm lang und 7 cm breit, kurz zugespitzt, Blattrand wellig, ganzrandig oder schwach gezähnt, weniger als zehn Nervenpaare, oberseits glänzend dunkelgrün und nach Austrieb verkahlend, unterseits heller, im Herbst gelb. *Borke* Grau, glatt. *Blüten* Eingeschlechtig, einhäusig, in Büscheln, männliche gelb, weibliche grün, im Frühjahr mit Laubaustrieb. *Früchte* Ein bis drei kleine, eßbare Nüsse in stacheligem Fruchtbecher, bis 2,5 cm lang.

- HERKUNFT Europa
- LEBENSRAUM Wälder, besonders Kalkböden

◁ △ FAGUS SYLVATICA

△ 'AUREA PENDULA'
Die Blätter dieser schlanken Trauerbuche mit herabhängenden Ästen sind im Frühjahr goldgelb und im Herbst grün.

▽ 'ASPLENIIFOLIA'
Die schmalen Blätter dieser Sorte sind tief geschlitzt.

'CRISTATA' ▷
Die dichtstehenden, krausen und gelappten Blätter sind das Merkmal dieser Sorte.

Höhe 40 m	Wuchs Breit ausladend	Belaubung Sommergrün	Laubform

▽ 'DAWYCK PURPLE'

Merkmal der Blutbuchen ist das schwarzrote Blattwerk. 'Dawyck Purple', eine Sorte dieser Gruppe, wächst als schmal säulenförmiger Baum. Sie ist ein Sämling der Sorte 'Dawyck', deren Blätter grün sind.

△ 'PRINCE GEORGE OF CRETE'

Diese Sorte wird wegen der besonders großen, breiten Blätter kultiviert. Daneben gibt es noch weitere Sorten mit großen Blättern; sie alle werden als *Fagus sylvatica* f. *latifolia* bezeichnet.

▷ 'ROTUNDIFOLIA'

Der Name bezieht sich auf die kleinen, rundlichen Blätter, das Merkmal dieser Sorte. Sie stehen an aufwärts gebogenen Zweigen.

◁ 'ROHANII'

Diese Sorte ähnelt der *Fagus sylvatica* 'Aspleniifolia' (s. Seite 152). Ihre Blätter sind jedoch etwas breiter und schwarzrot gefärbt.

Familie	Art	Autor
FAGACEAE	*Lithocarpus edulis*	(Makino) Nakai

LITHOCARPUS EDULIS

Blätter Schmal elliptisch, bis 15 cm lang und 5 cm breit, von Blattmitte bis Spreitenbasis spitz zulaufend, kurz zugespitzt, ganzrandig, derb, lederig, oberseits glänzend dunkelgrün, unterseits graugrün und kahl. *Borke* Graubraun, glatt. *Blüten* Eingeschlechtig, einhäusig, sehr klein und gelblichweiß, männliche an der Spitze, weibliche an der Basis der blattachselständigen, aufrechten Kätzchen, im Spätsommer. *Früchte* Zugespitzte Eicheln, bis 2,5 cm, zu einem Drittel im Fruchtbecher, in ansatzlosen Büscheln, nach zwei Jahren reif.

- HERKUNFT Japan
- LEBENSRAUM Wälder
- ANMERKUNG Die *Lithocarpus*-Arten sind eng verwandt mit den Eichen (*Quercus*, s. Seiten 158 – 173), tragen jedoch aufrechte Kätzchen.

Höhe	Wuchs	Belaubung	Laubform
15 m	Breit ausladend	Immergrün	

Familie	Art	Autor
FAGACEAE	*Lithocarpus henryi*	(Seemann) Rehder & Wilson

LITHOCARPUS HENRYI

Blätter Elliptisch bis länglich oder lanzettlich, bis 25 cm lang und 7,5 cm breit, lang zugespitzt, ganzrandig, dünn behaart, oberseits mattgrün, später dunkler und leicht glänzend, unterseits jung weißlich, später verkahlend. *Borke* Grau mit hellgrauen Lentizellen, flache, orangebraune Risse am Fuß. *Blüten* In schlanken, aufrechten Kätzchen, sehr klein, gelblichweiß, im selben Kätzchen, im Spätsommer. *Früchte* Rundliche Eicheln, ca. 2 cm lang, in flachem Fruchtbecher, in dichten Büscheln.

- HERKUNFT China
- LEBENSRAUM Bergwälder
- ANMERKUNG Sein kräftiges und zugespitztes Laub macht diesen Baum sehr attraktiv.

Höhe	Wuchs	Belaubung	Laubform
15 m	Breit kegelig	Immergrün	

Familie	Art	Autor
FAGACEAE	*Nothofagus antarctica*	(J. G. Forster) Oersted

SÜDBUCHE

Blätter Eiförmig, bis 3 cm lang und 2 cm breit, fein gesägt, meist vier Nervenpaare, oberseits glänzend dunkelgrün, beiderseits mehr oder weniger kahl. *Borke* Dunkelgrau, in Platten aufplatzend, im Alter schuppig. *Blüten* Zweihäusig, sehr klein, männliche mit roten Staubbeuteln, einzeln bis zu dritt, weibliche mit roten Narben, meist zu dritt, in den Blattachseln, im späten Frühjahr. *Früchte* Drei kleine Nüsse in kahlem Fruchtbecher, bis 6 mm lang.

- HERKUNFT S-Argentinien, S-Chile
- LEBENSRAUM Laubwälder und Gebüsch in Gebirgen
- ANMERKUNG Im Herkunftsgebiet wächst die Art meist als mittelgroßer Baum, zuweilen auch als großer Strauch.

Höhe	Wuchs	Belaubung	Laubform
15 m	Breit säulenförmig	Sommergrün	

Familie	Art	Autor
FAGACEAE	*Nothofagus betuloides*	(Mirbel) Blume

NOTHOFAGUS BETULOIDES

Blätter Eiförmig bis elliptisch, bis 2,5 cm lang und 2 cm breit, keilförmig zur oft asymmetrischen Basis zulaufend, gesägt, oberseits glänzend schwärzlichgrün, unterseits heller und glänzend, mit feiner Nervatur; ältere unterseits oft mit kleinen, dunklen Flecken. *Borke* Dunkelgrau, im Alter plattig und schuppig. *Blüten* Zweihäusig, sehr klein, männliche mit roten Staubbeuteln, einzeln, weibliche mit roten Narben, zu dritt in den Blattachseln, im späten Frühjahr. *Früchte* Drei kleine Nüsse in borstigem Fruchtbecher, bis 6 mm lang.

- HERKUNFT Argentinien, Chile
- LEBENSRAUM Nadelwälder
- ANMERKUNG Manchmal strauchförmig.

Höhe	Wuchs	Belaubung	Laubform
25 m	Breit säulenförmig	Immergrün	

Familie	Art	Autor
Fagaceae	*Nothofagus dombeyi*	(Mirbel) Blume

Chilenische Scheinbuche

Blätter Schmal eiförmig, bis 4 cm lang und 1,5 cm breit, die oft asymmetrische Basis abgerundet, fein und scharf gesägt, oberseits glänzend dunkelgrün, unterseits heller und glänzend, mit feiner Nervatur, kahl, mit kleinen, schwarzen Flecken. *Borke* Dunkelgrau, im Alter plattig, schuppig. *Blüten* Zweihäusig, sehr klein, männliche mit roten Staubbeuteln, zu dritt, weibliche mit roten Narben, zu dritt, in den Blattachseln, im späten Frühjahr. *Früchte* Drei kleine Nüsse in borstigem Fruchtbecher, bis 6 mm lang.

- Herkunft Argentinien, Chile
- Lebensraum Bergwälder
- Anmerkung Die Art ist ähnlich *N. betuloides* (s. Seite 155), hat aber größere Blätter und wird höher.

Höhe	Wuchs	Belaubung	Laubform
40 m	Breit säulenförmig	Immergrün	

Familie	Art	Autor
Fagaceae	*Nothofagus procera*	(Poeppig & Endlicher) Oersted

Rauli

Blätter Länglich, bis 10 cm lang und 4 cm breit, fein gezähnt, mit 15 – 18 Nervenpaaren, oberseits bronzefarben, später matt dunkelgrün, beiderseits behaart, im Herbst gelb. *Borke* Dunkelgrau, im Alter rissig. *Blüten* Zweihäusig, sehr klein, grünlich, männliche einzeln, weibliche zu dritt, in den Blattachseln, im späten Frühjahr. *Früchte* Drei kleine Nüsse in borstigem Fruchtbecher, bis 1 cm lang.

- Herkunft Argentinien, Chile
- Lebensraum Wälder
- Anmerkung Auch als *Nothofagus nervosa* bekannt.

Höhe	Wuchs	Belaubung	Laubform
25 m	Breit kegelig	Sommergrün	

Familie	Art	Autor
FAGACEAE	*Nothofagus obliqua*	(Mirbel) Blume

ROBELBUCHE

Blätter Eiförmig, bis 7,5 cm lang und 4 cm breit, gezähnt, oberseits dunkelgrün, unterseits blaugrün, beiderseits kahl, im Herbst gelb. *Borke* Grau, glatt, im Alter plattig. *Blüten* Klein, grünlich, männliche einzeln, weibliche zu dritt, im späten Frühjahr. *Früchte* Drei Nüsse in schuppigem Fruchtbecher, bis 1 cm lang.

- HERKUNFT Argentinien, Chile
- LEBENSRAUM Wälder

Höhe	Wuchs	Belaubung	Laubform
35 m	Breit säulenförmig	Sommergrün	

Familie	Art	Autor
FAGACEAE	*Nothofagus pumilio*	(Poeppig & Endlicher) Krasser

NOTHOFAGUS PUMILIO

Blätter Elliptisch bis eiförmig, bis 3 cm lang und 2 cm breit, oberseits dunkelgrün, beiderseits leicht behaart, im Herbst gelb. *Borke* Purpurbraun, mit waagrechten Lentizellen und Furchen, am Fuß rissig. *Blüten* Sehr klein, einzeln in Blattachseln, im späten Frühjahr. *Früchte* Drei kleine Nüsse in schuppigem Fruchtbecher, bis 1 cm lang.

- HERKUNFT Argentinien, Chile
- LEBENSRAUM Wälder

Höhe	Wuchs	Belaubung	Laubform
25 m	Breit säulenförmig	Sommergrün	

Familie	Art	Autor
FAGACEAE	*Nothofagus solandri*	(J. D. Hooker) Oersted

NOTHOFAGUS SOLANDRI

Blätter Elliptisch, bis 1,5 cm lang und 1 cm breit, mit abgerundeter Spitze, ganzrandig, oberseits dunkelgrün, unterseits grau behaart. *Borke* Dunkelgrau, rauh, gefurcht. *Blüten* Sehr klein, männliche mit roten Staubbeuteln, einzeln oder zu zweit, weibliche zu zweit oder zu dritt, in Blattachseln, im späten Frühjahr. *Früchte* Drei kleine Nüsse in schuppigem Fruchtbecher.

- HERKUNFT Neuseeland
- LEBENSRAUM Niedrige Lagen bis Bergwälder

Höhe	Wuchs	Belaubung	Laubform
25 m	Breit kegelig	Immergrün	

Familie	Art	Autor
FAGACEAE	*Quercus acutissima*	Carruthers

SEIDENRAUPENEICHE

Blätter Länglich, bis 20 cm lang und 6 cm breit, mit 12 – 16 parallelen Seitenadern, die in schmalspitzigen Zähnen enden, kahl, oberseits glänzend grün, unterseits hellgrün, beiderseits kahl. *Borke* Graubraun, tiefrissig. *Blüten* Eingeschlechtig, einhäusig, männliche in gelbgrünen, hängenden Kätzchen, weibliche unauffällig, im späten Frühjahr. *Früchte* Rundliche Eicheln, bis 2,5 cm, zu zwei Drittel im Becher.

- HERKUNFT Himalaja bis Japan
- LEBENSRAUM Wälder

Höhe	Wuchs	Belaubung	Laubform
15 m	Breit ausladend	Sommergrün	

Familie	Art	Autor
FAGACEAE	*Quercus alba*	Linné

WEISSEICHE

Blätter Verkehrteiförmig, bis 20 cm lang und 10 cm breit, Basis keilförmig verschmälert, beiderseits mit zwei bis vier Blattlappen, oberseits anfangs leicht rosa und weiß behaart, später sattgrün, unterseits blaugrün, im Herbst weinrot. *Borke* Hellgrau, schuppig abblätternd. *Blüten* Eingeschlechtig, einhäusig, männliche in gelbgrünen, hängenden Kätzchen, weibliche unauffällig, im späten Frühjahr. *Früchte* Eicheln, bis 2,5 cm lang, zu einem Viertel in rauhem Becher.

- HERKUNFT O-Nordamerika
- LEBENSRAUM Trockene Wälder
- ANMERKUNG In Deutschland nur selten anzutreffen, obwohl ganz winterhart.

Höhe	Wuchs	Belaubung	Laubform
35 m	Breit ausladend	Sommergrün	

Familie FAGACEAE	Art *Quercus alnifolia*	Autor Poech

QUERCUS ALNIFOLIA

Blätter Rundlich und konvex, bis 5 cm lang und breit, lederig, fein gezähnt, oberseits glänzend dunkelgrün und kahl, unterseits golden filzig. *Borke* Dunkelgrau, mit hellgrauen bis orangebraunen Lentizellen. *Blüten* Eingeschlechtig, einhäusig, männliche in gelbgrünen, hängenden Kätzchen, weibliche unauffällig, im späten Frühjahr. *Früchte* Eicheln, bis 3 cm lang.

- HERKUNFT Zypern
- LEBENSRAUM Gebirge
- ANMERKUNG Von anderen Arten leicht durch die filzige Blattunterseite zu unterscheiden.

Höhe 8 m	Wuchs Breit ausladend	Belaubung Immergrün	Laubform

Familie FAGACEAE	Art *Quercus canariensis*	Autor Willdenow

QUERCUS CANARIENSIS

Blätter Elliptisch bis verkehrteiförmig, bis 15 cm lang und 7,5 cm breit, mit jederseits meist acht bis zwölf groben Zähnen, oberseits anfangs rötlich und behaart, später dunkelgrün und kahl, unterseits heller. *Borke* Dunkelgrau, dick, tief rissig. *Blüten* Einhäusig, männliche in gelbgrünen, hängenden Kätzchen, weibliche unauffällig, im späten Frühjahr. *Früchte* Eicheln, bis 2,5 cm lang, zu einem Drittel im Becher.

- HERKUNFT N-Afrika, SW-Europa
- LEBENSRAUM Wälder
- ANMERKUNG Der botanische Name läßt vermuten, daß diese Art von den Kanarischen Inseln stammt, wo sie jedoch nicht heimisch ist.

Höhe 25 m	Wuchs Breit säulenförmig	Belaubung Sommergrün	Laubform

Familie FAGACEAE	Art *Quercus castaneifolia*	Autor C. A. Meyer

KASTANIENBLÄTTRIGE EICHE

Blätter Länglich, bis 20 cm lang und 7,5 cm breit, mit jederseits zehn bis zwölf Zähnen, oberseits glänzend dunkelgrün und kahl, unterseits blaugrün, wenig behaart. *Borke* Grau, glatt. *Blüten* Eingeschlechtig, einhäusig, männliche in gelbgrünen, hängenden Kätzchen, weibliche unauffällig, im späten Frühjahr. *Früchte* Eicheln, bis 2,5 cm lang, bis zur Hälfte im Becher mit langen Schuppen.

- HERKUNFT Kaukasus, N-Iran
- LEBENSRAUM Wälder

Höhe 30 m	Wuchs Breit ausladend	Belaubung Sommergrün	Laubform

Familie FAGACEAE	Art *Quercus cerris*	Autor Linné

ZERREICHE

Blätter Länglich bis elliptisch, bis 12 cm lang und 7,5 cm breit, unregelmäßig und tief gelappt, oberseits glänzend dunkelgrün, unterseits jung flaumig, später kahl. *Borke* Dunkelgraubraun, rauh, dickwulstig. *Blüten* Eingeschlechtig, einhäusig, männliche in gelbgrünen, hängenden Kätzchen, weibliche unauffällig, im Frühsommer. *Früchte* Eicheln, bis 2,5 cm lang, zur Hälfte im Becher mit langen, schmalen Schuppen.

- HERKUNFT Mittel- und S-Europa
- LEBENSRAUM Wälder

QUERCUS CERRIS

'VARIEGATA' ▷ Der Blattrand dieser Sorte ist beim Austrieb gelb, später cremefarben.

Höhe 35 m	Wuchs Breit ausladend	Belaubung Sommergrün	Laubform

Familie FAGACEAE	Art *Quercus coccinea*	Autor Münchhausen

SCHARLACHEICHE

Blätter Elliptisch, bis 15 cm lang und 10 cm breit, tief gelappt, gezähnt, oberseits glänzend dunkelgrün, unterseits heller und glänzend, Nervenwinkel braun behaart, im Herbst leuchtend rot. *Borke* Dunkelgraubraun, glatt, im Alter flachwulstig. *Blüten* Eingeschlechtig, einhäusig, männliche in gelbgrünen, hängenden Kätzchen, weibliche unauffällig, im späten Frühjahr. *Früchte* Eicheln, bis 2,5 cm lang, bis zur Hälfte in glänzendem Becher.

- HERKUNFT O-Nordamerika
- LEBENSRAUM Wälder, sandige Böden

△ 'SPLENDENS'
Eine Sorte mit tiefroter Herbstfärbung.

QUERCUS COCCINEA

Höhe 25 m	Wuchs Breit ausladend	Belaubung Sommergrün	Laubform

Familie FAGACEAE	Art *Quercus ellipsoidalis*	Autor Hill

QUERCUS ELLIPSOIDALIS

Blätter Elliptisch, bis 13 cm lang und 10 cm breit, sehr tief gelappt, Blattlappen enden in schmalen Zähnen, oberseits glänzend dunkelgrün und kahl, unterseits heller und glänzend, in den Nervenwinkeln deutlich braun behaart, im Herbst tiefpurpurn. *Borke* Grau, glatt oder leicht gefurcht. *Blüten* Eingeschlechtig, einhäusig, männliche in gelbgrünen, hängenden Kätzchen, weibliche unauffällig, im späten Frühjahr. *Früchte* Eicheln, bis 2 cm lang, bis zur Hälfte in grauem Becher.

- HERKUNFT S-Kanada, N-USA
- LEBENSRAUM Wälder, meist trockene Böden

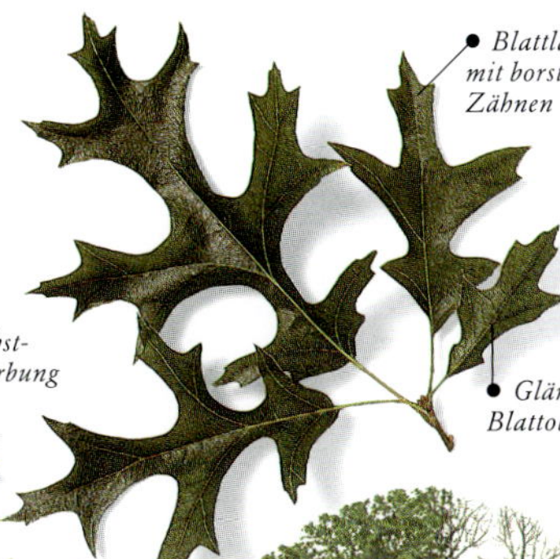

Höhe 25 m	Wuchs Breit ausladend	Belaubung Sommergrün	Laubform

Familie	Art	Autor
FAGACEAE	*Quercus falcata*	Michaux

STICHELBLÄTTRIGE EICHE

Blätter Im Umriß elliptisch, bis 18 cm lang und 13 cm breit, jederseits mit ein bis zwei schmalen, sichelförmig zurückgekrümmten Blattlappen, in Grannen auslaufend, Mittellappen stark verlängert, oberseits glänzend dunkelgrün, unterseits graufilzig behaart. *Borke* Dunkelgraubraun, rissig, gratig. *Blüten* Eingeschlechtig, einhäusig, männliche in gelbgrünen, hängenden Kätzchen, weibliche unauffällig, im späten Frühjahr. *Früchte* Eicheln, bis 2 cm lang, zu einem Drittel bis zur Hälfte in breitem, flachem Becher.

- HERKUNFT SO-USA
- LEBENSRAUM Trockene Wälder, von Küsten bis Gebirge

Höhe	Wuchs	Belaubung	Laubform
25 m	Breit ausladend	Sommergrün	

Familie	Art	Autor
FAGACEAE	*Quercus frainetto*	Tenore

UNGARISCHE EICHE

Blätter Verkehrteiförmig bis länglich, bis 20 cm lang und 12 cm breit, viele Blattlappen, oberseits dunkelgrün und anfangs behaart, unterseits graugrün und filzig. *Borke* Dunkelgrau, rissig, gefurcht. *Blüten* Eingeschlechtig, einhäusig, männliche in gelbgrünen, hängenden Kätzchen, weibliche unauffällig, im späten Frühjahr. *Früchte* Eicheln, bis 2 cm lang, zur Hälfte in Becher.

- HERKUNFT SO-Europa
- LEBENSRAUM Wälder
- ANMERKUNG Die abgebildete Sorte 'Hungarian Crown' hat aufwärtsstrebende Äste und dadurch eine breitovale Krone.

△ 'HUNGARIAN CROWN'

△ 'HUNGARIAN CROWN'

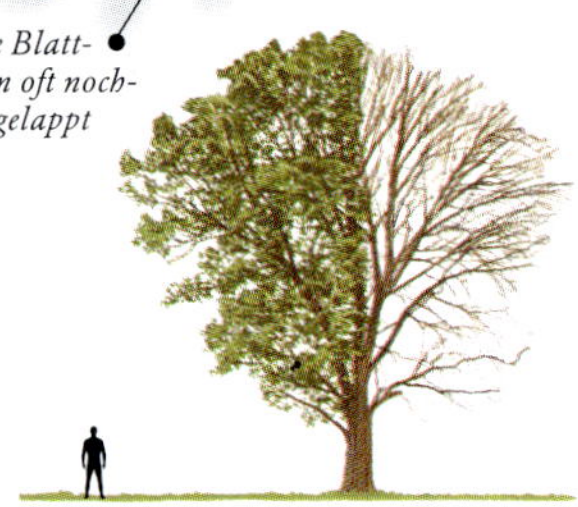

Höhe	Wuchs	Belaubung	Laubform
30 m	Breit ausladend	Sommergrün	

Familie	Art	Autor
FAGACEAE	*Quercus* x *hispanica*	Lamarck

SPANISCHE EICHE

Blätter Eiförmig oder oval bis länglich, bis 13 cm lang und 5 cm breit, gezähnt, oberseits glänzend dunkelgrün, unterseits grau und flaumig. *Borke* Grau, korkig. *Blüten* Einhäusig, männliche in gelbgrünen, hängenden Kätzchen, weibliche unauffällig, im späten Frühjahr. *Früchte* Eicheln, bis 2,5 cm lang, zu einem Drittel in Becher.

- HERKUNFT SW-Europa
- LEBENSRAUM Wälder, meist mit beiden Eltern
- ANMERKUNG Hybride aus *Q. cerris* (s. Seite 160) und *Q. suber* (s. Seite 172). Die bekannteste Sorte heißt 'Lucombeana'.

Höhe	Wuchs	Belaubung	Laubform
30 m	Breit ausladend	Sommergrün	

Familie	Art	Autor
FAGACEAE	*Quercus ilex*	Linné

STEINEICHE

Blätter Elliptisch bis schmal eiförmig, bis 7,5 cm lang und 5 cm breit, derb, lederig, zugespitzt, ganzrandig oder mit wenigen kleinen Zähnen, oberseits anfangs weißfilzig, später glänzend dunkelgrün, unterseits graufilzig. *Borke* Fast schwarz, rauh, in kleine Platten geschuppt. *Blüten* Eingeschlechtig, einhäusig, männliche in gelben, hängenden Kätzchen, weibliche unauffällig, im Frühsommer. *Früchte* Eicheln, bis 2 cm lang, zu einem Drittel in Becher.

- HERKUNFT Mittelmeerraum
- LEBENSRAUM Wälder, Gebüsch, Hügelland, trockene Standorte

Höhe	Wuchs	Belaubung	Laubform
30 m	Breit ausladend	Immergrün	

Familie	Art	Autor
FAGACEAE	*Quercus imbricaria*	A. Michaux

SCHINDELEICHE

Blätter Länglich bis lanzettlich, bis 15 cm lang und 7,5 cm breit, zugespitzt, ganzrandig, oberseits anfangs gelb, später glänzend dunkelgrün und kahl, unterseits grau behaart, oft wintergrün. *Borke* Graubraun, anfangs glatt, später rissig. *Blüten* Eingeschlechtig, einhäusig, männliche in gelbgrünen, hängenden Kätzchen, weibliche unauffällig, im Frühsommer. *Früchte* Eicheln, bis 2 cm lang, bis zur Hälfte in Becher mit breiten, behaarten Schuppen.

- HERKUNFT Mittel- und O-USA
- LEBENSRAUM Fruchtbare Wälder und Flußauen
- ANMERKUNG Die ersten Siedler in Nordamerika fertigten aus dem Holz dieser Art Dachschindeln, daher Schindeleiche.

Höhe	Wuchs	Belaubung	Laubform
25 m	Breit ausladend	Sommergrün	

Familie	Art	Autor
FAGACEAE	*Quercus laurifolia*	A. Michaux

QUERCUS LAURIFOLIA

Blätter Verkehrtlanzettlich bis länglich, bis 10 cm lang und 4 cm breit, ganzrandig, teils undeutlich gelappt, glänzend grün, beiderseits kahl. *Borke* Grau und schuppig. *Blüten* Eingeschlechtig, einhäusig, männliche in gelbgrünen, hängenden Kätzchen, weibliche unauffällig, im Frühsommer. *Früchte* Eicheln, bis 1,5 cm lang, zu einem Drittel in Becher.

- HERKUNFT SO-USA
- LEBENSRAUM Wälder, sandige Standorte, Sumpfränder der Küstenebenen
- ANMERKUNG Die Blätter sind denen des Lorbeers, *Laurus nobilis* (s. Seite 188), sehr ähnlich. Sie bleiben bis in den Winter hinein am Zweig.

Höhe	Wuchs	Belaubung	Laubform
20 m	Breit kegelig	Sommergrün	

Familie	Art	Autor
FAGACEAE	*Quercus macranthera*	Fischer & C. A. Meyer

PERSISCHE EICHE

Blätter Verkehrteiförmig, bis 15 cm lang und 10 cm breit, jederseits mit sechs bis elf abgerundeten Blattlappen, oberseits dunkelgrün, unterseits graufilzig, an dicht filzigen Zweigen. *Borke* Graubraun, dick und rissig. *Blüten* Eingeschlechtig, einhäusig, männliche in gelbgrünen, hängenden Kätzchen, weibliche unauffällig, im Frühsommer. *Früchte* Eicheln, bis 2,5 cm lang, zur Hälfte in Becher mit behaarten Schuppen.

- HERKUNFT Kaukasus, N-Iran
- LEBENSRAUM Trockene Bergwälder

Höhe	Wuchs	Belaubung	Laubform
20 m	Breit ausladend	Sommergrün	

Familie	Art	Autor
FAGACEAE	*Quercus macrocarpa*	A. Michaux

GROSSFRÜCHTIGE EICHE

Blätter Verkehrteiförmig, bis 25 cm lang und 12 cm breit, tief gebuchtet, rundliche Blattlappen und ausgeprägt breite Ausbuchtungen zur Basis hin, oberseits dunkelgrün und kahl, unterseits hellgrün, behaart. *Borke* Grau, rauh, tief gefurcht. *Blüten* Eingeschlechtig, einhäusig, männliche in gelben, hängenden Kätzchen, weibliche unauffällig, im Frühsommer. *Früchte* Eicheln, bis 4 cm lang, zur Hälfte in Becher, dieser am oberen Rand mit fransigen Schuppen.

- HERKUNFT O-Nordamerika
- LEBENSRAUM Fruchtbare Wälder
- ANMERKUNG Die Eicheln sind größer als die aller anderen nordamerikanischen Arten.

Höhe	Wuchs	Belaubung	Laubform
40 m	Breit ausladend	Sommergrün	

Familie	Art	Autor
FAGACEAE	*Quercus marilandica*	Münchhausen

QUERCUS MARILANDICA

Blätter Dreieckig verkehrteiförmig, bis 25 cm lang und fast ebenso breit, keilförmige Spreitenbasis, meist drei Blattlappen mit borstigen Spitzen, oberseits glänzend dunkelgrün, unterseits heller und spärlich behaart, später beiderseits kahl. *Borke* Fast schwarz, in kleinen Platten aufplatzend. *Blüten* Eingeschlechtig, einhäusig, männliche in gelbgrünen, hängenden Kätzchen, weibliche unauffällig, im Frühsommer. *Früchte* Eicheln, bis 2 cm lang, zur Hälfte in Becher.

- HERKUNFT O-USA
- LEBENSRAUM Wälder und arme, oft sandige Standorte

Höhe	Wuchs	Belaubung	Laubform
12 m	Breit ausladend	Sommergrün	

Familie	Art	Autor
FAGACEAE	*Quercus myrsinifolia*	Blume

QUERCUS MYRSINIFOLIA

Blätter Lanzettlich, bis 10 cm lang und 3 cm breit, lederig, zugespitzt, undeutlich gesägt, oberseits anfangs tief bronzerot, später dunkelgrün, unterseits blaugrün, beiderseits kahl. *Borke* Dunkelgrau und glatt. *Blüten* Eingeschlechtig, einhäusig, männliche in gelbgrünen, hängenden Kätzchen, weibliche unauffällig, im Frühsommer. *Früchte* Eicheln, bis 2 cm lang, zu einem Drittel in Becher.

- HERKUNFT China, Japan
- LEBENSRAUM Wälder

Höhe	Wuchs	Belaubung	Laubform
20 m	Breit ausladend	Immergrün	

Familie	Art	Autor
FAGACEAE	*Quercus palustris*	Münchhausen

SUMPFEICHE

Blätter Im Umriß oval bis verkehrteiförmig, bis 15 cm lang und 12 cm breit, tief gelappt, beiderseits glänzend grün, unterseits heller, in Nervenwinkeln braun behaart. *Borke* Graubraun, glatt. *Blüten* Eingeschlechtig, einhäusig, männliche in gelbgrünen, hängenden Kätzchen, weibliche unauffällig, im späten Frühjahr. *Früchte* Eicheln, bis 1,5 cm lang, zu einem Viertel bis einem Drittel in flachem Becher.

- HERKUNFT SO-Kanada, O-USA
- LEBENSRAUM Sumpfige Wälder

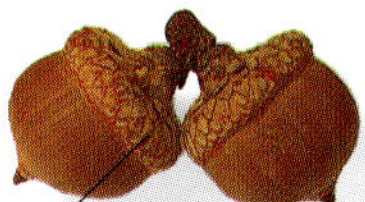

Höhe	Wuchs	Belaubung	Laubform
30 m	Breit kegelig	Sommergrün	

Familie	Art	Autor
FAGACEAE	*Quercus petraea*	(Mattuschka) Lieblein

TRAUBENEICHE

Blätter Elliptisch bis verkehrteiförmig, bis 12 cm lang und 7,5 cm breit, rund gelappt, meist keilförmige Basis, ohne Blattöhrchen, oberseits glänzend dunkelgrün und kahl, unterseits heller und spärlich behaart, Blattstiel 1 cm oder mehr. *Borke* Grau, längsrissig. *Blüten* Eingeschlechtig, einhäusig, männliche in gelbgrünen, hängenden Kätzchen, weibliche unauffällig, im späten Frühjahr. *Früchte* Eicheln, bis 3 cm lang, zu einem Drittel in Becher.

- HERKUNFT Europa
- LEBENSRAUM Wälder
- ANMERKUNG Im Gegensatz zu *Q. robur* (s. Seite 170) sind die Eicheln bei dieser Art nicht gestielt.

Höhe	Wuchs	Belaubung	Laubform
40 m	Breit ausladend	Sommergrün	

Familie FAGACEAE	Art *Quercus phellos*	Autor Linné

WEIDENEICHE

Blätter Schmal länglich, bis 10 cm lang und 2,5 cm breit, zugespitzt, ganzrandig, oberseits glänzend grün, unterseits heller, später beiderseits kahl. *Borke* Grau und glatt, im Alter rissig, plattig. *Blüten* Eingeschlechtig, einhäusig, männliche in gelbgrünen, hängenden Kätzchen, weibliche unauffällig, im späten Frühjahr. *Früchte* Eicheln, bis 1,5 cm lang, zu einem Viertel in flachem Becher.

- HERKUNFT O-USA
- LEBENSRAUM Feuchte, sumpfige Standorte
- ANMERKUNG Leicht an den weidenähnlichen Blättern zu erkennen (*Salix*, s. Seiten 291 – 294).

Höhe 30 m	Wuchs Breit ausladend	Belaubung Sommergrün	Laubform

Familie FAGACEAE	Art *Quercus phillyreoides*	Autor Gray

QUERCUS PHILLYREOIDES

Blätter Elliptisch bis länglich, bis 6 cm lang, lederig, gezähnt oder ganzrandig, oberseits anfangs oft bronzefarben schimmernd, später dunkelgrün, unterseits heller und glänzend, beiderseits kahl. *Borke* Dunkelgrau, flach längsrissig. *Blüten* Eingeschlechtig, einhäusig, männliche in gelbgrünen, hängenden Kätzchen, weibliche unauffällig, im späten Frühjahr. *Früchte* Eicheln, bis 2 cm lang, zu einem Drittel in kegeligem Becher.

- HERKUNFT China, S-Japan
- LEBENSRAUM Felsige Standorte
- ANMERKUNG Ein seltener und ungewöhnlicher kleiner Baum oder Strauch.

Höhe 15 m	Wuchs Breit ausladend	Belaubung Immergrün	Laubform

Familie	Art	Autor
FAGACEAE	*Quercus pontica*	K. Koch

PONTISCHE EICHE

Blätter Breit oval bis verkehrteiförmig, bis 15 cm lang und 10 cm breit, Spreitenbasis keilförmig, viele parallele Seitenadern, die in kleinen, spitzen Zähnen enden, oberseits anfangs behaart, später hellgrün und kahl, unterseits blaugrün, im Herbst gelbbraun, an kräftigen Zweigen. *Borke* Grau bis purpurbraun, dünnschuppig, im Alter zerklüftet. *Blüten* Eingeschlechtig, einhäusig, männliche in gelbgrünen, langen, schlanken, hängenden Kätzchen, weibliche unauffällig, im späten Frühjahr. *Früchte* Eicheln, bis 2 cm lang, zur Hälfte in Becher.

- HERKUNFT Kaukasus, NO-Türkei
- LEBENSRAUM Bergwälder
- ANMERKUNG Kleiner Baum oder Strauch.

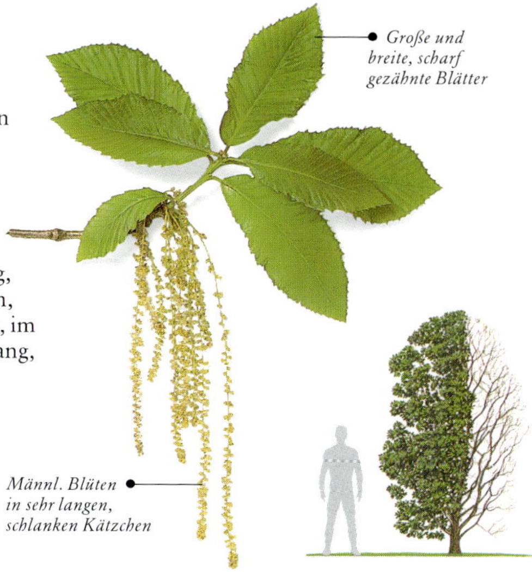

Höhe	Wuchs	Belaubung	Laubform
6 m	Breit säulenförmig	Sommergrün	

Familie	Art	Autor
FAGACEAE	*Quercus pubescens*	Willdenow

FLAUMEICHE

Blätter Elliptisch bis verkehrteiförmig, bis 10 cm lang und 5 cm breit, mit abgerundeten, in kleiner, scharfer Spitze endenden Blattlappen, oberseits dunkel graugrün, unterseits flaumig, beiderseits anfangs grau behaart, später fast kahl. *Borke* Dunkelgrau, tief gefurcht. *Blüten* Eingeschlechtig, einhäusig, männliche in gelbgrünen, hängenden Kätzchen, weibliche unauffällig, im späten Frühjahr. *Früchte* Eicheln, bis 4 cm lang, zu einem Drittel in filzigem Becher.

- HERKUNFT W-Asien, Mittel- und S-Europa
- LEBENSRAUM Trockene Hügellagen

Höhe	Wuchs	Belaubung	Laubform
20 m	Breit ausladend	Sommergrün	

Familie	Art	Autor
Fagaceae	*Quercus pyrenaica*	Willdenow

Pyrenäen-Eiche

Blätter Im Umriß elliptisch bis verkehrteiförmig, bis 20 cm lang und 10 cm breit, tief gelappt, oft ganzrandig, anfangs behaart, oberseits später glänzend dunkelgrün und fast kahl. *Borke* Hellgrau, schroff. *Blüten* Eingeschlechtig, einhäusig, männliche in gelben, hängenden Kätzchen, weibliche unauffällig, im Frühsommer. *Früchte* Eicheln, bis 3 cm lang, bis zur Hälfte in Becher.

- Herkunft N-Afrika, SW-Europa
- Lebensraum Bergwälder

Höhe	Wuchs	Belaubung	Laubform
20 m	Breit säulenförmig	Sommergrün	

Familie	Art	Autor
Fagaceae	*Quercus robur*	Linné

Stieleiche

Blätter Umriß oval bis verkehrteiförmig, bis 12 cm lang und 7,5 cm breit, jederseits drei bis sechs Blattlappen, oberseits dunkelgrün, unterseits blaugrün, später kahl. *Borke* Hellgrau, rissig. *Blüten* Eingeschlechtig, einhäusig, männliche in gelbgrünen, hängenden Kätzchen, weibliche unauffällig, im späten Frühjahr. *Früchte* Eicheln, bis 4 cm lang, zu 1/3 in Becher.

- Herkunft Europa
- Lebensraum Wälder

Quercus robur

'Atropurpurea' ▽
Diese langsam wachsende Sorte fällt durch ihr Laub auf.

◁ 'Concordia'
Die leuchtend goldgelben Blätter färben sich im Spätsommer grün.

Höhe	Wuchs	Belaubung	Laubform
35 m	Breit ausladend	Sommergrün	

Familie	Art	Autor
FAGACEAE	*Quercus rubra*	Linné

ROTEICHE

Blätter Elliptisch, eiförmig oder verkehrt-eiförmig, bis 23 cm lang und 15 cm breit, mit schmal gezähnten Blattlappen, oberseits dunkelgrün und kahl, unterseits heller, in den Nervenwinkeln braun behaart, im Herbst leuchtend rot. *Borke* Grau, glatt, später tief gefurcht. *Blüten* Eingeschlechtig, einhäusig, männliche in gelbgrünen, hängenden Kätzchen, weibliche unauffällig, im späten Frühjahr. *Früchte* Eicheln, bis 3 cm lang, zu einem Viertel in flachem Becher.
- HERKUNFT O-Nordamerika
- LEBENSRAUM Wälder, Gebirge im Süden des Herkunftsgebiets

Höhe	Wuchs	Belaubung	Laubform
25 m	Breit ausladend	Sommergrün	

Familie	Art	Autor
FAGACEAE	*Quercus stellata*	Wangenheim

PFAHLEICHE

Blätter Verkehrteiförmig, bis 20 cm lang und 10 cm breit, mit jederseits zwei bis drei Blattlappen, das mittlere Paar am größten und oft zur Basis hin verschmälert, oberseits dunkelgrün, rauh, unterseits grau behaart. *Borke* Graubraun, schuppig, gefurcht. *Blüten* Eingeschlechtig, einhäusig, männliche in gelbgrünen, hängenden Kätzchen, weibliche unauffällig, im späten Frühjahr. *Früchte* Eicheln, bis 3 cm lang, zu einem Drittel in Becher.
- HERKUNFT Mittel- und O-USA
- LEBENSRAUM Trockene Standorte

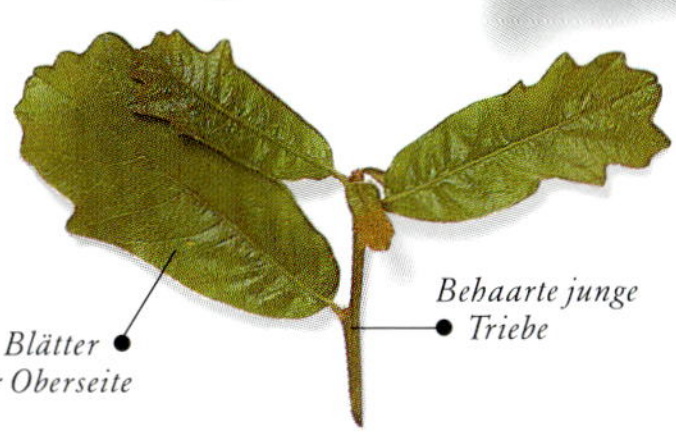

Höhe	Wuchs	Belaubung	Laubform
20 m	Breit ausladend	Sommergrün	

Familie	Art	Autor
FAGACEAE	*Quercus suber*	Linné

KORKEICHE

Blätter Länglich bis eiförmig, bis 7 cm lang und 4 cm breit, derb, meist gezähnt, oberseits glänzend dunkelgrün, unterseits grau behaart. *Borke* Hellgrau, dick, korkig, tief gefurcht, neue Rindenschicht tiefrot. *Blüten* Eingeschlechtig, einhäusig, männliche in gelbgrünen, hängenden Kätzchen, weibliche unauffällig, im späten Frühjahr. *Früchte* Eicheln, bis 3 cm lang, zur Hälfte in Becher.

- HERKUNFT W-Mittelmeerraum
- LEBENSRAUM Wälder in Hügellagen
- ANMERKUNG

Im Herkunftsgebiet wird durch Abschälen der Rinde Kork gewonnen, was das lebende Gewebe der Pflanze nicht schädigt.

Höhe	Wuchse	Belaubung	Laubform
20 m	Breit ausladend	Immergrün	

Familie	Art	Autor
FAGACEAE	*Quercus* x *turneri*	Willdenow

WINTERGRÜNE EICHE

Blätter Verkehrteiförmig bis länglich, bis 12 cm lang und 5 cm breit, Basis keilförmig, jederseits mit drei bis fünf dreieckigen Zähnen, oberseits glänzend dunkelgrün, unterseits heller, teils wintergrün. *Borke* Dunkelgrau, in Platten aufplatzend. *Blüten* Eingeschlechtig, einhäusig, männliche in gelbgrünen, hängenden Kätzchen, weibliche unauffällig, im späten Frühjahr. *Früchte* Eicheln, bis 2 cm lang, zur Hälfte in Becher, oft zu mehreren an langem Stiel.

- HERKUNFT Aus gärtnerischer Kultur
- ANMERKUNG

Eine Hybride aus Steineiche (*Q. ilex*, s. Seite 163) und Stieleiche (*Q. robur*, s. Seite 170)

Höhe	Wuchs	Belaubung	Laubform
20 m	Breit ausladend	Sommergrün	

Familie FAGACEAE	Art *Quercus variabilis*	Autor Blume

CHINESISCHE KORKEICHE

Blätter Länglich, bis 20 cm lang und 5 cm breit, lang zugespitzt, viele parallele Seitenadern, die in borstigen Spitzen enden, oberseits glänzend dunkelgrün, kahl, unterseits grau, spärlich behaart. *Borke* Hell graubraun, dick, korkig, tief rissig. *Blüten* Eingeschlechtig, einhäusig, männliche in gelbgrünen, hängenden Kätzchen, weibliche unauffällig, im späten Frühjahr. *Früchte* Eicheln, bis 2 cm lang, fast ganz in Becher mit langen, krausen Schuppen.

• HERKUNFT
China, Japan, Korea

• LEBENSRAUM
Bergwälder

Höhe 25 m	Wuchs Breit ausladend	Belaubung Sommergrün	Laubform

Familie FAGACEAE	Art *Quercus velutina*	Autor Lamarck

FÄRBEREICHE

Blätter Im Umriß oval bis eiförmig, bis 25 cm lang und 15 cm breit, mit fünf bis sieben borstig zugespitzten Lappen, oberseits glänzend dunkelgrün, kahl, unterseits heller, behaart, später fast kahl mit behaarten Nervenwinkeln. *Borke* Dunkelbraun, gefurcht. *Blüten* Einhäusig, männliche in gelbgrünen, hängenden Kätzchen, weibliche unauffällig, im späten Frühjahr. *Früchte* Eicheln, bis 2 cm lang, zur Hälfte in Becher.

• HERKUNFT
O-Nordamerika

• LEBENSRAUM
Trockene Wälder, Sanddünen

Höhe 25 m	Wuchs Breit ausladend	Belaubung Sommergrün	Laubform

FLACOURTIACEAE

DIESE FAMILIE ist vorwiegend in den tropischen und subtropischen Regionen beider Hemisphären heimisch. Sie umfaßt ca. 90 Gattungen mit 900 Arten immergrüner und sommergrüner Gehölze, zu denen auch Arten der südostasiatischen Gattung *Hydnocarpus* gehören. Diese enthalten das Chaulmugraöl, das zur Behandlung einiger Hautkrankheiten verwendet wird.

Familie	Art	Autor
FLACOURTIACEAE	*Azara microphylla*	J. D. Hooker

AZARA MICROPHYLLA

Blätter Verkehrteiförmig bis oval, bis 2,5 cm lang, gesägt, oberseits glänzend dunkelgrün, unterseits heller, kahl, mit kleinen, blattartigen Stipeln. *Borke* Grau, mit waagrechten Lentizellen, dünnschuppig. *Blüten* Klein, ohne Kronblätter, grüne Kelchblätter und auffällige gelbe Staubblätter, in den Blattachseln, im Spätwinter bis zeitiges Frühjahr. *Früchte* Kleine, orangerote Beeren.

- HERKUNFT Argentinien, Chile
- LEBENSRAUM Laubwälder

Höhe	Wuchs	Belaubung	Laubform
10 m	Schmal kegelig	Immergrün	

Familie	Art	Autor
FLACOURTIACEAE	*Idesia polycarpa*	Maximowicz

ORANGENKIRSCHE

Blätter Breit herzförmig, bis 20 cm lang und fast genauso breit, Spreitenbasis herzförmig, zugespitzt, gesägt, oberseits bronzepurpurn überzogen, später dunkelgrün, unterseits bläulichweiß, kahl, langgestielt. *Borke* Grauweiß. *Blüten* Zweihäusig, klein, gelbgrün, ohne Kronblätter, in breiten, hängenden, endständigen Rispen, im Frühsommer. *Früchte* Kleine, orangerote Beeren, in hängenden Fruchständen.

- HERKUNFT China, Japan
- LEBENSRAUM Berghänge
- ANMERKUNG Bevorzugt sonnige Lagen.

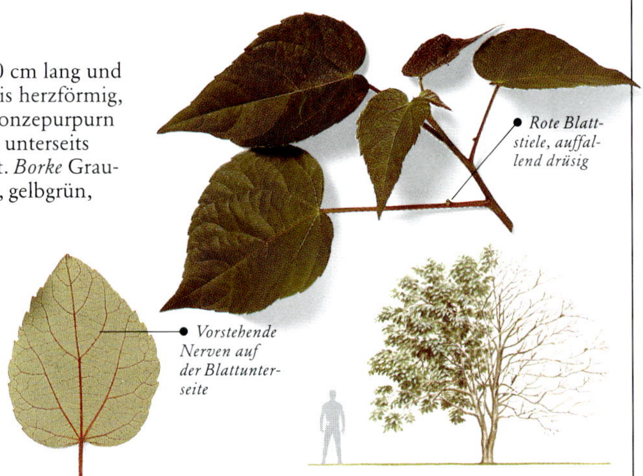

Höhe	Wuchs	Belaubung	Laubform
15 m	Breit ausladend	Sommergrün	

HAMAMELIDACEAE

EINE FAMILIE mit 25 Gattungen und rund 100 Arten sommergrüner und immergrüner Gehölze der gemäßigten und subtropischen Breiten; in weiten Teilen Südamerikas, Afrikas und in ganz Europa kommen diese Gehölze jedoch nicht wildwachsend vor. Neben den hier beschriebenen Pflanzen gehören auch Gattungen mit Ziersträuchern zu dieser Familie, wie z. B. die meist im Winter blühende Zaubernuß *(Hamamelis)* sowie *Corylopsis* und *Fothergilla*.

Familie	Art	Autor
HAMAMELIDACEAE	*Liquidambar formosana*	Hance

CHINESISCHER AMBERBAUM

Blätter Handförmig gelappt, bis 13 cm lang und 15 cm breit, Spreitenbasis herzförmig, meist dreilappig, zugespitzt, gesägt, anfangs rotbraun, später dunkelgrün, im Herbst rot bis purpurn, an langen, roten Stielen. *Borke* Grauweiß, im Alter dunkler und rissig. *Blüten* Einhäusig, eingeschlechtig, klein, gelbgrün, ohne Kronblätter, in rundlichen Köpfchen, im Frühjahr mit Laubaustrieb. *Früchte* Kleine, braune, miteinander verwachsene Kapseln, 4 cm dick.
- HERKUNFT China, Taiwan
- LEBENSRAUM Wälder und Gebüsch in gebirgigen Lagen

Höhe	Wuchs	Belaubung	Laubform
40 m	Breit kegelig	Sommergrün	

Familie	Art	Autor
HAMAMELIDACEAE	*Liquidambar orientalis*	Miller

ORIENTALISCHER AMBERBAUM

Blätter Handförmig gelappt, bis 7,5 cm lang und breit, oberseits mattgrün, beiderseits kahl, im Herbst orangefarben. *Borke* Orangebraun, dick, in kleinen Platten abschuppend. *Blüten* Eingeschlechtig, einhäusig, sehr klein, gelbgrün, ohne Kronblätter, in rundlichen Köpfchen, im Frühjahr mit Laubaustrieb. *Früchte* Klein, braun, in rundlichen, hängenden Fruchtständen, 2,5 cm groß.
- HERKUNFT SW-Türkei
- LEBENSRAUM Feuchte Wälder, Überschwemmungsgebiete, Flußauen

Höhe	Wuchs	Belaubung	Laubform
25 m	Breit kegelig	Sommergrün	

Familie HAMAMELIDACEAE	Art *Liquidambar styraciflua*	Autor Linné

AMERIKANISCHER AMBERBAUM

Blätter Handförmig gelappt, bis 15 cm lang und breit, fünf bis sieben Lappen, diese keilförmig zugespitzt, fein gesägt, oberseits glänzend dunkelgrün, im Herbst orange, rot oder purpurn, Zweige oft mit Korkleisten. *Borke* Dunkel graubraun, tief gefurcht, mit schmalen Wülsten. *Blüten* Eingeschlechtig, einhäusig, sehr klein, gelbgrün, ohne Kronblätter, in rundlichen Köpfchen, im späten Frühjahr mit Laubaustrieb. *Früchte* Einzeln, klein, braun, in rundlichen, hängenden Fruchtständen, bis 2,5 cm lang.

- HERKUNFT Z-Amerika, Mexiko, O-USA
- LEBENSRAUM Feuchte Wälder
- ANMERKUNG Im Gegensatz zum Ahorn (*Acer*, s. Seiten 84 – 104) sind die Blätter dieser Art wechselständig.

△ LIQUIDAMBAR STYRACIFLUA

△ 'LANE ROBERTS'
Die Blätter dieser Sorte färben sich im Spätsommer orange bis tief purpurrot.

▽ 'VARIEGATA'
Hellgrüne und gelbliche Flecken kennzeichnen die Blätter dieser Sorte. Sie ist auch als 'Aurea' bekannt und wird oft mit 'Silver King' verwechselt.

'SILVER KING' ▷
Eine Sorte mit auffälligem Blattwerk. Der breite, gelblichweiße bis gelbe Blattrand ist im Herbst oft rosa überzogen.

Höhe 40 m	Wuchs Breit kegelig	Belaubung Sommergrün	Laubform

Familie HAMAMELIDACEAE	Art *Parrotia persica*	Autor (Candolle) C. A. Meyer

EISENHOLZBAUM

Blätter Verkehrteiförmig bis oval, bis 12 cm lang und 6 cm breit, obere Spreitenhälfte bogig gezähnt, oberseits glänzend grün und kahl, unterseits spärlich behaart. *Borke* Graubraun, schuppig. *Blüten* Klein, ohne Kronblätter, mit roten Staubbeuteln, im zeitigen Frühjahr. *Früchte* Nußartige braune Kapseln, 8 mm lang.

- HERKUNFT O-Kaukasus, N-Iran
- LEBENSRAUM Wälder
- ANMERKUNG Mittelhoher Baum oder breiter Strauch.

Höhe 20 m	Wuchs Breit ausladend	Belaubung Sommergrün	Laubform

Familie HAMAMELIDACEAE	Art *Parrotiopsis jacquemontiana*	Autor (Decaisne) Rehder

SCHEINPARROTIE

Blätter Rundlich, bis 8 cm lang, gezähnt, oberseits glänzend grün, verkahlend, unterseits behaart, kurz gestielt. *Borke* Grau, glatt. *Blüten* Klein, ohne Kronblätter, viele gelbe Staubbeutel, in dichten, endständigen, mit bis zu sechs weißen, unterseits dicht mit winzigen braunen Schuppen (Sternhaaren) bedeckten Hochblättern umgebenen Köpfchen, mit Hochblättern bis 5 cm Durchmesser, im Frühjahr bis späten Frühjahr. *Früchte* Fruchtstände mit kleinen, braunen, borstigen Kapseln.

- HERKUNFT W-Himalaja
- LEBENSRAUM Wälder
- ANMERKUNG Strauchförmig, einzige Art der Gattung.

Höhe 6 m	Wuchs Breit kegelig	Belaubung Sommergrün	Laubform

HIPPOCASTANACEAE

NUR ZWEI GATTUNGEN gehören zu dieser Familie. Die 15 bis 25 Arten sommergrüner Gehölze stammen aus Nordamerika, SO-Europa und O-Asien. Ihre Blätter sind handförmig geteilt und gegenständig. Die hübschen Blüten haben vier oder fünf Kronblätter und stehen in breiten, endständigen Rispen.

Familie	Art	Autor
HIPPOCASTANACEAE	*Aesculus californica*	(Spach) Nuttall

KALIFORNISCHE ROSSKASTANIE

Blätter Handförmig, mit fünf bis sieben länglichen, gesägten Blättchen, bis 15 cm lang, oberseits dunkel blaugrün, unterseits graugrün. *Borke* Hellgrau, fast glatt, dünnschuppig. *Blüten* Weiß oder hellrosa, vier Kronblätter, in bis 20 cm langen Rispen, im Sommer. *Früchte* Glatte, birnenförmige Kapseln, bis 7 cm lang, mit einem glänzend braunen Samen, langgestielt.

- HERKUNFT Kalifornien (USA)
- LEBENSRAUM Trockene Hänge und Canyons in Hügellage

Höhe	Wuchs	Belaubung	Laubform
10 m	Breit ausladend	Sommergrün	

Familie	Art	Autor
HIPPOCASTANACEAE	*Aesculus* x *carnea*	Hayne

ROTE ROSSKASTANIE

Blätter Handförmig geteilt, mit fünf bis sieben verkehrteiförmigen, scharf gesägten und wenig oder nicht gestielten Blättchen, bis 25 cm lang, dunkelgrün, Blatt langgestielt. *Borke* Rötlichbraun. *Blüten* Anfangs weiß, gelbgefleckt, später mit rosa Flecken, mit fünf Kronblättern, in kegeligen, aufrechten oder leicht abstehenden Rispen, bis 20 cm lang, im späten Frühjahr. *Früchte* Glatte oder kaum stachelige Kapseln, bis 4 cm.

- HERKUNFT Aus gärtnerischer Kultur
- ANMERKUNG Eine Hybride aus der Roßkastanie (*A. hippocastanum*, s. Seite 179) und der Roten Pavie (*A. pavia*, s. Seite 181).

◁ 'BRIOTII'
Eine Sorte mit dunkleren, leuchtend blutroten Blüten.

Höhe	Wuchs	Belaubung	Laubform
20 m	Breit säulenförmig	Sommergrün	

Familie HIPPOCASTANACEAE	Art *Aesculus flava*	Autor Solander

GELBE PAVIE

Blätter Handförmig geteilt, meist mit fünf Blättchen, fein gesägt, kurzgestielt, bis 15 cm lang, dunkelgrün, im Herbst orangerot. *Borke* Graubraun, in breiten, glatten Schuppen abblätternd. *Blüten* Gelb, mit vier Kronblättern, in kegeligen, aufrechten Rispen, bis 15 cm lang, im späten Frühjahr bis Frühsommer. *Früchte* Unbestachelte Kapseln, rund, bis 6 cm, braunschuppig, meist zwei Samen.

- HERKUNFT O-USA
- LEBENSRAUM Feuchte, fruchtbare Wälder
- ANMERKUNG Auch als *A. octandra* bekannt. Die orangerote Herbstfärbung ist besonders schön.

Höhe 30 m	Wuchs Breit kegelig	Belaubung Sommergrün	Laubform

Familie HIPPOCASTANACEAE	Art *Aesculus hippocastanum*	Autor Linné

GEMEINE ROSSKASTANIE

Blätter Handförmig geteilt, mit fünf bis sieben Blättchen, diese verkehrteiförmig, scharf gesägt, sitzend, bis 25 cm lang, unterseits hellgrün, im Herbst meist gelb, Blätter langgestielt. *Borke* Rotbraun oder grau, schuppig. *Blüten* Cremefarben mit gelben, später weiß mit roten Flecken, fünf Kronblätter, in breiten, kegeligen, aufrechten Rispen, bis 30 cm lang, im späten Frühjahr. *Früchte* Runde, bestachelte, grüne Kapseln, bis zu drei glänzend braune Samen.

- HERKUNFT Albanien, N-Griechenland
- LEBENSRAUM Bergwälder
- ANMERKUNG Das Herkunftsgebiet war lange nicht bekannt, da die Art in der Türkei kultiviert wurde und so in europäische Gärten gelangte.

AESCULUS ▷
HIPPOCASTANUM

'BAUMANNII' △
Die gefüllten Blüten dieser Sorte fruchten nicht.

Höhe 30 m	Wuchs Breit säulenförmig	Belaubung Sommergrün	Laubform

Familie	Art	Autor
Hippocastanaceae	*Aesculus indica*	(Cambessèdes) J. D. Hooker

Indische Rosskastanie

Blätter Handförmig geteilt, mit meist fünf bis sieben Blättchen, verkehrteiförmig bis lanzettlich, gestielt, fein gesägt, bis 20 cm lang, oberseits jung bronzefarben, später glänzend grün, im Herbst orange oder gelb. *Borke* Grau, glatt. *Blüten* Weiß bis hellrosa, gelb gefleckt, später rot gefleckt, mit langen, herausragenden Staubfäden, in kegelförmigen, aufrechten Rispen, bis 30 cm lang, im Sommer. *Früchte* Birnenförmige Kapseln, schuppig, braun, bis zu drei Samen, an kräftigem Stiel.

- Herkunft NW-Himalaja
- Lebensraum Wälder, lichtarme Schluchten
- Anmerkung Die Art blüht viel später als die Gemeine Roßkastanie (*A. hippocastanum*, s. Seite 179).

Höhe	Wuchs	Belaubung	Laubform
30 m	Breit säulenförmig	Sommergrün	

Familie	Art	Autor
Hippocastanaceae	*Aesculus* x *neglecta*	Lindley

Carolina-Rosskastanie

Blätter Handförmig geteilt, mit meist fünf ovalen, zugespitzten, fein gesägten, gestielten Blättchen, bis 20 cm lang und 9 cm breit, Nerven oberseits behaart, sonst kahl, unterseits spärlich behaart. *Borke* Graubraun, flachrissig. *Blüten* 2,5 cm lang, weißlich, in kegeligen, aufrechten Rispen, im späten Frühjahr bis Frühsommer. *Früchte* Runde, glatte Kapseln, ca. 4 cm groß.

- Herkunft SO-USA
- Lebensraum Vorwiegend Küstenebene
- Anmerkung Eine Hybride aus der Gelben Pavie (*A. flava*, s. Seite 179) und *Aesculus sylvatica*.

Höhe	Wuchs	Belaubung	Laubform
15 m	Breit säulenförmig	Sommergrün	

Familie	Art	Autor
Hippocastanaceae	*Aesculus pavia*	Linné

Rote Pavie

Blätter Handförmig geteilt, mit fünf Blättchen, diese oval bis lanzettlich, scharf gesägt, gestielt, bis 15 cm lang, oberseits glänzend dunkelgrün, im Herbst rot. *Borke* Dunkel graubraun, glatt. *Blüten* Schmal, rot, 4 cm lang, vier Kronblätter, in aufrechten Rispen, im Frühsommer. *Früchte* Runde bis birnenförmige Kapseln, glatt, braun, ein bis zwei glänzend braune Samen.

- Herkunft SO-USA
- Lebensraum Feuchte, fruchtbare Wälder und Gebüsch
- Anmerkung Ein Elternteil von *A.* x *carnea* (s. Seite 178).

Höhe	Wuchs	Belaubung	Laubform
5 m	Breit ausladend	Sommergrün	

JUGLANDACEAE

SIEBEN GATTUNGEN mit rund 60 Arten vorwiegend sommergrüner Bäume sind in Amerika, von SO-Europa bis Japan und in SO-Asien heimisch. Die Blätter sind meist wechselständig und gefiedert. Die kleinen Blüten der einhäusigen Pflanzen besitzen keine Kronblätter und stehen in Kätzchen. Als Früchte entstehen Nüsse oder Steinfrüchte, die klein und geflügelt oder groß sind.

Familie	Art	Autor
JUGLANDACEAE	*Carya cordiformis*	(Wangenheim) K. Koch

BITTERNUSS

Blätter Gefiedert, mit meist fünf bis neun Blättchen, diese deutlich gesägt, bis 15 cm lang, oberseits dunkelgrün, im Herbst goldgelb, Knospen mit rauhen, gelben Schuppen. *Borke* Grau, glatt, später dick, gefurcht, rissig. *Blüten* Einhäusig, eingeschlechtig, klein, ohne Kronblätter, männliche in dreiteiligen, hängenden Kätzchen, bis 7,5 cm lang, weibliche unauffällig, im späten Frühjahr bis Frühsommer. *Früchte* Dünnschalige Steinfrucht, bitter, nicht eßbar, grau, in grünem Exocarp mit vier Flügeln, bis 4 cm lang.

- HERKUNFT O-Nordamerika
- LEBENSRAUM Laubwälder, Sümpfe, Flußauen

Höhe	Wuchs	Belaubung	Laubform
30 m	Breit säulenförmig	Sommergrün	

Familie	Art	Autor
JUGLANDACEAE	*Carya illinoinensis*	(Wangenheim) K. Koch

PEKANNUSS

Blätter Gefiedert, mit 9 – 17 Blättchen, bis 15 cm lang, schmal, zugespitzt, Spitze sichelförmig gekrümmt, gesägt, dunkelgrün. *Borke* Grau, dick, gefurcht, rissig. *Blüten* Einhäusig, eingeschlechtig, klein, ohne Kronblätter, in hängenden Kätzchen, männliche gelbgrün, dreigeteilt, bis 7,5 cm lang, weibliche unauffällig, im späten Frühjahr bis Frühsommer. *Früchte* Dünnschalige, süße, eßbare, rotbraune Nuß in Exocarp mit vier Flügeln, bis 8 cm lang.

- HERKUNFT S-USA
- LEBENSRAUM Feuchte Wälder und Täler
- ANMERKUNG Die Nüsse sind ein wichtiger Wirtschaftsfaktor.

Höhe	Wuchs	Belaubung	Laubform
30 m	Breit säulenförmig	Sommergrün	

Familie JUGLANDACEAE	Art *Carya ovata*	Autor (Miller) K. Koch

SCHINDELBORKIGE HICKORY

Blätter Gefiedert, meist fünf Blättchen, diese zugespitzt, bis 20 cm lang, mit Ausnahme der Basis gesägt, oberseits dunkel gelbgrün, im Herbst goldgelb, Knospen mit dunklen, an der Spitze abstehenden Schuppen. *Borke* Grau bis braun, im Alter schindelartig ablösend. *Blüten* Einhäusig, eingeschlechtig, klein, ohne Kronblätter, in hängenden Kätzchen, männliche gelbgrün, dreigeteilt, bis 13 cm lang, weibliche unauffällig, im späten Frühjahr bis Frühsommer. *Früchte* Dickschalige, süße, eßbare, weißliche Nuß, Exokarp grün mit vier Furchen, bis 6 cm lang.

- HERKUNFT O-Nordamerika
- LEBENSRAUM Fruchtbare Wälder und Täler
- ANMERKUNG Der deutsche Name dieser Art stammt von der schindelartig ablösenden Borke.

Höhe 30 m	Wuchs Breit säulenförmig	Belaubung Sommergrün	Laubform

Familie JUGLANDACEAE	Art *Juglans ailantifolia*	Autor Carrière

SIEBOLDS-WALNUSS

Blätter Gefiedert, mit 11 – 17 Blättchen, diese kurz zugespitzt, gesägt, bis 15 cm lang, oberseits dunkelgrün, behaart, an kräftigen, drüsig behaarten Zweigen. *Borke* Graubraun, im Alter rissig und in kleinen Platten ablösend. *Blüten* Einhäusig, eingeschlechtig, klein, ohne Kronblätter, in Kätzchen, männliche Kätzchen hängend, grünlich, bis 30 cm lang, an Vorjahrestrieben, weibliche Kätzchen bis 10 cm lang, mit roten Narben, endständig an jungen Trieben, im späten Frühjahr bis Frühsommer. *Früchte* Braune Nuß mit flacher Grube in klebrigem, grünlichem Exokarp, bis 5 cm lang, bis zu 20 in Büscheln.

- HERKUNFT Japan
- LEBENSRAUM Feuchtgebiete, Flußauen
- ANMERKUNG Die giftige Fruchthülle wird in Japan zum Angeln verwendet. Die Nüsse sind eßbar, das Holz wird u. a. für Schnitzarbeiten verwendet.

Höhe 25 m	Wuchs Breit ausladend	Belaubung Sommergrün	Laubform

Familie	Art	Autor
JUGLANDACEAE	*Juglans cinerea*	Linné

BUTTERNUSS

Blätter Gefiedert, mit 7–17 Blättchen, diese gesägt, bis 13 cm lang, alle außer mittlerem sitzend, oberseits dunkelgrün, beiderseits behaart, vor allem unterseits. *Borke* Grau, gefurcht, rissig. *Blüten* Einhäusig, eingeschlechtig, klein, ohne Kronblätter, in Kätzchen, männliche Kätzchen grünlich, bis 10 cm lang, hängend, weibliche Kätzchen kurz, im späten Frühjahr bis Frühsommer. *Früchte* Längliche, süße, eßbare, ölige, rauhe Nuß in klebrigem, grünem Exokarp, bis 6 cm lang, bis zu fünft in Gruppen.

- HERKUNFT O-Nordamerika
- LEBENSRAUM Fruchtbare Wälder, feuchte Täler und Berghänge

Höhe	Wuchs	Belaubung	Laubform
25 m	Breit ausladend	Sommergrün	

Familie	Art	Autor
JUGLANDACEAE	*Juglans nigra*	Linné

SCHWARZNUSS

Blätter Gefiedert, mit 11–23 Blättchen, diese schmal, zugespitzt, scharf gesägt, bis 12 cm lang, oberseits glänzend dunkelgrün, unterseits behaart, duftend. *Borke* Dunkel graubraun bis schwarz, tief rissig. *Blüten* Einhäusig, eingeschlechtig, klein, ohne Kronblätter, in Kätzchen, männliche Kätzchen gelbgrün, hängend, bis 10 cm lang, weibliche Kätzchen kurz, im späten Frühjahr bis Frühsommer. *Früchte* Runde, eßbare, braune Nuß in grünem Exokarp, bis 5 cm lang, einzeln oder zu zweit.

- HERKUNFT Mittel- und O-USA
- LEBENSRAUM Fruchtbare Wälder
- ANMERKUNG Das Holz und die Nüsse des Baumes werden wirtschaftlich verwertet.

Höhe	Wuchs	Belaubung	Laubform
30 m	Breit ausladend	Sommergrün	

Familie	Art	Autor
JUGLANDACEAE	*Juglans regia*	Linné

WALNUSS

Blätter Gefiedert, mit fünf bis neun Blättchen, diese kurz zugespitzt, bis 12 cm lang, Endblättchen am größten, anfangs bronzefarben, später dunkelgrün, kahl, aromatisch duftend. *Borke* Silbergrau, glatt, im Alter rissig. *Blüten* Einhäusig, eingeschlechtig, klein, ohne Kronblätter, in Kätzchen, männliche Kätzchen gelbgrün, hängend, bis 10 cm lang, weibliche Kätzchen kurz, im späten Frühjahr bis Frühsommer. *Früchte* Eßbare Nuß, gelblichweiß, später bräunlich, in grünem Exokarp, bis 5 cm groß.

- HERKUNFT China bis SO-Europa
- LEBENSRAUM Täler und Flußauen

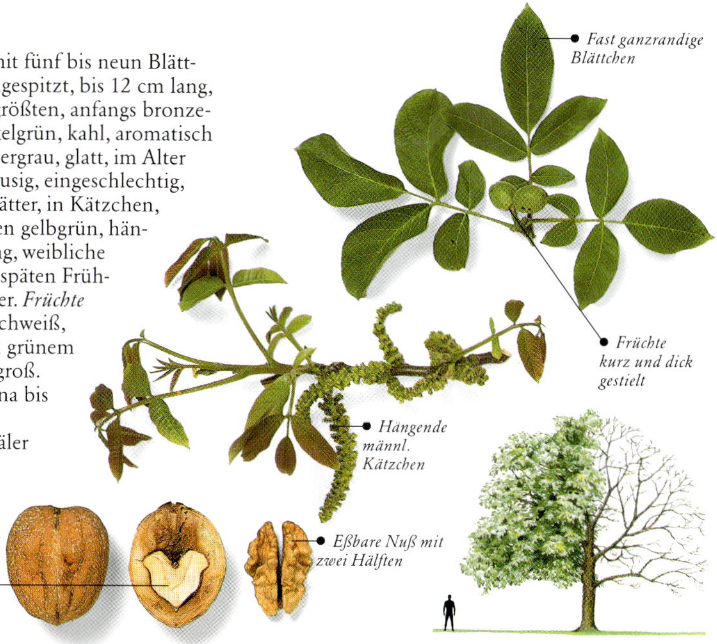

Höhe	Wuchs	Belaubung	Laubform
30 m	Breit ausladend	Sommergrün	

Familie	Art	Autor
JUGLANDACEAE	*Platycarya strobilacea*	Siebold & Zuccarini

PLATYCARYA STROBILACEA

Blätter Gefiedert, mit bis zu 15 Blättchen, diese lang zugespitzt, fein gesägt, sitzend, bis 10 cm lang und 3 cm breit, beiderseits behaart, später verkahlend, im Herbst gelb. *Borke* Gelbbraun, längsrissig. *Blüten* Einhäusig, eingeschlechtig, klein, ohne Kronblätter, in aufrechten Kätzchen, männliche Kätzchen bis 10 cm lang, büschelartig um ein weibliches Kätzchen angeordnet, im Sommer. *Früchte* Kegelig, braun, aufrecht, bis 4 cm, lange am Zweig.

- HERKUNFT O-Asien
- LEBENSRAUM Wälder in trockenen, sonnigen Lagen
- ANMERKUNG Ein außergewöhnlicher Verwandter der Flügelnuß (*Pterocarya*, s. Seiten 186–187), leicht an den kegeligen Fruchtständen zu erkennen.

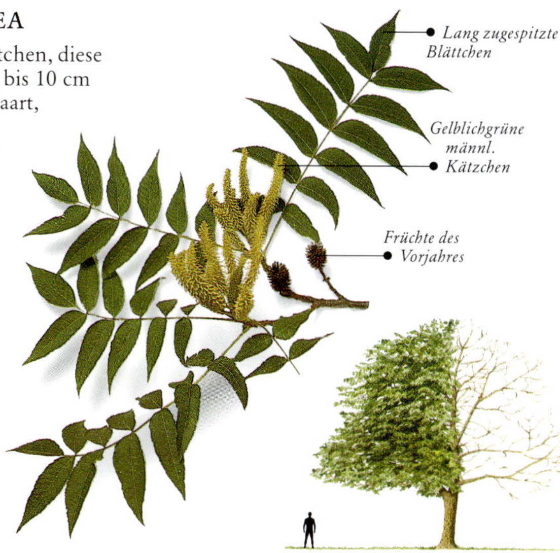

Höhe	Wuchs	Belaubung	Laubform
25 m	Breit ausladend	Sommergrün	

Familie	Art	Autor
JUGLANDACEAE	*Pterocarya fraxinifolia*	(Lamarck) Spach

KAUKASISCHE FLÜGELNUSS

Blätter Gefiedert, mit 11–27 sitzenden Blättchen, diese gesägt, bis 15 cm lang und 4 cm breit, oberseits glänzend dunkelgrün, kahl, im Herbst gelb, an ungeflügelter Blattspindel, Blattknospen im Winter braun behaart. *Borke* Weißlichgrau, glatt, im Alter gefurcht. *Blüten* Einhäusig, eingeschlechtig, klein, ohne Kronblätter, mit rosa Narben, in grünen, hängenden Kätzchen, männliche gedrungen, bis 12 cm lang, weibliche schmal, bis 15 cm lang, im Frühjahr, Narbe verlängert sich zur Fruchtreife. *Früchte* Kleine Nuß umgeben von zwei halbkreisförmigen grünen Flügeln, in schlanken, hängenden Kätzchen, bis 50 cm lang.

- HERKUNFT O-Kaukasus, N-Iran
- LEBENSRAUM Wälder, Flußauen, sumpfige Lagen

Höhe	Wuchs	Belaubung	Laubform
30 m	Breit ausladend	Sommergrün	

Familie	Art	Autor
JUGLANDACEAE	*Pterocarya* x *rehderiana*	Schneider

PTEROCARYA X REHDERIANA

Blätter Gefiedert, mit 11–21 sitzenden Blättchen, bis 12 cm lang, oberseits glänzend dunkelgrün, kahl, im Herbst gelb, Blattspindel mit kleinen, ganzrandigen Flügeln. *Borke* Purpurbraun, mit diagonalen, blaßorangen Rissen. *Blüten* Einhäusig, eingeschlechtig, klein, ohne Kronblätter, in grünen, hängenden Kätzchen, männliche bis 12 cm lang, im Frühjahr. *Früchte* Kleine Nuß mit zwei länglichen, grünen Flügeln, in schlanken, hängenden Fruchtkätzchen, bis 45 cm.

- HERKUNFT Aus gärtnerischer Kultur
- ANMERKUNG Eine Hybride aus der Kaukasischen Flügelnuß (*P. fraxinifolia,* s. o.) und *P. stenoptera* (s. Seite 187), entstanden im Arnold-Arboretum der Harvard-Universität, Boston.

Höhe	Wuchs	Belaubung	Laubform
25 m	Breit ausladend	Sommergrün	

Familie	Art	Autor
JUGLANDACEAE	*Pterocarya rhoifolia*	Siebold & Zuccarini

JAPANISCHE FLÜGELNUSS

Blätter Gefiedert, mit 11–21 sitzenden Blättchen, diese lang zugespitzt, gezähnt, bis 12 cm lang, oberseits glänzend grün, im Herbst gelb, an ungeflügelter Blattspindel, Knospen im Winter mit Schuppen. *Borke* Dunkelgrau, im Alter längsrissig. *Blüten* Einhäusig, eingeschlechtig, klein, ohne Kronblätter, in grünen, hängenden Kätzchen, männliche bis 7,5 cm lang, an der Basis junger Zweige, weibliche endständig, im Frühjahr. *Früchte* Kleine, grüngeflügelte Nuß, in schlanken, hängenden Kätzchen, bis 30 cm lang.

- HERKUNFT Japan
- LEBENSRAUM An Gebirgsflüssen
- ANMERKUNG Im Winter leicht an den Knospenschuppen zu erkennen.

Höhe	Wuchs	Belaubung	Laubform
25 m	Breit ausladend	Sommergrün	

Familie	Art	Autor
JUGLANDACEAE	*Pterocarya stenoptera*	C. de Candolle

CHINESISCHE FLÜGELNUSS

Blätter Gefiedert, mit 11–21 sitzenden Blättchen, diese gesägt, oberseits frischgrün, kahl, im Herbst gelb, Flügelleisten der Blattspindel meist gesägt. *Borke* Graubraun, tief rissig. *Blüten* Einhäusig, eingeschlechtig, klein, ohne Kronblätter, in grünen, hängenden Kätzchen, männliche bis 6 cm lang, im Frühjahr. *Früchte* Kleine Nuß mit zwei schmalen Flügeln, in schlanken, hängenden Kätzchen, bis 30 cm lang.

- HERKUNFT China
- LEBENSRAUM Feuchte Wälder und Flußauen
- ANMERKUNG Charakteristisch für die Art sind die gesägten Flügelleisten der Blattspindeln.

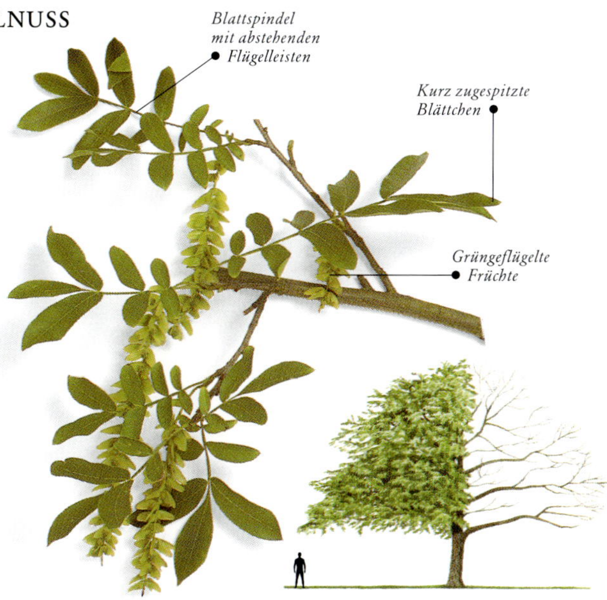

Höhe	Wuchs	Belaubung	Laubform
25 m	Breit ausladend	Sommergrün	

LAURACEAE

DIE 32 GATTUNGEN mit über 2000 Arten gehören zu dieser weitverbreiteten Familie; viele sind in den Tropen Südamerikas und Südostasiens heimisch. Die sommer- und immergrünen Pflanzen haben ganzrandige, gegen- oder wechselständige, meist aromatisch duftende Blätter. Die einander sehr ähnlichen Kron- und Kelchblätter sind jeweils dreizählig, die Früchte Beeren oder Steinfrüchte.

Familie	Art	Autor
LAURACEAE	*Laurus nobilis*	Linné

LORBEERBAUM

Blätter Elliptisch bis eiförmig, bis 10 cm lang und 4 cm breit, zugespitzt, leicht gewellter Blattrand, oberseits glänzend dunkelgrün, unterseits heller, kahl, lederig, zerrieben aromatisch duftend. *Borke* Dunkelgrau, glatt. *Blüten* Zweihäusig, bis 1 cm lang, gelbgrün, männliche mit vielen gelben Staubblättern, in Büscheln in den Blattachseln, im Frühjahr. *Früchte* Kugelige Beeren, bis 1 cm, anfangs grün, reif schwarz.

- HERKUNFT Mittelmeerraum
- LEBENSRAUM Nadelwälder, Gebüsch und felsige Standorte
- ANMERKUNG Diese und die verwandte Art *Laurus azorica* sind die einzigen in Europa heimischen Mitglieder der Familie.

Höhe	Wuchs	Belaubung	Laubform
15 m	Breit kegelig	Immergrün	

Familie	Art	Autor
Laureaceae	*Sassafras albidum*	(Nuttall) Nees

Sassafras

Blätter Eiförmig bis elliptisch, bis 15 cm lang und 10 cm breit, ganzrandig, manchmal dreilappig, oberseits frischgrün, unterseits blaugrün und kahl, im Herbst gelb bis orange oder purpurn, aromatisch. *Borke* Rotbraun, dick, gefurcht, aromatisch. *Blüten* Zweihäusig, eingeschlechtig, sehr klein, gelb oder grünlich, ohne Kronblätter, in kleinen Büscheln oder Rispen, im Frühjahr. *Früchte* Eiförmige, blauschwarze Steinfrucht, bis 1 cm lang.

- Herkunft O-Nordamerika
- Lebensraum Wälder und Gebüsch
- Anmerkung Auch als *S. officinale* bekannt. Der Umriß der Blätter kann an ein Feigenblatt erinnern (*Ficus carica*, s. Seite 219). Die Wurzelrinde wird verwendet, um Tee oder Bier herzustellen.

◁ VAR. MOLLE
Diese Varietät hat deutlich flaumige junge Triebe und Blätter.

Sassafras albidum ▷

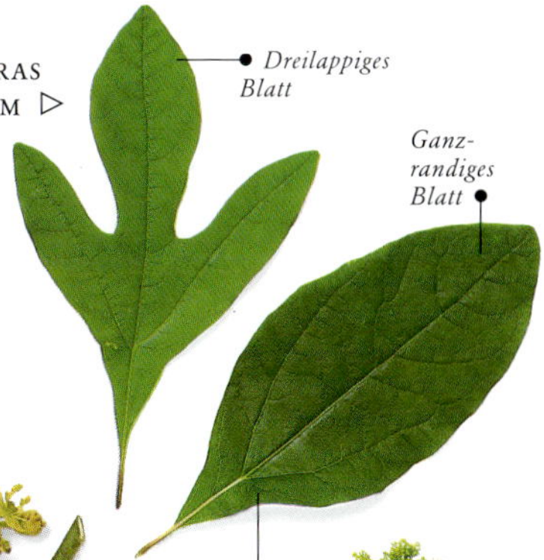

Höhe	Wuchs	Belaubung	Laubform
20 m	Breit säulenförmig	Sommergrün	

Familie	Art	Autor
Lauraceae	*Umbellularia californica*	(W. J. Hooker & Arnott) Nuttall

Kalifornischer Lorbeer

Blätter Länglich bis oval, bis 10 cm lang und 2,5 cm breit, ganzrandig, frischgrün oder dunkelgelbgrün. *Borke* Dunkelgrau, im Alter in kleinen Platten ablösend. *Blüten* 1 cm im Durchmesser, ohne Kronblätter, mit sechs gelbgrünen Kelchblättern, bis zu zehn in Gruppen, in den Blattachseln, im Spätwinter bis Frühjahr. *Früchte* Kugelige bis eiförmige Beeren, ca. 2,5 cm lang, anfangs grün, reif dunkelpurpurn.

- Herkunft SW-Oregon, Kalifornien (USA)
- Lebensraum Nadelwälder und Gebüsch in Canyons und Tälern
- Anmerkung Auch als Kalifornischer Berglorbeer bekannt. In feuchten, geschützten Lagen ein breiter Baum, in trockenen, exponierten Lagen nur Strauchform. Zerrieben entwickeln die Blätter einen beißenden Geruch, der zu Kopfschmerzen und Übelkeit führen kann.

Höhe	Wuchs	Belaubung	Laubform
30 m	Breit ausladend	Immergrün	

LEGUMINOSAE

DIE FAMILIE der Hülsenfrüchtler umfaßt weltweit ca. 700 Gattungen mit rund 15 000 Arten (Gehölze und krautige Pflanzen). Die Blätter sind zusammengesetzt und häufig gefiedert oder haben drei Blättchen. Die Arten der gemäßigten Breiten haben Schmetterlingsblüten. Die Früchte, meist Hülsen, platzen zur Samenreife entlang der beiden Nähte auf oder zerfallen in Fragmente.

Familie	Art	Autor
LEGUMINOSAE	*Acacia dealbata*	Link

SILBERAKAZIE

Blätter Doppelt gefiedert, bis 12 cm lang, mit zahlreichen linealischen Blättchen, diese bis 5 mm lang, ganzrandig, blaugrün, fein behaart. *Borke* Glatt, grün oder blaugrün, im Alter fast schwarz. *Blüten* Sehr klein, mit leuchtend gelben Kronblättern und vielen auffälligen Staubblättern, duftend, in verzweigten Rispen, im Spätwinter bis zeitigen Frühjahr. *Früchte* Flache Hülsen, bis 7,5 cm lang, anfangs grün, später blauweiß, reif braun.

- HERKUNFT SO-Australien, Tasmanien
- LEBENSRAUM Flußauen, Erosionsrinnen im Gebirge

Höhe	Wuchs	Belaubung	Laubform
20 m	Breit kegelig	Immergrün	

ACACIA FALCIFORMIS ▷
Diese Art kommt in SO-Australien vor, sie hat einfache Blätter. Im Frühjahr erscheinen an langen Rispen kleine kugelige Köpfchen mit gelben Blüten.

◁ ACACIA GLAUCOPTERA
Die miteinander verwachsenen Blätter dieser westaustralischen Art bilden am Zweig blaugrüne Flügel.

◁ ACACIA MEARNSII
Diese Art kommt wildwachsend in O- und S-Australien vor.

ACACIA MELANOXYLON ▷
Die Sämlinge von Akazienarten mit gewöhnlich einfachen Blättern haben anfangs zusammengesetzte Blätter, die im Laufe der Zeit dem älteren Laub weichen. Beim Übergang vom jungen zum älteren Laub finden sich beide Formen.

Familie LEGUMINOSAE	Art *Albizia julibrissin*	Autor (Willdenow) Durazzini

ALBIZIE

Blätter Doppelt gefiedert, bis 50 cm lang, mit zahlreichen kleinen, zugespitzten, ganzrandigen Blättchen, ca. 1 cm lang, beiderseits dunkelgrün und kahl. *Borke* Dunkelbraun und glatt. *Blüten* Einzelblüte klein mit vielen auffällig langen rosa Staubfäden, in dichten Köpfchen, im Spätsommer bis Frühherbst. *Früchte* Hülsen, bis 15 cm lang.

- HERKUNFT SW-Asien
- LEBENSRAUM Wälder und Flußauen
- ANMERKUNG Auch als Persische Albizie bekannt.

Höhe 12 m	Wuchs Breit ausladend	Belaubung Sommergrün	Laubform

Familie LEGUMINOSAE	Art *Cercis canadensis*	Autor Linné

KANADISCHER JUDASBAUM

Blätter Rundlich, bis 10 cm lang und 12 cm breit, an der Basis herzförmig, ganzrandig, oberseits bronzefarben, später frischgrün und kahl, unterseits kahl oder behaart, im Herbst manchmal gelb. *Borke* Dunkel graubraun bis schwarz. *Blüten* Schmetterlingsblüten, ca. 1 cm lang, am älteren Holz, auch am Stamm, im Frühjahr bis Frühsommer, vor oder mit Laubaustrieb. *Früchte* Abgeflachte Hülsen, bis 8 cm lang, anfangs grün, später rosa, reif braun.

- HERKUNFT Nordamerika
- LEBENSRAUM Feuchte Wälder

CERCIS CANADENSIS

◁ 'FOREST PANSY' An dieser Sorte fällt das prächtige schwarzrote Laub auf.

Höhe 10 m	Wuchs Breit ausladend	Belaubung Sommergrün	Laubform

Familie Leguminosae	Art *Cercis racemosa*	Autor Oliver

Cercis racemosa

Blätter Rundlich, bis 13 cm lang und 10 cm breit, Basis abgerundet, oberseits dunkelgrün, unterseits behaart. *Borke* Hellgrau, im Alter schuppig. *Blüten* Schmetterlingsblüten, ca. 1 cm lang, hellrosa, in Trauben an Vorjahres- und älteren Zweigen, im späten Frühjahr bis Frühsommer. *Früchte* Abgeflachte Hülsen, bis 10 cm lang, anfangs grün, später rosa überzogen, reif tiefbraun.

- Herkunft China
- Lebensraum Wälder, Flußauen in Gebirgen
- Anmerkung Eine sel tene Art.

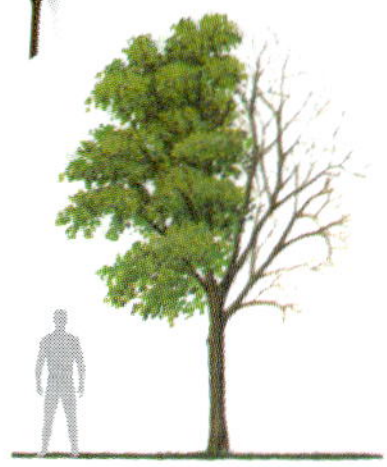

Höhe 10 m	Wuchs Breit säulenförmig	Belaubung Sommergrün	Laubform

Familie Leguminosae	Art *Cercis siliquastrum*	Autor Linné

Gemeiner Judasbaum

Blätter Rundlich, bis 10 cm lang und 12 cm breit, Basis tief herzförmig, ganzrandig, oberseits anfangs bronzefarben, später dunkel blaugrün, kahl. *Borke* Graubraun, in kleinen Platten abschuppend. *Blüten* Schmetterlingsblüten, 2 cm lang, rosa, am älteren Holz, auch am Stamm, im späten Frühjahr bis Frühsommer, vor und mit Laubaustrieb. *Früchte* Abgeflachte Hülsen, bis 10 cm lang, anfangs grün, später rosa, reif braun, oft noch nach Laubfall am Baum.

- Herkunft W-Asien, SO-Europa
- Lebensraum Trockene, felsige Standorte

Cercis siliquastrum

◁ 'Bodnant' Eine im National Trust Garden in Bodnant (GB) gezüchtete Sorte.

Höhe 10 m	Wuchs Breit ausladend	Belaubung Sommergrün	Laubform

Familie	Art	Autor
Leguminosae	*Cladrastis lutea*	K. Koch

Amerikanisches Gelbholz

Blätter Gefiedert, mit sieben bis elf ovalen bis eiförmigen, ganzrandigen Blättchen, bis 10 cm lang, Endblättchen am größten, oberseits frischgrün, beiderseits kahl, im Herbst hellgelb, Blattstiel am Grund verdickt, die Knospe enthaltend. *Borke* Grau, glatt, oft waagrecht runzlig. *Blüten* Schmetterlingsblüten, klein, bis 3 cm lang, leicht duftend, in breiten, hängenden Doppeltrauben, diese bis 45 cm lang, endständig, im Frühsommer. *Früchte* Abgeflachte braune Hülsen, bis 10 cm lang.

- Herkunft SO-USA
- Lebensraum Fruchtbare Wälder, felsige Küsten
- Anmerkung Die Art kommt selten wildwachsend vor und ist nur in wenigen US-Staaten heimisch. Aus dem Holz wird ein gelbes Färbemittel gewonnen.

Höhe	Wuchs	Belaubung	Laubform
15 m	Breit ausladend	Sommergrün	

Familie	Art	Autor
Leguminosae	*Genista aetnensis*	(Bivona) Candolle

Ätna-Ginster

Blätter Linealisch, klein, bis 1 cm lang, sehr entfernt verteilt, an dünnen, hellgrünen Zweigen, zur Blütezeit oft fehlend. *Borke* Graubraun, am Fuß tief rissig. *Blüten* Schmetterlingsblüten, klein, bis 1,5 cm lang, leuchtend goldgelb, duftend, zahlreich, einzeln entlang junger Triebe, im Sommer bis Spätsommer. *Früchte* Kleine, schwarzbraune Hülsen, ca. 1 cm lang, mit kurzer, schmaler Spitze und zwei bis drei Samen.

- Herkunft Sardinien, Sizilien
- Lebensraum Felsige Hänge
- Anmerkung Großer Strauch oder kleiner Baum. Wildwachsend kommt er vor allem an den Hängen des Ätna vor, wo er auf vulkanischer Lava gedeiht. Die dünnen, überhängenden Zweige haben die Aufgabe der Photosynthese übernommen. Sie bleiben auch im Winter grün.

Höhe	Wuchs	Belaubung	Laubform
10 m	Breit ausladend	Sommergrün	

Familie LEGUMINOSAE	Art *Gleditsia triacanthos*	Autor Linné

GLEDITSCHIE

Blätter Erste Blätter an Kurztrieben des alten Holzes gefiedert, jüngere Blätter an jungen Trieben meist doppelt gefiedert, mit zahlreichen kleinen Blättchen, bis 4 cm lang, leicht gesägt, glänzend grün, im Herbst gelb, Zweige meist dornig. *Borke* Dunkelgrau, schuppig mit büschelig angeordneten Dornen. *Blüten* Einhäusig, sehr klein, gelbgrün, in schlanken, zylindrischen, meist aufrechten, bis 7 cm langen Trauben, an alten Zweigen, im Frühsommer. *Früchte* Große, oft gedrehte, braune, hängende Hülsen, bis 40 cm lang.

- HERKUNFT Nordamerika
- LEBENSRAUM Fruchtbare feuchte Wälder

'SUNBURST' ▷
Das Laub dieser Sorte ist anfangs goldgelb, später dunkelgrün.

Höhe 30 m	Wuchs Breit ausladend	Belaubung Sommergrün	Laubform

Familie LEGUMINOSAE	Art *Gymnocladus dioicus*	Autor (Linné) K. Koch

GEWEIHBAUM

Blätter Doppelt gefiedert, sehr breit, bis 100 cm lang, mit vielen eiförmigen Blättchen, diese bis 8 cm lang, ganzrandig, oberseits erst bronzefarben, später dunkelgrün, unterseits bläulich, beiderseits verkahlend, sehr kurz gestielt. *Borke* Dunkelbraun, rauh, mit schuppigen Wülsten. *Blüten* Meist zweihäusig, grünlichweiß, duftend, ca. 2,5 cm, in kegeligen Rispen, männliche bis 10 cm, weibliche bis 30 cm lang, im späten Frühjahr bis Frühsommer. *Früchte* Große, lederige, rotbraune, hängende Hülsen, bis 25 cm lang, lange am Baum.

- HERKUNFT Mittel- und O-USA
- LEBENSRAUM Feuchte Wälder

Höhe 25 m	Wuchs Breit säulenförmig	Belaubung Sommergrün	Laubform

Familie LEGUMINOSAE	Art *+ Laburnocytisus adamii*	Autor (Poiteau) Schneider

ADAMS-GOLDREGEN

Blätter Variabel, mit drei Blättchen, einem Elternteil ähnelnd oder habituell zwischen beiden Eltern. *Borke* Dunkelgrau, glatt, im Alter flachrissig. *Blüten* Schmetterlingsblüten, drei Typen, entweder gelb (von *Laburnum*) bzw. purpurn (von *Cytisus*) oder purpurrosa mit Gelb überzogen, in hängenden Trauben, diese bis 15 cm lang, im späten Frühjahr bis Frühsommer. *Früchte* Braune Hülsen, bis 7,5 cm lang, an hängenden Fruchtständen, mit schwarzen Samen aus den gelben Blüten.

• HERKUNFT Aus gärtnerischer Kultur

• ANMERKUNG Eine Pfropfhybride aus dem Gemeinen Goldregen (*L. anagyroides*, s. Seite 197) und dem Purpur-Geißklee *(Cytisus purpureus)*. Eine Pfropfhybride ist keine eigentliche Hybride, da sich das Gewebe aus den Zellen beider genetisch verschiedener Partner zusammensetzt. Alle Teile der Pflanze sind giftig.

△ + LABURNOCYTISUS ADAMII

◁ LABURNUM ANAGYROIDES
Der Gemeine Goldregen *(Laburnum anagyroides)* bildet die Unterlage der Pfropfhybride.

△ CYTISUS PURPUREUS
Die äußeren Teile der Pfropfhybride werden vom Geißklee *(Cytisus purpureus)* gebildet.

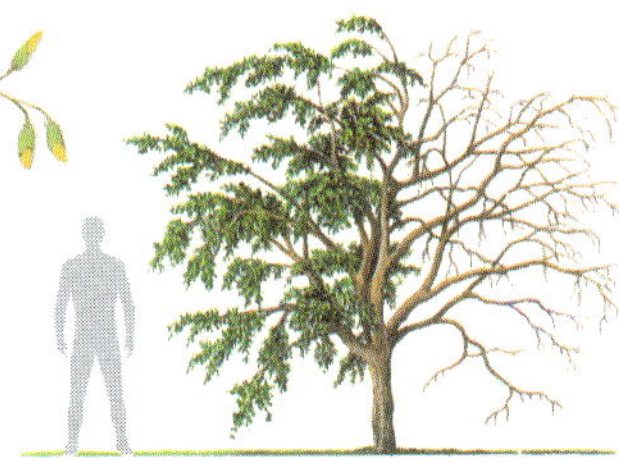

Höhe 6 m	Wuchs Breit ausladend	Belaubung Sommergrün	Laubform

Familie	Art	Autor
Leguminosae	*Laburnum alpinum*	(Miller) Berchtold & Presl

Alpen-Goldregen

Blätter Jedes mit drei einzelnen, elliptischen Blättchen, bis 10 cm lang, leicht zugespitzt, oberseits glänzend dunkelgrün, kahl, unterseits anfangs fast kahl. *Borke* Dunkelgrau und glatt, im Alter flachrissig. *Blüten* Schmetterlingsblüten, ca. 2 cm lang, hell goldgelb, duftend, in langen, schlanken, hängenden Trauben, diese bis 45 cm lang, im Frühsommer. *Früchte* Kahle, braune Hülsen, bis 7,5 cm lang, oberer Rand zu schmalem Flügel abgeflacht, mit braunen Samen.

- Herkunft Mittel- und S-Europa, von den Alpen bis zum Balkan
- Lebensraum Gebirge
- Anmerkung Dieser am spätesten blühende Goldregen wächst als kleiner Baum oder Strauch. Die sehr langen Blütenstände sind ein besonderes Merkmal. Alle Teile der Pflanze, insbesondere die Samen, sind giftig.

Höhe	Wuchs	Belaubung	Laubform
6 m	Breit ausladend	Sommergrün	

Familie	Art	Autor
Leguminosae	*Laburnum anagyroides*	Medikus

Gemeiner Goldregen

Blätter Dreizählig, Blättchen elliptisch, diese bis 9 cm lang, Spitze abgerundet, oberseits matt dunkelgrün, unterseits graugrün und jung seidig behaart. *Borke* Dunkelgrau, kahl, im Alter flachrissig. *Blüten* Schmetterlingsblüten, 2,5 cm lang, goldgelb, in dichten Trauben, diese bis 30 cm lang, hängend, im späten Frühjahr bis Frühsommer. *Früchte* Anliegend behaarte, oben breitere, braune Hülsen, bis 7,5 cm lang, mit schwarzen Samen, zu mehreren.

- Herkunft Mittel- und S-Europa
- Lebensraum Gebirge, Wälder, Gebüsch
- Anmerkung Alle Teile der Pflanze enthalten ein äußerst giftiges Alkaloid. Die unreifen Samen erinnern an junge grüne Erbsen.

Höhe	Wuchs	Belaubung	Laubform
7 m	Breit ausladend	Sommergrün	

Familie Leguminosae	Art *Laburnum x watereri*	Autor (Wettstein) Dippel

Bastard-Goldregen

Blätter Mit drei verkehrt-eiförmigen Blättchen, bis 7 cm lang, oberseits dunkelgrün, unterseits grün, jung behaart. *Borke* Dunkelgrau, kahl, im Alter flachrissig. *Blüten* Schmetterlingsblüten, bis 2,5 cm lang, goldgelb, in dichten, hängenden Trauben, bis 40 cm lang, im späten Frühjahr bis Frühsommer. *Früchte* Braune, ca. 6 cm lange Hülsen, oft in geringer Anzahl, mit wenigen Samen.

- Herkunft Österreich, Schweiz
- Lebensraum Gebirge, mit den Elternpflanzen
- Anmerkung Eine Hybride aus *L. alpinum* und *L. anagyroides* (s. Seite 197), die die langen Blütentrauben des ersten Elternteils mit den breiten Blüten des zweiten kombiniert. Am bekanntesten ist die abgebildete Sorte 'Vossii', deren Blütentrauben bis 50 cm oder länger werden.

Höhe 7 m	Wuchs Breit ausladend	Belaubung Sommergrün	Laubform

Familie Leguminosae	Art *Maackia chinensis*	Autor Takeda

Maackia chinensis

Blätter Gefiedert, bis 20 cm lang, mit 9 – 13 Blättchen, diese oval bis eiförmig, ganzrandig, kurzgestielt, bis 6 cm lang und 2 cm breit, oberseits anfangs silbrig blaugrau, später grün, unterseits filzig. *Borke* Graubraun, mit auffälligen Lentizellen. *Blüten* Schmetterlingsblüten, 1 cm lang, weiß, in dichten, aufrechten, endständigen, büschelig stehenden Trauben, im Sommer bis Spätsommer. *Früchte* Kleine Hülsen, ca. 5 cm lang.

- Herkunft SW-China
- Lebensraum Wälder und Gebüsch in Gebirgen
- Anmerkung Die Gattung ist mit *Cladrastis* (s. Seite 194) verwandt, ist jedoch leicht an ihren Blüten zu erkennen, die in aufrechten Trauben stehen.

Höhe 15 m	Wuchs Breit ausladend	Belaubung Sommergrün	Laubform

Familie	Art	Autor
LEGUMINOSAE	*Robinia* x *holdtii*	Beissner

ROBINIA X HOLDTII

Blätter Gefiedert, bis 45 cm lang, mit bis zu 21 länglichen Blättchen, diese bis 5 cm lang und 2,5 cm breit, Spitze oft leicht gekerbt mit abgesetztem Spitzchen, oberseits dunkelgrün, unterseits graugrün, beiderseits leicht behaart. *Borke* Graubraun, tief gefurcht, mit schuppigen Wülsten. *Blüten* Schmetterlingsblüten, bis 2 cm lang, weiß, rosa überzogen, leicht duftend, in hängenden Trauben, lange Blüte im Sommer. *Früchte* Leicht klebrige, borstige, rote Hülsen, ca. 6 cm lang.

- HERKUNFT Aus gärtnerischer Kultur
- ANMERKUNG Dieser prächtige Baum ist eine Hybride aus der rosablütigen, oft strauchigen *Robinia luxurians* und der Gemeinen Robinie (*Robinia pseudoacacia,* s. u.). Im Habitus ähnelt er eher letzterer, von der er leicht durch die Farbe der Blüten zu unterscheiden ist.

Höhe	Wuchs	Belaubung	Laubform
20 m	Breit säulenförmig	Sommergrün	

Familie	Art	Autor
LEGUMINOSAE	*Robinia pseudoacacia*	Linné

GEMEINE ROBINIE

Blätter Gefiedert, bis 30 cm lang, mit 7–19 Blättchen, diese oval bis eiförmig, ganzrandig, bis 5 cm lang, Spitze oft leicht gekerbt mit abgesetztem Spitzchen, oberseits blaugrün, unterseits graugrün und anfangs etwas behaart, verkahlend, Nebenblätter an der Stielbasis oft als Dornen ausgebildet. *Borke* Graubraun, tief gefurcht mit schuppigen Wülsten. *Blüten* Schmetterlingsblüten, bis 2 cm lang, weiß, mit gelbgrünem Fleck, duftend, in dichten, hängenden Trauben, diese bis 20 cm lang, im Frühsommer bis Sommer. *Früchte* Kahle, dunkelbraune, hängende Hülsen, bis 10 cm lang.

- HERKUNFT SO-USA
- LEBENSRAUM Wälder, Gebüsch
- ANMERKUNG Ein weitverbreiteter Zierbaum.

△ ROBINIA PSEUDOACACIA

△ 'FRISIA'
Eine kleinere, weniger robuste Sorte. Ihr Laub ist von Frühjahr bis Frühherbst goldgelb.

Höhe	Wuchs	Belaubung	Laubform
25 m	Breit säulenförmig	Sommergrün	

Familie LEGUMINOSAE	Art *Sophora japonica*	Autor Linné

JAPANISCHER SCHNURBAUM

Blätter Gefiedert, bis 25 cm lang, mit 7 – 17 Blättchen, diese eiförmig, zugespitzt, bis 5 cm lang, oberseits weißlich, später glänzend dunkelgrün, unterseits bläulich, behaart, im Herbst manchmal gelb. *Borke* Graubraun, mit kräftigen Wülsten. *Blüten* Schmetterlingsblüten, 1,5 cm lang, weiß, duftend, in hängenden Trauben, diese bis 30 cm lang, endständig, im Spätsommer bis Frühherbst. *Früchte* Hülsen, bis 8 cm lang, mit eingeschnürten Samen.

- HERKUNFT China, Korea
- LEBENSRAUM Wälder, Gebüsch, trockene Gebirgstäler
- ANMERKUNG Auch als Pagoden-Baum bekannt.

Höhe 20 m	Wuchs Breit ausladend	Belaubung Sommergrün	Laubform

Familie LEGUMINOSAE	Art *Sophora microphylla*	Autor Aiton

SOPHORA MICROPHYLLA

Blätter Gefiedert, bis 15 cm lang, mit zahlreichen länglichen, ganzrandigen Blättchen, diese bis 1 cm lang, Spitze abgerundet oder gekerbt, oberseits dunkelgrün, unterseits mattgrün, anfangs seidig behaart, später verkahlend, an seidig behaarten Zweigen. *Borke* Grau bis graubraun, glatt, mit kleinen Lentizellen. *Blüten* Schmetterlingsblüten, bis 5 cm lang, goldgelb, in hängenden Trauben in den Blattachseln, im Spätwinter bis Frühjahr. *Früchte* Geflügelte, braune Hülsen, bis 15 cm oder länger, jung behaart.

- HERKUNFT Chile, Neuseeland
- LEBENSRAUM Wälder, offenes Gelände, Flußauen, alle Höhenlagen
- ANMERKUNG Kleiner Baum oder breiter Strauch. Die Art ist eng verwandt mit *Sophora tetraptera*. Die Pflanzen sind in der Jugend reich verzweigt und benötigen viele Jahre bis zur ersten Blüte.

Höhe 10 m	Wuchs Breit ausladend	Belaubung Sommergrün	Laubform

MAGNOLIACEAE

DIESE FAMILIE MIT zwölf Gattungen und etwa 200 Arten besitzt zwei Hauptverbreitungsgebiete: Ostasien (vom Himalaja über China bis Japan) und Südostasien (bis nach Neuguinea); nur wenige Arten sind im östlichen Nordamerika, Mexiko bis hin zum tropischen Südamerika zu finden. Die immergrünen und sommergrünen Bäume und Sträucher haben wechselständige, ganzrandige und (gelegentlich) gelappte Blätter. Die prächtigen Blüten stehen einzeln.

Familie	Art	Autor
MAGNOLIACEAE	*Liriodendron chinense*	(Hemsley) Sargent

CHINESISCHER TULPENBAUM

Blätter Bis 15 cm oder länger, vierlappig, zwei sattelförmige Mittel- und zwei breite Seitenlappen, oberseits dunkelgrün, unterseits bläulichweiß, im Herbst gelb. *Borke* Grau, rauh, im Alter rissig. *Blüten* Bis 4 cm lang, mit neun Tepalen, davon drei grün und zurückgebogen, sechs grün mit gelben Adern, aufrecht, einzeln, endständig, im Sommer. *Früchte* Nüßchen, in kegeligen, hellbraunen Fruchtständen.

- HERKUNFT China, Vietnam
- LEBENSRAUM Bergwälder

Höhe	Wuchs	Belaubung	Laubform
15 m	Breit säulenförmig	Sommergrün	

Familie	Art	Autor
MAGNOLIACEAE	*Liriodendron tulipifera*	Linné

TULPENBAUM

Blätter Bis 15 cm oder länger, zwei Mittel- und zwei Seitenlappen, oberseits glänzend grün, unterseits bläulichweiß, im Herbst goldgelb. *Borke* Graubraun, im Alter gefurcht. *Blüten* Bis 6 cm lang, mit neun Tepalen, davon drei grün und zurückgebogen, sechs hellgrün mit orangem Band nahe dem Grund, einzeln, endständig, im Sommer. *Früchte* Nüßchen, kegelige, hellbraune Fruchtstände.

- HERKUNFT O-Nordamerika
- LEBENSRAUM Laubwälder

LIRIODENDRON TULIPIFERA

△ 'AUREOMARGINATUM'
Die Blätter dieser Sorte haben einen breiten gelben Rand.

Höhe	Wuchs	Belaubung	Laubform
50 m	Breit säulenförmig	Sommergrün	

Familie	Art	Autor
MAGNOLIACEAE	*Magnolia acuminata*	Linné

GURKENMAGNOLIE

Blätter Oval bis eiförmig, bis 25 cm lang und 15 cm breit, zugespitzt, ganzrandig, oberseits hell- bis dunkelgrün, unterseits blaugrün, weich behaart. *Borke* Graubraun, gefurcht. *Blüten* Becherförmig, bis 9 cm lang, mit neun grünlichen, aufrechten Tepalen, einzeln, endständig, im Frühsommer bis Sommer. *Früchte* Zapfenförmig, bis 8 cm lang, anfangs grün, später rosa, dann rot.

- HERKUNFT O-Nordamerika
- LEBENSRAUM Fruchtbare Wälder
- ANMERKUNG Der deutsche Name stammt von den Fruchtständen, die unreif wie Gurken aussehen. Die Blüten sind oft von breiten Blättern verdeckt.

Höhe	Wuchs	Belaubung	Laubform
30 m	Breit kegelig	Sommergrün	

Familie	Art	Autor
MAGNOLIACEAE	*Magnolia ashei*	Weatherby

MAGNOLIA ASHEI

Blätter Breit elliptisch bis länglich verkehrteiförmig, ca. 30 cm lang und 20 cm breit, dünn, meist mit Stipeln am Blattgrund, oberseits grün und kahl, unterseits blauweiß und fein behaart, in breiten, endständigen Quirlen. *Borke* Hellgrau, glatt. *Blüten* Becherförmig, bis 30 cm im Durchmesser, weiß, mit neun Tepalen, die inneren am Grund meist purpurn gezeichnet, endständig, im Frühsommer bis Sommer. *Früchte* Kegelig bis eiförmig, rosa, ca. 7,5 cm lang.

- HERKUNFT NW-Florida
- LEBENSRAUM Feuchte Wälder
- ANMERKUNG Die Art ist eng verwandt mit *Magnolia macrophylla* (s. Seite 209). Sie kommt wildwachsend nur selten und als kleiner Baum oder großer Strauch vor.

Höhe	Wuchs	Belaubung	Laubform
10 m	Breit säulenförmig	Sommergrün	

Familie MAGNOLIACEAE	Art *Magnolia campbellii*	Autor J. D. Hooker & Thomson

CAMPBELLS MAGNOLIE

Blätter Länglich bis eiförmig oder verkehrt-eiförmig, bis 25 cm oder länger, meist kurz zugespitzt, ganzrandig, oberseits anfangs bronzefarben, später dunkel grau-grün und kahl, unterseits heller, kahl oder weiß behaart. *Borke* Grau, glatt. *Blüten* Sehr groß, 30 cm im Durchmesser, hellrosa bis purpurn oder weiß, schwach duftend, bis zu 16 Tepalen, die äußeren abstehend, die inneren aufrecht, endständig an kahlen Stielen, im Spätwinter bis zeitigen Frühjahr, vor Laubaustrieb. *Früchte* Zapfenförmige rote Fruchtstände, bis 15 cm lang.

- HERKUNFT SW-China, Himalaja
- LEBENSRAUM Bergwälder
- ANMERKUNG Ein prächtiger Baum, der wegen seiner großen Blüten oft in Gärten und Parks gepflanzt wird. Aus Samen gezogene Pflanzen blühen erst nach 20 Jahren.

MAGNOLIA CAMPBELLII

△ SSP. MOLLICOMATA
Die Blüten dieser Unterart erscheinen etwas früher und auch an jüngeren Pflanzen.

△ MAGNOLIA CAMPBELLII

Höhe 30 m	Wuchs Breit kegelig	Belaubung Sommergrün	Laubform 

Familie	Art	Autor
MAGNOLIACEAE	*Magnolia dawsoniana*	Rehder & Wilson

MAGNOLIA DAWSONIANA

Blätter Elliptisch bis verkehrteiförmig, bis 15 cm lang und 7,5 cm breit, Spitze abgerundet, oberseits dunkelgrün und kahl, unterseits heller und bis auf Nerven kahl. *Borke* Grau, kahl, mit vorstehenden Lentizellen, am Fuß rissig. *Blüten* Seitlich abstehend, bis 12 cm lang, hellrosa, schwach duftend, neun bis zwölf hängende Tepalen, im Spätwinter bis zeitigen Frühjahr, vor Laubaustrieb. *Früchte* Zylindrische Fruchtstände, rötlichgrün, bis 10 cm lang.

- HERKUNFT
W-China
- LEBENSRAUM
Bergwälder
- ANMERKUNG
Eine der am frühesten blühenden Magnolien.

Höhe	Wuchs	Belaubung	Laubform
12 m	Breit kegelig	Sommergrün	

Familie	Art	Autor
MAGNOLIACEAE	*Magnolia delavayi*	Franchet

MAGNOLIA DELAVAYI

Blätter Oval bis länglich, bis 30 cm lang und 15 cm breit, oberseits dunkelgrün, unterseits anfangs flaumig, später beiderseits mehr oder weniger kahl. *Borke* Dunkelbraun, längsrissig. *Blüten* Schalenförmig, bis 20 cm im Durchmesser, duftend, neun fleischige Tepalen, die drei äußeren grünlichweiß, zurückgeschlagen, die sechs inneren gelblichweiß, abstehend, im Spätsommer. *Früchte* Zylindrische Fruchtstände, bis 10 cm lang, anfangs grün, reif hellbraun.

- HERKUNFT SW-China
- LEBENSRAUM
Gebüsch, offenes Land

Höhe	Wuchs	Belaubung	Laubform
10 m	Breit ausladend	Immergrün	

Familie	Art	Autor
MAGNOLIACEAE	*Magnolia fraseri*	Walter

BERGMAGNOLIE

Blätter Verkehrteiförmig, bis 40 cm lang und 20 cm breit, Stipeln am Blattgrund, zugespitzt, oberseits anfangs bronzefarben, später hellgrün, beiderseits kahl. *Borke* Braun oder grau, kahl. *Blüten* Knospe urnenförmig, bis 12 cm lang, geöffnet schalenförmig, neun gelblichweiße Tepalen, außen grün überzogen, einzeln, endständig, im späten Frühjahr bis Frühsommer. *Früchte* Zapfenförmige, rote Fruchtstände, bis 10 cm lang.

• HERKUNFT SO-USA

• LEBENSRAUM Fruchtbare Bergwälder

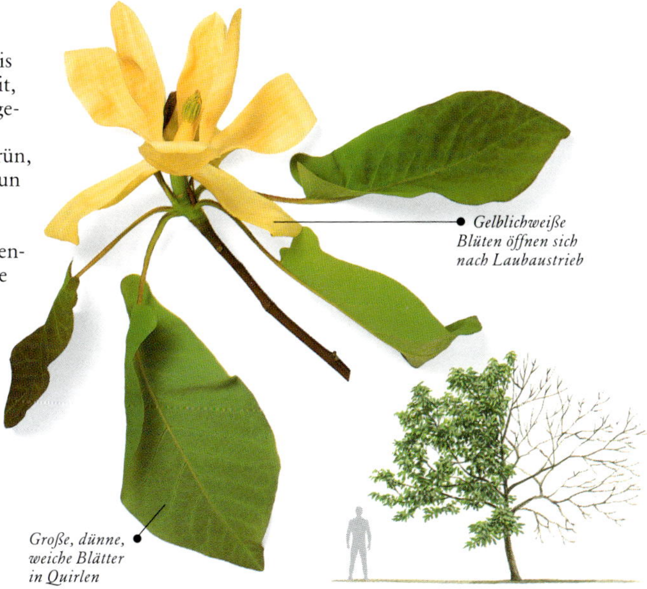

Höhe	Wuchs	Belaubung	Laubform
14 m	Breit ausladend	Sommergrün	

Familie	Art	Autor
MAGNOLIACEAE	*Magnolia grandiflora*	Linné

IMMERGRÜNE MAGNOLIE

Blätter Elliptisch bis lanzettlich, bis 25 cm lang und 10 cm breit, derb und lederig, oberseits glänzend dunkelgrün und kahl, unterseits heller oder filzig rostfarben. *Borke* Grau, in kleinen Platten abschuppend. *Blüten* Becherförmig, bis 30 cm groß, rahmweiß, duftend, mit neun bis zwölf dicken Tepalen, einzeln, endständig, im Frühsommer. *Früchte* Eiförmige Fruchtstände, bis 10 cm lang.

• HERKUNFT SO-USA

• LEBENSRAUM Flußauen, feuchte Lagen in Küstennähe

• ANMERKUNG In kühleren Breiten kultivierte Pflanzen blühen im Spätsommer bis Herbst.

Höhe	Wuchs	Belaubung	Laubform
25 m	Breit kegelig	Immergrün	

Familie	Art	Autor
MAGNOLIACEAE	*Magnolia* 'Heaven Scent'	– –

MAGNOLIA 'HEAVEN SCENT'

Blätter Breit elliptisch, bis 20 cm lang, zugespitzt, oberseits glänzend dunkelgrün, unterseits heller. *Borke* Grau und kahl. *Blüten* Aufrecht, becherförmig, bis 13 cm lang, erst schlank, später weiter geöffnet, stark duftend, neun hellrosa Tepalen, am Grund dunkler, außen mit deutlichem dunklerem Streifen, im Frühjahr bis Frühsommer, vor und mit Laubaustrieb. *Früchte* Zapfenförmig, reife Samen treten vor und bleiben.

- HERKUNFT Aus gärtnerischer Kultur
- ANMERKUNG Diese Hybride aus der strauchigen *M. liliiflora* 'Nigra' und *M.* x *veitchii* (s. Seite 214) gehört zu den Gresham-Hybriden, die im Laufe des Hybridisierungsprogramms von Drury Todd Gresham in den 50er Jahren in Kalifornien entstanden. Durch sorgfältige Auswahl der Eltern und Nachkommen erzeugte Gresham kleine Bäume, die die besten Eigenschaften der Magnolien in sich vereinen. 'Peppermint Stick' und 'Sayonara' sind Beispiele für die Hybriden.

'HEAVEN SCENT'

◁ 'PEPPERMINT STICK'
Die Knospen dieser Hybride aus *M. liliiflora* und *M.* x *veitchii* sind 11 cm lang.

△ 'SAYONARA'
Eine Hybride aus *M.* x *soulangeana* 'Lennei Alba' und *M.* x *veitchii* 'Rubra'. Die zahlreichen Blüten haben fleischige Tepalen und sind ca. 10 cm lang.

Höhe	Wuchs	Belaubung	Laubform
10 m	Breit ausladend	Sommergrün	

Familie	Art	Autor
MAGNOLIACEAE	*Magnolia hypoleuca*	Siebold & Zuccarini

MAGNOLIA HYPOLEUCA

Blätter Verkehrteiförmig, bis 45 cm lang, kurz zugespitzt, oberseits dunkelgrün und kahl, unterseits bläulich, jung behaart, in breiten, endständigen Quirlen. *Borke* Grau, glatt. *Blüten* Groß, becherförmig, bis 20 cm im Durchmesser, sehr stark duftend, mit neun bis zwölf rahmweißen Tepalen, die äußeren teils rosa schimmernd, Staubfäden und Narben karminrot, im Sommer. *Früchte* Große, zylindrische, rosa Fruchtstände, bis 20 cm lang, reife rote Samen vorstehend.

- HERKUNFT Japan
- LEBENSRAUM Bergwälder
- ANMERKUNG Auch als *Magnolia obovata* bekannt. Der intensive Blütenduft ist typisch für die Art. In Japan werden die breiten Blätter zum Verpacken von Lebensmitteln verwendet.

Höhe	Wuchs	Belaubung	Laubform
30 m	Breit säulenförmig	Sommergrün	

Familie	Art	Autor
MAGNOLIACEAE	*Magnolia kobus*	Candolle

KOBUSHI-MAGNOLIE

Blätter Oval bis verkehrteiförmig, bis 18 cm lang und 10 cm breit, Basis keilförmig, vorn kurz zugespitzt, oberseits dunkelgrün und kahl, unterseits heller und an Nerven behaart. *Borke* Grau, glatt. *Blüten* Meist seitlich abstehend, bis 10 cm im Durchmesser, rahmweiß, am Grund teils rosa überzogen, schwach duftend, mit sechs bis neun kronblattähnlichen und drei kleineren kelchblattähnlichen Tepalen, im zeitigen Frühjahr vor Laubaustrieb. *Früchte* Zylindrische, rosa bis rote Fruchtstände, bis 10 cm lang, reife rote Samen vorstehend.

- HERKUNFT Japan, S-Korea
- LEBENSRAUM Bergwälder

Höhe	Wuchs	Belaubung	Laubform
20 m	Breit kegelig	Sommergrün	

Familie	Art	Autor
MAGNOLIACEAE	*Magnolia* x *loebneri*	Kache

MAGNOLIA X LOEBNERI

Blätter Verkehrtlanzettlich bis oval, bis 15 cm lang, oberseits glänzend dunkel- bis hellgrün, meist kahl. *Borke* Grau, glatt. *Blüten* Variabel, aufrecht bis seitlich abstehend, bis 15 cm im Durchmesser, weiß bis rosa, bis zu 16 größere und drei kleinere, kelchblattartige Tepalen, im Frühjahr. *Früchte* Zylindrische, rosarote Fruchtstände, bis 10 cm lang.

• HERKUNFT Aus gärtnerischer Kultur

• ANMERKUNG Eine Gruppe mit Hybriden aus *M. kobus* (s. Seite 207) und der meist strauchigen *M. stellata*, zuerst in Deutschland gezüchtet, mit vielen Sorten, die die besten Eigenschaften der Eltern in sich vereinen. Die sternförmigen Blüten stammen von *M. stellata*, der Sternmagnolie.

◁ 'LEONARD MESSEL'
Jede der rosa Blüten dieser Sorte besitzt zwölf hängende Tepalen.

Viele schlanke Tepalen

Leicht abstehende, aufrechte Blütenknospen

'LEONARD MESSEL'

Breite, kurz zugespitzte Blätter, Basis keilförmig

◁ 'MERRILL'

Relativ schmale Blätter

Blüte anfangs rosa, später weiß

Knospenschuppen der Blüten seidig behaart

△ 'MERRILL'
Diese kräftige Pflanze hat breite, weiße Blüten, die anfangs leicht rosa überzogen sind. Die Blüten haben bis zu 15 Tepalen.

◁ 'MERRILL'

Die geöffneten Blüten sind ganz weiß

Höhe	Wuchs	Belaubung	Laubform
10 m	Breit ausladend	Sommergrün	

Familie MAGNOLIACEAE	Art *Magnolia macrophylla*	Autor A. Michaux

GROSSBLÄTTRIGE MAGNOLIE

Blätter Sehr breit, dünn, breit elliptisch bis länglich eiförmig, bis 60 cm lang und 30 cm breit, Basis herzförmig bis geöhrt, oberseits dunkelgrün und kahl, unterseits bläulich und fein behaart, in breiten, endständigen Quirlen, an kräftigen Zweigen. *Borke* Hellgrau, glatt. *Blüten* Sehr breit, schalenförmig, bis 30 cm im Durchmesser, rahmweiß bis gelblich, duftend, neun Tepalen, die inneren sechs kronblattähnlich und am Grund meist rosa, die äußeren kelchblattähnlich, aufrecht, endständig, im Frühsommer bis Sommer, mit Laubaustrieb. *Früchte* Rundliche, rosa Fruchtstände, ca. 8 cm lang, reife rote Samen vorstehend.

- HERKUNFT SO-USA
- LEBENSRAUM Fruchtbare, feuchte Wälder
- ANMERKUNG Die riesigen Blätter und Blüten zählen zu den größten unter den in den gemäßigten Breiten heimischen Laubbäumen.

Höhe 15 m	Wuchs Breit säulenförmig	Belaubung Sommergrün	Laubform

Familie	Art	Autor
MAGNOLIACEAE	*Magnolia officinalis*	Rehder & Wilson

MAGNOLIA OFFICINALIS

Blätter Verkehrteiförmig, bis 45 cm lang und 20 cm breit, Basis keilförmig, Spitze abgerundet bis kurz zugespitzt, oberseits hellgrün und kahl, unterseits weißlich und jung weich behaart, in endständigen Quirlen. *Borke* Hellgrau, glatt. *Blüten* Becher- bis schalenförmig, 15 cm im Durchmesser, rahmweiß, duftend, Staubblätter mit roten Staubfäden, endständig, im späten Frühjahr bis Frühsommer. *Früchte* Länglicher, rosaroter, zapfenförmiger Fruchtstand, bis 15 cm lang, reife rote Samen vorstehend.

- HERKUNFT Zentral-China
- LEBENSRAUM Heute nur in Kultur bekannt
- ANMERKUNG Die hier abgebildete Varietät, var. *biloba*, unterscheidet sich von der Art nur durch die deutlich gekerbte Blattspitze. Die Rinde wurde früher für medizinische Zwecke verwendet. Dieses Abschälen der Rinde vom Stamm, das zum Absterben des Baumes führt, ist wahrscheinlich der Grund dafür, daß die Art wildwachsend nicht mehr vorkommt.

△ VAR. BILOBA

VAR. BILOBA ▷

Höhe	Wuchs	Belaubung	Laubform
20 m	Breit säulenförmig	Sommergrün	

Familie	Art	Autor
MAGNOLIACEAE	*Magnolia* x *soulangiana*	Soulange-Bodin

TULPENMAGNOLIE

Blätter Oval bis verkehrteiförmig, bis 20 cm lang und 12 cm breit, Basis keilförmig, vorn meist abgerundet und kurz zugespitzt, oberseits dunkelgrün und kahl, unterseits heller und weich behaart. *Borke* Grau, glatt. *Blüten* Variabel, glocken- bis schalenförmig, je nach Sorte bis 25 cm im Durchmesser, meist neun weißrosa oder dunkelrosa Tepalen, im Frühjahr bis Frühsommer, vor bis nach Laubaustrieb. *Früchte* Walzenförmiger Fruchtstand, bis 10 cm lang, anfangs grün, später rosa.

- HERKUNFT Aus gärtnerischer Kultur
- ANMERKUNG Eine Hybride aus *M. denudata* und *M. liliiflora*.

Höhe	Wuchs	Belaubung	Laubform
9 m	Breit ausladend	Sommergrün	

Familie	Art	Autor
MAGNOLIACEAE	*Magnolia* x *soulangiana*	Soulange-Bodin

▽ 'BROZZONII'
Der raschwüchsige Baum hat breite, weiße, am Grund zart rosa Blüten. Voll entfaltet sind sie ca. 25 cm breit. Der Baum blüht von April bis in den Frühsommer.

△ 'PICTURE'
Die Blüten dieser Sorte sind kräftig rosa überlaufen. Die Pflanze besitzt einen kompakten, aufrechten Wuchs, ist also weniger breit ausladend.

'RUSTICA RUBRA' ▷
Eine Sorte mit breiten, kelchförmigen Blüten. Die Tepalen sind außen vor allem an der Basis tiefrosa. Zur Spitze hin sind sie rosa überzogen.

Höhe	Wuchs	Belaubung	Laubform
9 m	Breit ausladend	Sommergrün	

Familie MAGNOLIACEAE	Art *Magnolia salicifolia*	Autor (Sieb. & Zucc.) Maximowicz

WEIDENBLÄTTRIGE MAGNOLIE

Blätter Verkehrteiförmig bis schmal elliptisch, bis 15 cm lang und 6 cm breit, oberseits dunkelgrün, unterseits bläulich und kahl, gerieben duftend. *Borke* Grau, glatt, gerieben mit Zitronenduft. *Blüten* Meist seitlich abstehend, bis 13 cm im Durchmesser, weiß, duftend, mit sechs schmalen Tepalen, die inneren drei kronblattähnlich, bis 6 cm lang, die äußeren kleiner, im zeitigen Frühjahr vor Laubaustrieb. *Früchte* Zylindrische rosa Fruchtstände, bis 7,5 cm lang.

- HERKUNFT Japan
- LEBENSRAUM Eichen- und Buchenwälder im Gebirge

Höhe 10 m	Wuchs Breit kegelig	Belaubung Sommergrün	Laubform

Familie MAGNOLIACEAE	Art *Magnolia tripetala*	Autor Linné

SCHIRMMAGNOLIE

Blätter Verkehrteiförmig bis oval, bis 50 cm lang und 20 cm breit, Basis keilförmig, vorn zugespitzt, oberseits dunkelgrün, unterseits graugrün, behaart, in breiten, endständigen Quirlen. *Borke* Hellgrau, glatt. *Blüten* Bis 20 cm im Durchmesser, rahmweiß, stark duftend, mit meist sechs bis neun kron- und drei viel kürzeren grünlichen kelchblattähnlichen Tepalen, aus typischen schlanken, endständigen Knospen, im späten Frühjahr bis Frühsommer, mit Laubaustrieb. *Früchte* Walzen- bis kegelförmige rosa Fruchtzapfen, bis 10 cm lang.

- HERKUNFT O-USA
- LEBENSRAUM Fruchtbare Wälder
- ANMERKUNG Der wissenschaftliche Name (mit drei Petalen) ist mißverständlich und bezieht sich wahrscheinlich auf die drei Kelchblätter. Der starke Blütenduft wird manchmal als unangenehm empfunden.

Höhe 12 m	Wuchs Breit ausladend	Belaubung Sommergrün	Laubform

Familie	Art	Autor
MAGNOLIACEAE	*Magnolia* x *veitchii*	Bean

VEITCHS MAGNOLIE

Blätter Verkehrteiförmig bis länglich, bis 30 cm lang und 15 cm breit, kurz zugespitzt, oberseits anfangs bronzefarben, später dunkelgrün und kahl, unterseits zumindest Nerven behaart. *Borke* Grau, glatt. *Blüten* Kelchförmig, bis 15 cm lang, weiß bis rosa, duftend, mit meist neun Tepalen, im Frühjahr, meist vor Laubaustrieb. *Früchte* Zylindrische Fruchtstände, bis 10 cm lang, anfangs rötlichgrün, reif braun.

- HERKUNFT Aus gärtnerischer Kultur
- ANMERKUNG Eine Hybride aus der oft strauchigen *M. denudata* und *M. campbellii* (s. Seite 203). Die starkwüchsige Art hat ihre Größe von letzterem Elternteil, der wildwachsend bis zu 30 m erreicht. Ist sehr dekorativ, blüht früh und zahlreich und besitzt schönes junges Laub.

△ 'ISCA'
Diese Sorte blüht im Frühjahr.

△ 'PETER VEITCH'
Die kelchförmigen, zartrosa Blüten dieser winterharten Magnolie erscheinen vor Laubaustrieb. Auch junge Pflanzen blühen bereits.

Höhe	Wuchs	Belaubung	Laubform
30 m	Breit säulenförmig	Sommergrün	

Familie MAGNOLIACEAE	Art *Magnolia* 'Wada's Memory'	Autor – –

MAGNOLIA 'WADA'S MEMORY'

Blätter Verkehrt- bis länglich eiförmig, bis 18 cm lang, Basis keilförmig, vorn kurz zugespitzt, oberseits dunkelpurpurn, später glänzend dunkelgrün, unterseits blaugrün, beiderseits kahl. *Borke* Grau, glatt. *Blüten* Seitlich abstehend, bis 15 cm lang, rahmweiß, später weiß, duftend, Tepalen bald überhängend, Knospenschuppen filzig, nicht immer fruchtend. *Früchte* Zylindrische, rosa bis rote Fruchtstände, bis 10 cm lang.

- HERKUNFT Aus gärtnerischer Kultur
- ANMERKUNG Wahrscheinlich eine Hybride aus *M. kobus* (s. Seite 207) und *M. salicifolia* (s. Seite 213), die aus Japan stammt. Sie ist nach dem japanischen Gärtner Koichiro Wada benannt.

Höhe 9 m	Wuchs Breit kegelig	Belaubung Sommergrün	Laubform

MALVACEAE

Mit rund 1500 Arten in über 75 Gattungen ist die Malvenfamilie von den Tropen bis in die gemäßigten Zonen heimisch. Es sind sommer- und immergrüne Gehölze und krautige Pflanzen. Die wechselständigen Blätter sind oft handförmig gelappt. Die Blüten sind teils groß und auffällig und teils sehr klein.

Familie	Art	Autor
MALVACEAE	*Hoheria glabrata*	Sprague & Summerhayes

HOHERIA GLABRATA

Blätter Eiförmig, bis 10 cm lang und 5 cm breit, Basis herzförmig, gezähnt, oberseits dunkelgrün, beiderseits kahl oder wenig behaart, im Herbst gelb. *Borke* Grau, glatt. *Blüten* Bis 4 cm im Durchmesser, fünf Kronblätter und gelbe Staubbeutel, in Thyrsen in den Blattachseln, im Sommer. *Früchte* Klein, braun.

- HERKUNFT Neuseeland
- LEBENSRAUM Wälder, Feldgehölze

HOHERIA LYALLII ▷ Eine sehr ähnliche Art, die aber nur 6 m hoch wird.

Doppelt gesägte, behaarte Blätter

HOHERIA GLABRATA ▷

Gesägte, kahle Blätter

Gelbe Blütenknospen, geöffnet weiß

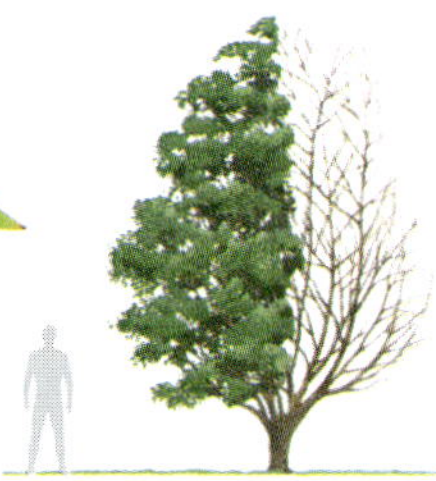

Höhe	Wuchs	Belaubung	Laubform
10 m	Breit kegelig	Sommergrün	

Familie	Art	Autor
MALVACEAE	*Hoheria sexstylosa*	Colenso

HOHERIA SEXSTYLOSA

Blätter Lanzettlich, bis 15 cm lang und 5 cm breit, Basis verschmälert, vorn lang zugespitzt, scharf gesägt, oberseits glänzend dunkelgrün, unterseits heller, beiderseits kahl. *Borke* Grau, glatt. *Blüten* Bis 2 cm, weiß, fünf Kronblätter, in kleinen Thyrsen in den Blattachseln, im Spätsommer. *Früchte* Klein, braun.

- HERKUNFT Neuseeland
- LEBENSRAUM Wälder
- ANMERKUNG In der Jugend wächst die Pflanze strauchig und hat grober gesägte, teils sogar gelappte Blätter.

Scharf gesägter Blattrand

Kleine, sternförmige Blüten

Purpurner Griffel

Blüten in Thyrsen

Höhe	Wuchs	Belaubung	Laubform
8 m	Schmal kegelig	Immergrün	

MELIACEAE

DIE IN DEN GEMÄSSIGTEN Breiten Ostasiens vorkommende, meist tropische und subtropische Familie umfaßt ca. 50 Gattungen mit rund 600 Arten. Die sommergrünen und immergrünen Gehölze tragen meist gefiederte, wechselständige Blätter. Die kleinen Einzelblüten sind meist in großen Fruchtständen angeordnet. Die Frucht ist eine verholzende Kapsel. Viele Bäume dieser Familie sind wichtige Nutzholzlieferanten, einige Arten liefern das Edelholz Mahagoni.

Familie	Art	Autor
MELIACEAE	*Toona sinensis*	(Jussieu) Roemer

SURENBAUM

Blätter Gefiedert, bis 60 cm lang, bis zu 26 Blättchen, diese länglich lanzettlich, zugespitzt, entfernt gezähnt, bis 15 cm lang, Endblättchen oft fehlend, oberseits beim Austrieb bronzefarben und behaart, später kahl und dunkelgrün, im Herbst gelb, zerrieben mit Zwiebelgeruch. *Borke* Längsrissig, in langen Streifen ablösend. *Blüten* Klein, weiß, duftend, in breiten, endständigen, hängenden Rispen, diese über 30 cm lang, im Sommer. *Früchte* Verholzende, braune Kapseln, bis 3 cm lang.

- HERKUNFT China
- LEBENSRAUM Wälder
- ANMERKUNG Auch als *Cedrela sinensis* bekannt.

Im Alter löst sich die Borke in langen Streifen ab

Höhe	Wuchs	Belaubung	Laubform
20 m	Breit säulenförmig	Sommergrün	

Moraceae

Zu dieser grossen Familie gehören u. a. die Feigen (*Ficus,* s. Seite 219) und Maulbeeren (*Morus,* s. Seite 220). Die etwa 40 Gattungen mit über 1200 Arten Gehölze und krautiger Pflanzen sind vor allem in den Tropen und Subtropen verbreitet. Die Blätter sind meist wechselständig und einfach, gelegentlich gelappt. Die Blüten sind eingeschlechtig und in kleinen Blütenständen vereint.

Familie	Art	Autor
Moraceae	*Broussonetia papyrifera*	(Linné) Ventenat

Papiermaulbeere

Blätter Eiförmig oder dreilappig, bis 20 cm lang und 15 cm breit, grob gesägt, oberseits erst purpurn, dann matt dunkelgrün, rauh, unterseits weich behaart. *Borke* Graubraun, flachrissig. *Blüten* Zweihäusig, eingeschlechtig, klein, männliche weiß, in hängenden Kätzchen, weibliche grün, mit dünnen, purpurnen, vorstehenden Narben, dicht in Köpfchen, im späten Frühjahr bis Frühsommer. *Früchte* Rot, an runden Fruchtständen abstehend, diese ca. 2 cm im Durchmesser.

- Herkunft China, Japan
- Lebensraum Sonnige, fruchtbare Standorte
- Anmerkung In Japan wird aus dem Bast feinstes Papier hergestellt.

Höhe	Wuchs	Belaubung	Laubform
15 m	Breit ausladend	Sommergrün	

Familie	Art	Autor
Moraceae	*Ficus carica*	Linné

Feige

Blätter Im Umriß rundlich, bis 30 cm lang und breit, tief drei- bis fünffach gelappt, Basis herzförmig, gezähnt, oberseits dunkelgrün, beiderseits rauh behaart, im Herbst gelb. *Borke* Grau, glatt. *Blüten* Zweihäusig, sehr klein, unauffällig in fleischigen, hohlen, grünen Blütenständen, im späten Frühjahr. *Früchte* Steinfrucht (Feige), zahlreiche kleine Samen zu Fruchtstand vereint, anfangs grün, später braun bis purpurn, wohlschmeckend.

- Herkunft SW-Asien
- Lebensraum Laubwälder
- Anmerkung Im Mittelmeerraum allgemein eingebürgert. Bevorzugt felsige Standorte, auch alte Mauern. Wird von weiblichen Wespen befruchtet, die Pollen von dem Baum, an dem sie geschlüpft sind, zu dem Baum tragen, an dem sie ihre Eier ablegen. Angebaute Sorten fruchten meist ohne Bestäubung.

Höhe	Wuchs	Belaubung	Laubform
10 m	Breit ausladend	Sommergrün	

Familie	Art	Autor
MORACEAE	*Maclura pomifera*	(Rafinesque) Schneider

OSAGEDORN

Blätter Eiförmig, bis 10 cm lang und 5 cm breit, ganzrandig, oberseits glänzend hellgrün, kahl, im Herbst gelb. *Borke* Orangebraun, rissig. *Blüten* Zweihäusig, klein, gelbgrün, zu mehreren, bis 1 cm lang, im Frühsommer. *Früchte* Gelbgrüner, runzliger Fruchtstand, bis 10 cm im Durchmesser.

- HERKUNFT Zentral- und S-USA
- LEBENSRAUM Fruchtbare, feuchte Standorte

Höhe	Wuchs	Belaubung	Laubform
15 m	Breit ausladend	Sommergrün	

Familie	Art	Autor
MORACEAE	*Morus alba*	Linné

WEISSE MAULBEERE

Blätter Breit eiförmig, bis 20 cm lang und 12 cm breit, gezähnt, oberseits hellgrün, im Herbst gelb. *Borke* Orangebraun. *Blüten* Ein- oder zweihäusig, grün, in ca. 1 cm langen Ähren, im Frühsommer. *Früchte* Fruchtstände weiß bis rosa oder rot, bis 2,5 cm lang.

- HERKUNFT N-China
- LEBENSRAUM Hügellagen

Höhe	Wuchs	Belaubung	Laubform
15 m	Breit ausladend	Sommergrün	

Familie	Art	Autor
MORACEAE	*Morus nigra*	Linné

SCHWARZE MAULBEERE

Blätter Eiförmig, bis 15 cm lang und 12 cm breit, Basis herzförmig, gesägt, unterseits behaart. *Borke* Orangebraun, rissig. *Blüten* Ein- oder zweihäusig, sehr klein, grün, in kleinen Ähren, im Frühsommer. *Früchte* Dunkel- bis schwarzrote Fruchtstände, bis 2,5 cm lang.

- HERKUNFT Ferner Osten
- LEBENSRAUM Nicht bekannt
- ANMERKUNG Durch den ausgedehnten Anbau kann die genaue Herkunft nicht mehr festgestellt werden.

Höhe	Wuchs	Belaubung	Laubform
10 m	Breit ausladend	Sommergrün	

MYRTACEAE

EINE VOR ALLEM auf der Südhalbkugel verbreitete große Familie. Obwohl sie auch in den gemäßigten Breiten der Nordhalbkugel vorkommt, ist sie in Nordamerika wildwachsend nicht und in Europa nur durch die Myrte *(Myrtus communis)* vertreten. Die Familie umfaßt mehr als 100 Gattungen mit fast 4000 Arten meist immergrüner und häufig aromatisch duftender Gehölze. Die Blätter sind oft gegenständig. Die Blüten haben meist vier oder fünf Kronblätter und zahlreiche Staubblätter. Bei den Eukalyptusarten bilden die Kronblätter eine Haube, die beim Öffnen der Blüte abgeworfen wird.

Familie	Art	Autor
MYRTACEAE	*Callistemon*-Arten	– –

ZYLINDERPUTZER

Zylinderputzer sind in Australien heimisch, wo sie meist feuchte Standorte besiedeln. Manche wachsen als kleine Bäume bis zu 10 m hoch (z. B. *C. salignus* und *C. viminalis*). Die meisten aber sind strauchig. Die immergrünen Pflanzen haben meist schmale, spitze Blätter, die jung oft bronzefarben oder rot sind. Die Blüten haben sehr kleine Kronblätter, jedoch zahlreiche lange Staubfäden, die rahmweiß oder gelb, rot, rosa oder purpurn sind. Sie umgeben den Stiel radiär und bilden so dichte Büschel, die ein charakteristisches Merkmal der Pflanzen sind.

△ CALLISTEMON SUBULATUS
Die in SO-Australien heimische Art hat dünne, spitze, jung seidig behaarte Blätter. Die breiten Blütenstände mit ihren roten Staubblättern öffnen sich im Sommer.

△ CALLISTEMON VIRIDIFLORUS
Diese Art ist in Tasmanien heimisch, wo sie auf feuchten Standorten in Hügellagen vorkommt. Die Blütenstände sind geprägt von dichtstehenden hell gelbgrünen Staubblättern. Sie erscheinen in den Sommermonaten.

Höhe	Wuchs	Belaubung	Laubform
10 m	Breit säulenförmig	Immergrün	

Familie	Art	Autor
MYRTACEAE	*Eucalyptus coccifera*	J. D. Hooker

TRICHTERFRUCHT-EUKALYPTUS

Blätter Jugendblätter rundlich, meist gräulichblau, sitzend, Altersblätter lanzettlich, bis 5 cm lang und 2 cm breit, schief, plötzlich kurz zugespitzt, beiderseits grün bis blaugrün, kahl, aromatisch, oft an bereiften Zweigen. *Borke* Grau-weiß, glatt, spiralig ablösend, junge Rinde rahmweiß. *Blüten* Weiß, mit zahlreichen Staubblättern, drei bis sieben in Büscheln in den Blattachseln, im Frühsommer. *Früchte* Schmal trichterförmige Kapseln, verholzend, bis 1 cm lang.

- HERKUNFT Tasmanien
- LEBENSRAUM Gebirge
- ANMERKUNG Die Jugendblätter sind gegenständig, die Altersblätter wechselständig, oft beide Sorten an einer Pflanze. Bei älteren Pflanzen erscheinen Jugendblätter an Zweigen am Fuß des Stammes.

Höhe	Wuchs	Belaubung	Laubform
25 m	Breit ausladend	Immergrün	

Familie	Art	Autor
MYRTACEAE	*Eucalyptus cordata*	Labillardière

EUCALYPTUS CORDATA

Blätter Fast rundlich bis eiförmig, bis 10 cm lang und 6 cm breit, stumpf gezähnt, beiderseits blaugrau und bereift, sehr aromatisch, sitzend, an vierkantigen, weiß bereiften Zweigen. *Borke* Glatt, weiß, mit grauen und grünen Flecken, in langen Streifen ablösend. *Blüten* Rahmweiß, mit zahlreichen Staubblättern, zu dritt in Büscheln in den Blattachseln, bereifte Knospen und Stiele, im Winter. *Früchte* Halbkugelige Kapseln, klein, bereift, bis 1 cm lang.

- HERKUNFT Tasmanien
- LEBENSRAUM Wälder in Berg- und Hügellagen
- ANMERKUNG Jugend- und Altersblätter ähnlich: Die Laubform verändert sich im Gegensatz zu den meisten Eukalyptusarten nicht.

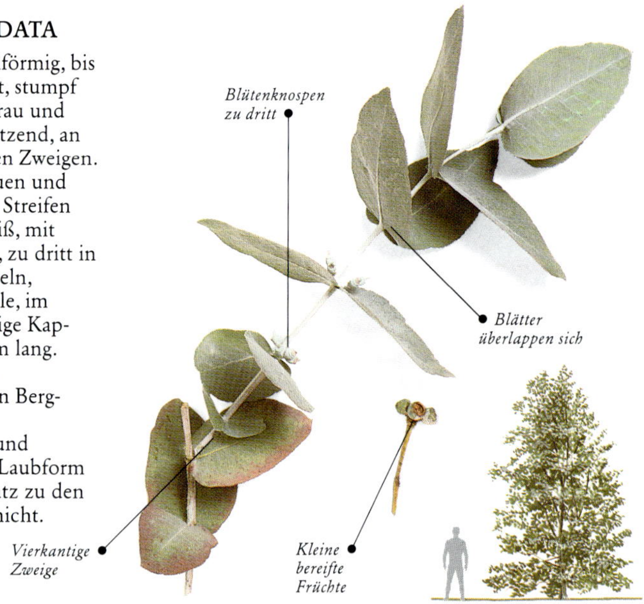

Höhe	Wuchs	Belaubung	Laubform
15 m	Breit säulenförmig	Immergrün	

Familie Myrtaceae	Art *Eucalyptus dalrympleana*	Autor Maiden

Australischer Gummibaum

Blätter Jugendblätter rundlich, sitzend, Altersblätter lanzettlich, bis 18 cm lang und 4 cm breit, lang zugespitzt, jung bronzefarben, später blaugrün, beiderseits kahl. *Borke* Graubraun, glatt, in breiten Längsstreifen ablösend, junge Rinde rahmweiß. *Blüten* Weiß, mit zahlreichen Staubblättern, zu dritt in Büscheln in den Blattachseln, im Spätsommer. *Früchte* Halbkugelige, kleine, verholzende Kapseln, bis 1 cm lang.

- Herkunft SO-Australien, Tasmanien
- Lebensraum Berghänge
- Anmerkung Jugendblätter gegenständig, Altersblätter wechselständig, oft beide Sorten an einer Pflanze.

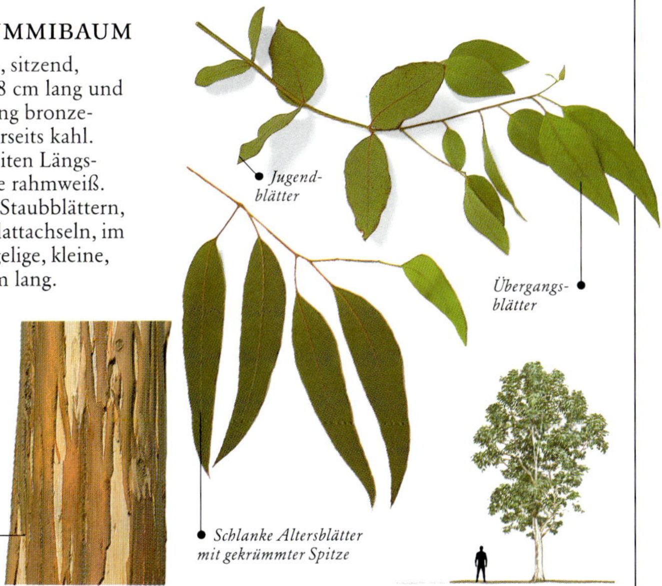

Höhe 30 m	Wuchs Breit säulenförmig	Belaubung Immergrün	Laubform

Familie Myrtaceae	Art *Eucalyptus gunnii*	Autor J. D. Hooker

Gunns-Eukalyptus

Blätter Jugendblätter rundlich, sitzend, bis 4 cm lang, graublau, Altersblätter eiförmig bis lanzettlich, bis 10 cm lang und 4 cm breit, anfangs silbrig, später blaugrün, beiderseits kahl. *Borke* Grau, grün, auch orange, am Fuß rauh, in langen Streifen ablösend, junge Rinde rahmweiß. *Blüten* Weiß, mit zahlreichen Staubblättern, zu dritt in Büscheln in den Blattachseln, im späten Frühjahr bis Sommer. *Früchte* Becherförmig, grün oder bereift, 5 mm lang.

- Herkunft Tasmanien
- Lebensraum Bergwälder
- Anmerkung Jugendblätter gegenständig, Altersblätter wechselständig, oft beide Sorten an einer Pflanze.

Höhe 25 m	Wuchs Breit säulenförmig	Belaubung Immergrün	Laubform

Familie	Art	Autor
MYRTACEAE	*Eucalyptus pauciflora*	Siebold ex Sprengel

EUCALYPTUS PAUCIFLORA

Blätter Jugendblätter eiförmig bis rundlich, bis 6 cm lang, lederig, grau, Altersblätter lanzettlich, bis 15 cm lang und 4 cm breit, oft gebogen, glänzend grün und kahl. *Borke* Grau und weiß, in langen Streifen ablösend. *Blüten* Weiß, mit zahlreichen Staubblättern, in Büscheln in den Blattachseln, im Sommer. *Früchte* Kugelig, verholzend, bis 6 mm lang.

- HERKUNFT SO-Australien, Tasmanien
- LEBENSRAUM Küste bis Baumgrenze

◁ EUCALYPTUS PAUCIFLORA

◁ SSP. NIPHOPHILA

◁ SSP. NIPHOPHILA Diese Hochgebirgsform wächst oft strauchig.

Höhe	Wuchs	Belaubung	Laubform
15 m	Breit ausladend	Immergrün	

Familie	Art	Autor
MYRTACEAE	*Eucalyptus perriniana*	Mueller ex Rodway

EUCALYPTUS PERRINIANA

Blätter Jugendblätter blaugrau, zu zweit an der Basis verwachsen, Altersblätter lanzettlich, bis 12 cm lang und 2,5 cm breit, jung oft purpurn, später dunkel blaugrün, beiderseits kahl, hängend. *Borke* Grau und braun, ablösend. *Blüten* Weiß, zahlreiche Staubblätter, in Büscheln in den Blattachseln, im Spätsommer. *Früchte* Klein, verholzend, bis 5 mm lang.

- HERKUNFT SO-Australien, Tasmanien
- LEBENSRAUM Gebirge, feuchte Standorte

Höhe	Wuchs	Belaubung	Laubform
7 m	Breit ausladend	Immergrün	

Familie	Art	Autor
MYRTACEAE	*Eucalyptus urnigera*	J. D. Hooker

URNEN-EUKALYPTUS

Blätter Jugendblätter rundlich, bis 5 cm lang, blauweiß bereift, Altersblätter eiförmig bis lanzettlich, bis 12 cm lang und 5 cm breit, glänzend dunkel- bis blaugrün, beiderseits kahl. *Borke* Hellgrau bis rahmweiß oder orangegelb, in langen Streifen ablösend. *Blüten* Gelblichweiß, zahlreiche Staubblätter, zu dritt in Büscheln in den Blattachseln, im Frühjahr. *Früchte* Kapseln, urnenförmig eingeschnürt, bis 6 mm lang.

- HERKUNFT SO-Tasmanien
- LEBENSRAUM Felsige Berghänge
- ANMERKUNG Jugendblätter gegenständig, Altersblätter wechselständig, beide Formen an einer Pflanze. Die Art ist *E. gunnii* (s. Seite 223) ähnlich, jedoch leicht an den Früchten zu erkennen.

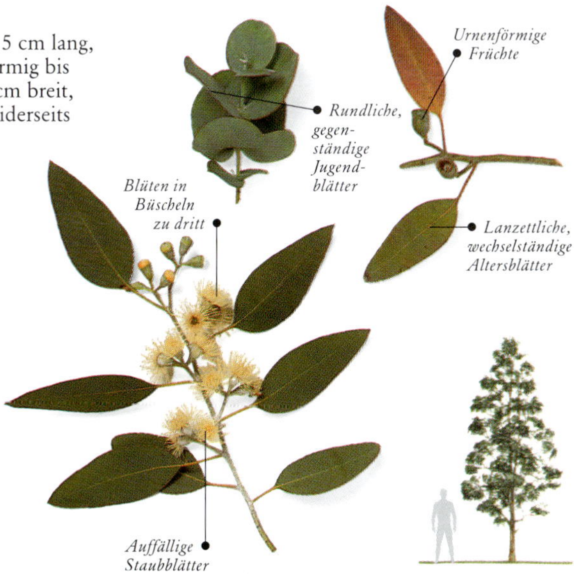

Höhe	Wuchs	Belaubung	Laubform
12 m	Breit säulenförmig	Immergrün	

Familie	Art	Autor
MYRTACEAE	*Luma apiculata*	Molina

LUMA-MYRTE

Blätter Breit oval, bis 2,5 cm lang, kurz zugespitzt, ganzrandig, oberseits jung bronzefarben-purpurn, später glänzend dunkelgrün und kahl, unterseits heller, aromatisch. *Borke* Hell zimtbraun, in Platten ablösend, junge Rinde grünlichweiß. *Blüten* 2 cm im Durchmesser, weiß, vier Kronblätter, zahlreiche Staubblätter, gelbe Staubbeutel, einzeln, in den Blattachseln an jungen Zweigen, im Spätsommer bis Herbst. *Früchte* Kugelig, fleischig, 1 cm lang, rot, reif purpurschwarz.

- HERKUNFT Argentinien, Chile
- LEBENSRAUM Wälder
- ANMERKUNG Auch als *Myrtus luma* oder *Myrtus apiculata* bekannt.

Höhe	Wuchs	Belaubung	Laubform
12 m	Breit ausladend	Immergrün	

NYSSACEAE

DIE DREI GATTUNGEN und elf Arten der Tupelofamilie sind in Nordamerika und Ostasien heimisch. Am bekanntesten ist die Gattung *Nyssa* mit ihrer leuchtenden Herbstfärbung. Die Blätter sind wechselständig, die Blüten klein und ohne Kronblätter. *Davidia involucrata* besitzt zwei auffällige breite Hochblätter.

Familie NYSSACEAE	Art *Davidia involucrata*	Autor Baillon

TASCHENTUCHBAUM

Blätter Herzförmig, bis 15 cm lang und 12 cm breit, lang zugespitzt, scharf gezähnt, oberseits hellgrün, unterseits dicht behaart. *Borke* Orangebraun, in kleinen Längsstreifen abschuppend. *Blüten* Klein, in kugeligen Köpfchen, diese 2 cm im Durchmesser, Staubbeutel auffällig purpurn, umgeben von zwei weißen, ungleich großen, bis 20 cm langen Hochblättern, im späten Frühjahr, mit Laubaustrieb. *Früchte* Kugelige Steinfrucht, bis 3,5 cm lang, grün, reif purpurbraun.

- HERKUNFT China
- LEBENSRAUM Feuchte Bergwälder

◁ DAVIDIA INVOLUCRATA

VAR. VILMORINIANA ▷
Die Blätter dieser Varietät sind unterseits kahl.

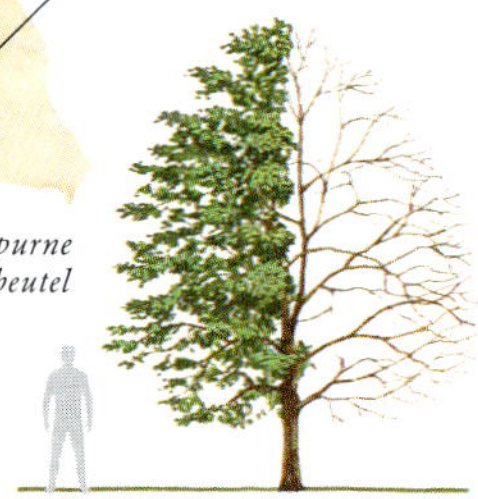

Höhe 20 m	Wuchs Breit kegelig	Belaubung Sommergrün	Laubform

Familie NYSSACEAE	Art *Nyssa sinensis*	Autor Oliver

NYSSA SINENSIS

Blätter Länglich lanzettlich bis elliptisch, bis 20 cm lang und 6 cm breit, ganzrandig, oberseits anfangs rötlich, später dunkelgrün, unterseits heller, im Herbst rot, orange und gelb. *Borke* Graubraun, im Alter rissig und schuppig. *Blüten* Zweihäusig, meist eingeschlechtig, sehr klein, grün, fünfzählig, meist in langgestielten Blütenständen in den Blattachseln, im Sommer. *Früchte* Bläuliche, beerenartige Steinfrucht, ca. 1 cm lang.

- HERKUNFT Zentral-China
- LEBENSRAUM Bergwälder, Flußauen

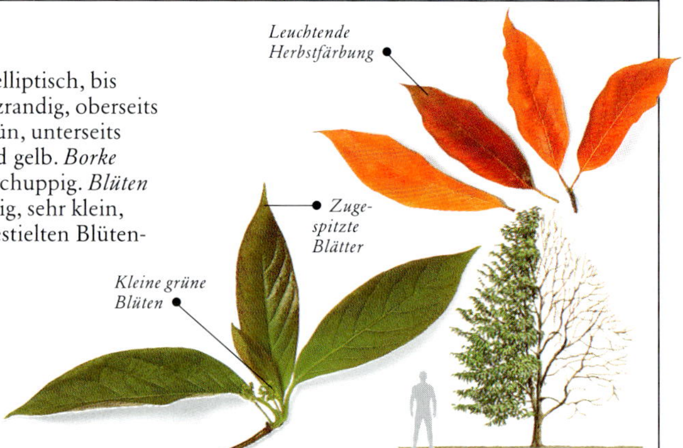

Höhe 15 m	Wuchs Breit kegelig	Belaubung Sommergrün	Laubform

Familie	Art	Autor
NYSSACEAE	*Nyssa sylvatica*	Marshall

TUPELOBAUM

Blätter Variabel, verkehrteiförmig bis oval, bis 15 cm lang und 8 cm breit, vorn abgerundet, kurz zugespitzt, ganzrandig, oberseits glänzend dunkelgrün, unterseits bläulich, im Herbst gelb bis orange, rot oder purpur. *Borke* Dunkelgrau, längsrissig und grob gefeldert. *Blüten* Einhäusig, meist eingeschlechtig, sehr klein, grün, fünfzählig, in lang gestielten Köpfchen in den Blattachseln, im Sommer. *Früchte* Schwarzblaue, beerenartige Steinfrucht, bis 12 mm lang.

- HERKUNFT O-Nordamerika
- LEBENSRAUM Feuchte Wälder, Sümpfe
- ANMERKUNG Auch als *Nyssa multiflora* bekannt.

Höhe	Wuchs	Belaubung	Laubform
25 m	Breit säulenförmig	Sommergrün	

OLEACEAE

EINE WEITVERBREITETE Familie mit ca. 25 Gattungen und 600 bis 1000 Arten sommergrüner und immergrüner Gehölze. Die Pflanzen haben gegenständige, manchmal zusammengesetzte Blätter. Die Blüten haben entweder keine Kronblätter oder vier, dann meist verwachsene Kronblätter.

Familie	Art	Autor
OLEACEAE	*Chionanthus retusus*	Lindley

CHINESISCHER SCHNEEFLOCKENSTRAUCH

Blätter Oval bis verkehrteiförmig, bis 10 cm lang und 5 cm breit, zugespitzt oder gekerbt, ganzrandig oder fein gesägt, oberseits glänzend grün, unterseits heller und flaumig behaart. *Borke* Graubraun, korkig, tief gefurcht. *Blüten* Zweihäusig, ca. 2 cm lang, weiß, mit vier schmalen, länglichen Blütenblättern, in endständigen, aufrechten Rispen, an jungen Trieben, im Sommer. *Früchte* Dunkelblaue, eiförmige Steinfrucht, ca. 1,5 cm lang.

- HERKUNFT China, Japan
- LEBENSRAUM Wälder und Felsenhänge sonniger, feuchter Standorte

Höhe	Wuchs	Belaubung	Laubform
10 m	Breit ausladend	Sommergrün	

Familie	Art	Autor
Oleaceae	*Chionanthus virginicus*	Linné

Virginischer Schneeflockenstrauch

Blätter Elliptisch, bis 20 cm lang und 10 cm breit, kurz zugespitzt, ganzrandig, oberseits glänzend grün, im Herbst gelb. *Borke* Grau, glatt, im Alter gefurcht. *Blüten* Meist zweihäusig, ca. 3 cm lang, weiß, leicht duftend, mit vier bis sechs schmalen, länglichen Blütenblättern, an dünnen, überhängenden Stielen, in kegeligen, aufrechten Rispen, männliche bis 20 cm lang, weibliche kürzer, im Sommer. *Früchte* Dunkelblaue, eiförmige, bereifte Steinfrucht, ca. 2 cm lang.

- Herkunft O-USA
- Lebensraum Feuchte Wälder, Flußauen
- Anmerkung Strauch oder kleiner Baum. Die dünnen weißen Kronblätter erinnern an Schneeflocken.

Höhe	Wuchs	Belaubung	Laubform
10 m	Breit ausladend	Sommergrün	

Familie	Art	Autor
Oleaceae	*Fraxinus americana*	Linné

Weissesche

Blätter Gefiedert, bis 38 cm lang, fünf bis neun Blättchen, diese eiförmig bis lanzettlich, zugespitzt, ganzrandig bis gesägt, bis 12 cm lang und 7 cm breit, seitliche Blättchen kurzgestielt, oberseits dunkelgrün und kahl, unterseits kahl oder leicht behaart, im Herbst meist gelb manchmal purpurn, Blattknospen dunkelbraun oder fast schwarz. *Borke* Graubraun, rissig oder gefurcht. *Blüten* Zweihäusig, sehr klein, grün oder purpurn, ohne Kronblätter, in Büscheln im Frühjahr, vor Laubaustrieb. *Früchte* Geflügelte Nuß, bis 5 cm lang, anfangs grün, reif hellbraun.

- Herkunft O-Nordamerika
- Lebensraum Fruchtbare Wälder
- Anmerkung Aus dem harten, stabilen Holz werden Werkzeuggriffe hergestellt.

Höhe	Wuchs	Belaubung	Laubform
30 m	Breit säulenförmig	Sommergrün	

Familie	Art	Autor
OLEACEAE	*Fraxinus angustifolia*	Vahl

SCHMALBLÄTTRIGE ESCHE

Blätter Gefiedert, bis 25 cm lang, 5 bis 13 Blättchen, diese lanzettlich, bis 10 cm lang und 2,5 cm breit, lang zugespitzt, scharf gesägt, oberseits glänzend grün und kahl, Seitenblättchen sitzend, Knospen dunkelbraun. *Borke* Graubraun mit vorstehenden Wülsten. *Blüten* Sehr klein, grün oder purpurn, ohne Kronblätter, in Büscheln, im Frühjahr vor Laubaustrieb. *Früchte* Geflügelte Nuß, bis 4 cm lang, grün, reif hellbraun, in hängenden Fruchtständen.

- HERKUNFT N-Afrika, SW-Europa
- LEBENSRAUM Wälder, Flußauen

Höhe	Wuchs	Belaubung	Laubform
25 m	Breit säulenförmig	Sommergrün	

Familie	Art	Autor
OLEACEAE	*Fraxinus excelsior*	Linné

GEMEINE ESCHE

Blätter Gefiedert, bis 30 cm lang, mit 9 bis 13 Blättchen, diese eiförmig länglich bis lanzettlich, bis 10 cm lang und 3 cm breit, zugespitzt, scharf gesägt, oberseits dunkelgrün, Seitenblättchen sitzend. *Borke* Hellgrau, glatt, im Alter rissig. *Blüten* Ein- oder zweihäusig, klein, purpurn, ohne Kronblätter, schwarze Knospen, im Frühjahr, vor Laubaustrieb. *Früchte* Längliche, geflügelte Nuß, bis 4 cm lang, grün, reif hellbraun, in hängenden Büscheln.

- HERKUNFT Europa
- LEBENSRAUM Feuchte Wälder, Flußauen

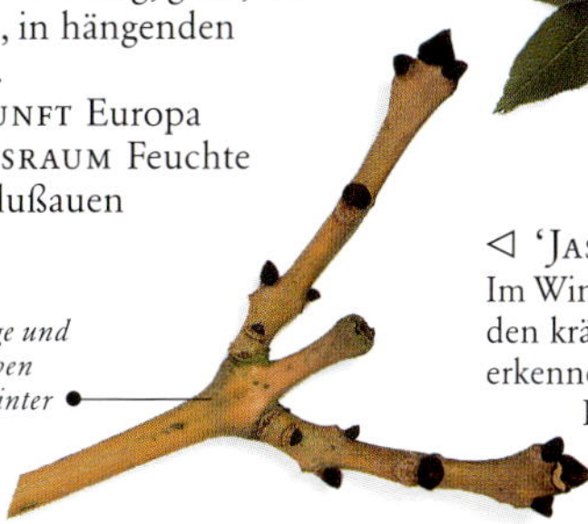

◁ 'JASPIDEA'
Im Winter ist diese Sorte leicht an den kräftigen gelben Trieben zu erkennen, die einen auffälligen Kontrast zu den schwarzen Blattknospen bilden.

Höhe	Wuchs	Belaubung	Laubform
40 m	Breit säulenförmig	Sommergrün	

Familie	Art	Autor
Oleaceae	*Fraxinus ornus*	Linné

Blumenesche

Blätter Gefiedert, bis 30 cm lang, fünf bis neun Blättchen, diese eiförmig bis länglich, lang zugespitzt, scharf gesägt, bis 10 cm lang und 4 cm breit, Seitenblättchen deutlich gestielt, oberseits dunkelgrün, unterseits heller, Knospen graubraun. *Borke* Grau, glatt. *Blüten* Klein, weiß, mit vier schlanken Kronblättern, diese 6 mm lang, duftend, in breiten, dichten Rispen, diese bis 20 cm lang, im späten Frühjahr bis Frühsommer. *Früchte* Geflügelte Nuß, bis 4 cm lang, grün, reif hellbraun, in Büscheln.

- Herkunft SW-Asien, S-Europa
- Lebensraum Wälder in sonnigen, trockenen Lagen
- Anmerkung Die Blüten der meisten Eschenarten sind unauffällig. Diese Art hat jedoch, wie ihr deutscher Name schon sagt, prächtige Blütenstände. Sie ist auch als Mannaesche bekannt.

Höhe	Wuchs	Belaubung	Laubform
20 m	Breit ausladend	Sommergrün	

Familie	Art	Autor
Oleaceae	*Fraxinus pennsylvanica*	Marshall

Rotesche

Blätter Gefiedert, bis 30 cm lang, fünf bis neun Blättchen, diese lanzettlich bis eiförmig, zugespitzt, gezähnt bis ganzrandig, bis 14 cm lang und 5 cm breit, Seitenblättchen deutlich gestielt, oberseits glänzend grün, im Herbst gelb, Knospen braun behaart. *Borke* Graubraun mit schmalen Furchen. *Blüten* Zweihäusig, sehr klein, grün oder purpurn, ohne Kronblätter, in Büscheln, im Frühjahr, vor Laubaustrieb. *Früchte* Geflügelte Nuß, bis 5 cm lang, anfangs grün, reif hellbraun, in Büscheln.

- Herkunft Nordamerika
- Lebensraum Feuchte Wälder

Höhe	Wuchs	Belaubung	Laubform
25 m	Breit säulenförmig	Sommergrün	

Familie OLEACEAE	Art *Ligustrum lucidum*	Autor Aiton f.

GLANZLIGUSTER

Blätter Eiförmig, bis 12 cm lang und 6 cm breit, lang zugespitzt, ganzrandig, oberseits anfangs bronzefarben, später glänzend dunkelgrün, unterseits heller, matt, beiderseits kahl. *Borke* Grau und glatt. *Blüten* Klein, weiß, stark duftend, mit vier verwachsenen Kronblättern, in bis zu 20 cm langen und breiten, reichblühenden, aufrechten Rispen, von Spätsommer bis Herbst. *Früchte* Blauschwarze Beeren, bis 1 cm lang.

- HERKUNFT China
- LEBENSRAUM Wälder und Flußtäler in Hügel- und Gebirgslage
- ANMERKUNG Großer Strauch oder kleiner Baum. Blüht ungewöhnlich lange.

LIGUSTRUM LUCIDUM

'EXCELSUM SUPERBUM' ▷
Die Blätter dieser Sorte sind anfangs bronzefarben, später hellgrün. Der Blattrand ist dann gelb, später rahmweiß.

▽ 'TRICOLOR'
Die jungen Blätter dieser Sorte sind rosa überzogen.

Höhe 12 m	Wuchs Breit kegelig	Belaubung Immergrün	Laubform

Familie OLEACEAE	Art *Phillyrea latifolia*	Autor Linné

BREITBLÄTTRIGE STEINLINDE

Blätter Eiförmig bis lanzettlich, bis 5 cm lang und 4 cm breit, gesägt, oberseits glänzend dunkelgrün, unterseits heller, beiderseits kahl, bei jungen Pflanzen variabel. *Borke* Hellgrau, glatt, später dunkler, in kleinen Platten abschuppend. *Blüten* Sehr klein, gelblich, die vorstehenden Staubblätter mit gelben Staubbeuteln, in Büscheln in den Blattachseln, im späten Frühjahr bis Frühsommer. *Früchte* Kleine Beeren, blauschwarz, bis 1 cm groß.

- HERKUNFT S-Europa
- LEBENSRAUM Nadelwälder

Höhe 10 m	Wuchs Breit ausladend	Belaubung Immergrün	Laubform

PALMAE

DIE PALMEN bilden eine einkeimblättrige Familie mit mehr als 200 Gattungen und über 2500 Arten, die vor allem in den Tropen und Subtropen vorkommen. In Europa sind lediglich zwei Arten im westlichen Mittelmeerraum und auf Kreta heimisch.

Palmen sind Bäume, Sträucher oder Lianen. Sie unterscheiden sich von anderen Bäumen z. B. dadurch, daß der Stamm bis auf wenige Ausnahmen unverzweigt bleibt und im Durchmesser nicht zunimmt. Bei den oft sehr großen Blättern sind vor allem zwei Sorten zu erkennen: Sie sind entweder in Segmenten gefächert (die der Fächerpalmen, z. B. *Trachycarpus*), oder gefiedert (die der Fiederpalmen, z. B. *Phoenix*). Die kleinen Blüten, die auf teils zweihäusigen Pflanzen wachsen, haben drei Kelch- und drei Kronblätter. Sie bilden große, schwere Blütenstände.

Familie PALMAE	Art *Trachycarpus fortunei*	Autor (W. J. Hooker) Wendland

HANFPALME

Blätter In Segmenten gefächert, bis 120 cm im Durchmesser, oberseits dunkelgrün, unterseits blaugrün. *Borke* Stamm dicht mit den braunen, faserigen Resten der alten Blätter besetzt. *Blüten* Zweihäusig, sehr klein, gelb, duftend, in breiten, hängenden Rispen, im Frühsommer. *Früchte* Kugelige bis nierenförmige, dreiklappige, blauschwarze Beeren, 1,2 cm groß.

- HERKUNFT Zentral- und S-China
- LEBENSRAUM Berghänge

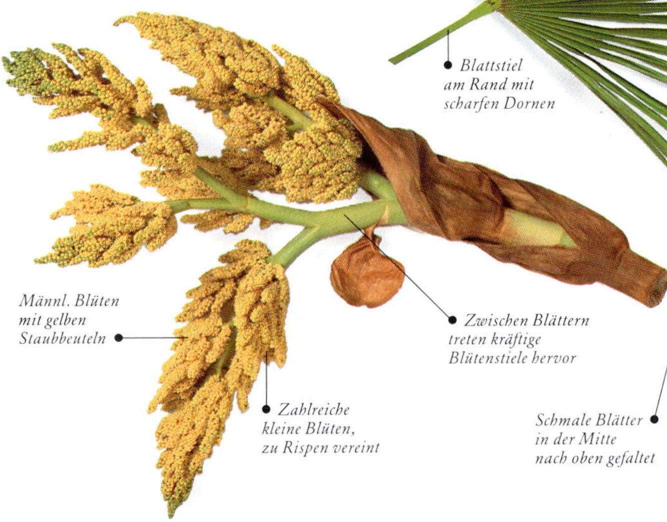

Höhe 10 m	Wuchs Unverwechselbar	Belaubung Immergrün	Laubform 

PITTOSPORACEAE

DIE NEUN GATTUNGEN dieser Familie mit mehr als 200 Arten immergrüner Gehölze sind vor allem in Australien, aber auch in anderen tropischen Gebieten verbreitet. Die Blätter sind wechselständig und oft ganzrandig. Aus den kleinen, meist röhrenförmigen, fünfzähligen Blüten entstehen trockene oder fleischige Früchte.

Familie PITTOSPORACEAE	Art *Pittosporum tenuifolium*	Autor Solander ex Gaertner

SCHMALBLÄTTRIGER KLEBSAME

Blätter Länglich bis elliptisch, bis 6 cm lang und 2 cm breit, Rand wellig, hellgrün, glänzend, kahl, an tief schwarzroten Zweigen. *Borke* Dunkelgrau, glatt. *Blüten* Klein, röhrenförmig, ca. 1 cm lang, weißlich, mit fünf zurückgebogenen, dunkelpurpurnen Lappen und gelben Staubbeuteln, stark duftend, einzeln oder in Büscheln in den Blattachseln, im späten Frühjahr. *Früchte* Kugelige Kapseln, ca. 1,2 cm dick, anfangs grün, reif fast schwarz.

- HERKUNFT Neuseeland
- LEBENSRAUM Wälder aller Höhenlagen

△ PITTOSPORUM TENUIFOLIUM

'ABBOTSBURY GOLD' ▷
Die gelb-grünen Flecken dieser Sorte sind bei jungen Blättern besonders deutlich zu sehen.

▽ 'EILA KEIGHTLEY'
Für diese Sorte ist die gelbgrüne Panaschierung typisch.

'IRENE PATERSON' ▷
Die rahmweißen jungen Blätter dieser Sorte sind später dunkelgrün mit weißen Flecken.

◁ 'PURPUREUM'
Die jungen, hellgrünen Blätter dieser Sorte sind später dunkel purpurrot.

Höhe 10 m	Wuchs Breit säulenförmig	Belaubung Immergrün	Laubform

PLATANACEAE

DIE FAMILIE DER PLATANEN umfaßt sieben Arten in einer einzigen Gattung. Die breiten, sommergrünen Bäume sind vorwiegend in Nordamerika und Mexiko heimisch. Ihre Blätter sind wechselständig und handförmig gelappt. Eine Ausnahme ist die südostasiatische *Platanus kerrii* mit ihren ungelappten Blättern. Die kleinen, dichtstehenden Blüten sind in kugeligen Blütenständen vereint.

Familie	Art	Autor
PLATANACEAE	*Platanus* x *acerifolia*	Willdenow

AHORNBLÄTTRIGE PLATANE

Blätter Handförmig drei- bis fünffach gelappt, bis 20 cm lang und 25 cm breit, Lappen ganzrandig oder wenig gezähnt, oberseits glänzend grün, unterseits heller, anfangs braun behaart. *Borke* Braun, grau und cremefarben, in Platten ablösend. *Blüten* Einhäusig, eingeschlechtig, sehr klein, männliche gelb, weibliche rötlich, in kugeligen Blütenständen, im späten Frühjahr. *Früchte* Kugelige Fruchtstände, bis 3 cm groß, anfangs grün, reif braun, borstig, zwei bis vier an einem Stiel, im Winter am Baum.

- HERKUNFT Aus gärtnerischer Kultur
- ANMERKUNG Auch als *P.* x *hispanica* bekannt. Vermutlich eine Hybride aus *P. occidentalis* und *P. orientalis* (s. Seite 235).

Höhe	Wuchs	Belaubung	Laubform
35 m	Breit säulenförmig	Sommergrün	

Familie	Art	Autor
PLATANACEAE	*Platanus occidentalis*	Linné

AMERIKANISCHE PLATANE

Blätter Meist dreilappig, bis 22 cm lang und 25 cm breit, oberseits glänzend grün, unterseits heller. *Borke* Grau, braun und weiß, schuppig. *Blüten* Einhäusig, eingeschlechtig, sehr klein, männliche gelb, weibliche rötlich, in kugeligen Blütenständen, im späten Frühjahr. *Früchte* Kugelige, braune Fruchtstände, bis 3 cm dick.

- HERKUNFT O-Nordamerika
- LEBENSRAUM Fruchtbare, feuchte Standorte

Höhe	Wuchs	Belaubung	Laubform
35 m	Breit säulenförmig	Sommergrün	

Familie	Art	Autor
PLATANACEAE	*Platanus orientalis*	Linné

MORGENLÄNDISCHE PLATANE

Blätter Fünf bis sieben tiefe Lappen, bis 20 cm lang und 25 cm breit, ganzrandig oder grob gezähnt, oben glänzend grün, unterseits heller und anfangs braun behaart. *Borke* Grau, braun und cremefarben, in Platten ablösend. *Blüten* Einhäusig, eingeschlechtig, sehr klein, männliche gelb, weibliche rötlich, in kugeligen Blütenständen, im späten Frühjahr. *Früchte* Kugelige Fruchtstände, bis 3 cm dick, braun, borstig, bis zu sechs an einem Stiel, im Winter am Baum.

- HERKUNFT SO-Europa
- LEBENSRAUM Bergwälder, Flußauen, feuchte Standorte

Höhe	Wuchs	Belaubung	Laubform
30 m	Breit säulenförmig	Sommergrün	

PROTEACEAE

RUND 75 GATTUNGEN mit mehr als 1000 Arten immergrüner Gehölze gehören zu dieser Familie. Im gesamten Verbreitungsgebiet, der Südhalbkugel, sind sie wildwachsend anzutreffen. Manche Arten sind auch in den wärmeren Regionen der Nordhalbkugel zu finden. Die Blätter sind wechselständig und einfach bis gefiedert. Der kronblattähnliche Kelch ist vierlappig, während die Kronblätter selbst eher klein und unauffällig sind.

Die Familie ist durch ihre Zierpflanzen bekannt (z. B. *Grevillea-*, *Banksia-*, *Protea-* und *Telopea*-Arten), aber auch durch die *Macadamia*-Arten, die in Australien und auf Hawaii wegen der eßbaren Nüsse angepflanzt werden.

Familie	Art	Autor
PROTEACEAE	*Embothrium coccineum*	J. R. & J. G. Forster

CHILENISCHER FEUERBUSCH

Blätter Elliptisch bis länglich, variabel, bis 15 cm lang und 3 cm breit, ganzrandig, oberseits dunkel- bis blaugrün, unterseits heller, lederig, beiderseits kahl. *Borke* Dunkel bräunlich, glatt, im Alter schuppig. *Blüten* Erst röhrenförmig, bis 5 cm lang, vierteilig öffnend, dann zurückgebogene Lappen mit vorstehendem Griffel, leuchtend orangerot, in Büscheln, im späten Frühjahr bis Frühsommer. *Früchte* Holzige Kapseln, bis 3 cm lang, mit langem Schnabel.

- HERKUNFT Argentinien, Chile
- LEBENSRAUM Offenes Gelände jeder Höhenlage
- ANMERKUNG Die Art gehört zu den prächtigsten ihrer Familie.

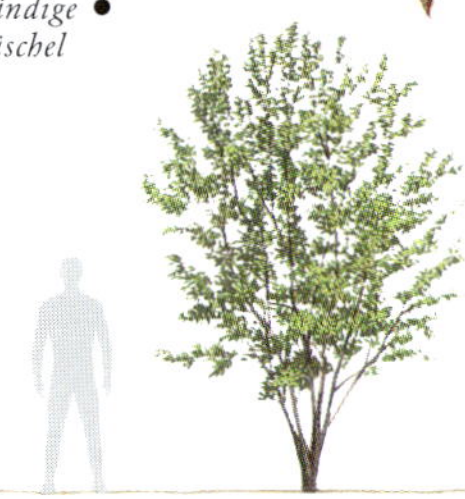

Höhe	Wuchs	Belaubung	Laubform
9 m	Breit säulenförmig	Immergrün	

RHAMNACEAE

Die 58 Gattungen dieser Familie mit rund 900 Arten sommergrüner und immergrüner Gehölze kommen weltweit wildwachsend vor. Sie sind oft dornenbewehrt und haben wechselständige oder gegenständige Blätter sowie kleine, meist zwittrige Blüten, die manchmal zweihäusig verteilt sind. Manche Kreuzdornarten *(Rhamnus)* werden zur Gewinnung von Färbemitteln verwendet.

Familie	Art	Autor
RHAMNACEAE	*Rhamnus catharticus*	Linné

PURGIERKREUZDORN

Blätter Breit eiförmig bis fast rund, bis 6 cm lang und 4 cm breit, kurz zugespitzt, fein gesägt, oberseits glänzend grün, unterseits heller, im Herbst gelb, an verdornten Zweigen. *Borke* Dunkel orangebraun, schuppig. *Blüten* Klein, mit kleinen Kronblättern und grünem, vierzähligem Kelch, duftend, in Büscheln, im Frühsommer bis Sommer. *Früchte* Kugelig, fleischig, beerenartig, bis 1 cm groß, anfangs grün, reif schwarz.

- HERKUNFT Asien, Europa
- LEBENSRAUM Wälder, Gebüsch und Hecken, auf Kalkböden

Höhe	Wuchs	Belaubung	Laubform
10 m	Breit ausladend	Sommergrün	

Familie	Art	Autor
RHAMNACEAE	*Rhamnus frangula*	Linné

FAULBAUM (PULVERHOLZ)

Blätter Verkehrteiförmig, bis 7 cm lang und 4 cm breit, kurz und stumpf zugespitzt, ganzrandig, oberseits glänzend dunkelgrün, unterseits heller, im Herbst gelb. *Borke* Grau, glatt, mit hellen, flachen Längsrissen. *Blüten* Sehr klein, grüner, fünfzähliger Kelch, in Büscheln, im Frühsommer bis Sommer. *Früchte* Kugelig, fleischig, beerenartig, bis 1 cm groß, anfangs grün, später rot, reif schwarz.

- HERKUNFT N-Afrika, W-Asien, Europa
- LEBENSRAUM Wälder, Gebüsch, meist auf feuchten Standorten
- ANMERKUNG Auch als *Frangula alnus* bekannt.

Höhe	Wuchs	Belaubung	Laubform
5 m	Breit ausladend	Sommergrün	

ROSACEAE

EINE WEITVERBREITETE FAMILIE sommergrüner oder immergrüner Bäume, Sträucher und krautiger Pflanzen mit etwa 100 Gattungen und 3000 Arten, die viele gärtnerisch wertvolle Pflanzen enthält. Die Blätter sind meist wechselständig, zusammengesetzt oder einfach und ganzrandig. Die Blüten haben meist fünf Kronblätter. Die Pflanzen bringen unterschiedliche Fruchttypen hervor, und die Familie ist nach deren Struktur unterteilt. Die hier beschriebenen Bäume haben fleischige, oft eßbare Früchte, die in zwei Gruppen unterteilt werden: während die Früchte der *Prunus*-Arten einsamig sind, sind jene der *Amelanchier-*, *Cotoneaster-*, *Crataegus-*, *Malus-*, *Mespilus-*, *Photinia-*, *Pyrus-* und *Sorbus*-Arten zwei- oder mehrsamig.

Familie	Art	Autor
ROSACEAE	*Amelanchier arborea*	(A. Michaux) Fernald

SCHNEE-FELSENBIRNE

Blätter Eiförmig bis verkehrteiförmig, bis 10 cm lang und 5 cm breit, Basis rund bis herzförmig, meist kurz zugespitzt, fein gesägt, oberseits später dunkelgrün, unterseits erst weißfilzig, später verkahlend, im Herbst orange bis rot. *Borke* Jung grau und glatt, im Alter rissig und schuppig. *Blüten* Weiß, fünf linealische Kronblätter, in aufrechten Trauben, diese bis 5 cm lang, im Frühjahr mit den noch gefalteten Blättern. *Früchte* Kugelig, trocken und süß, eßbar, bräunlichrot, bis 8 mm dick, reif im Sommer.

- HERKUNFT Zentral- und O-USA
- LEBENSRAUM Wälder, Gebüsch, feuchte Standorte

Höhe	Wuchs	Belaubung	Laubform
12 m	Breit ausladend	Sommergrün	

Familie	Art	Autor
ROSACEAE	*Amelanchier asiatica*	(Siebold & Zuccarini) Walpers

JAPAN-FELSENBIRNE

Blätter Eiförmig, bis 8 cm lang und 4 cm breit, Basis rund, zugespitzt, gesägt, oberseits dunkelgrün, unterseits behaart, verkahlend, im Herbst orangegelb bis rot. *Borke* Graubraun, im Alter rissig. *Blüten* Weiß, in aufrechten, später übergeneigten Blütenständen, diese bis 6 cm lang, im Frühjahr. *Früchte* Blauschwarz, bis 1 cm dick.

- HERKUNFT China, Japan, Korea
- LEBENSRAUM Trockene, sonnige Standorte

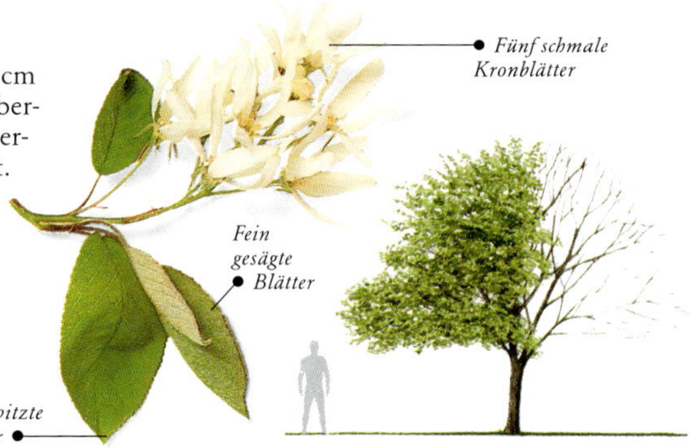

Höhe	Wuchs	Belaubung	Laubform
12 m	Breit ausladend	Sommergrün	

Familie	Art	Autor
ROSACEAE	*Amelanchier laevis*	Wiegand

KAHLE FELSENBIRNE

Blätter Elliptisch bis eiförmig oder verkehrteiförmig, bis 6 cm lang und 2,5 cm breit, zugespitzt, fein gesägt, oberseits kupferrot, später dunkelgrün, kahl, im Herbst kirschrot. *Borke* Graubraun, kahl. *Blüten* Weiß, mit 5 schlanken Kronblättern, in aufrechten bis abstehenden Trauben, diese bis 7,5 cm lang, im Frühjahr. *Früchte* Kugelig, saftig, blauschwarz, bis 1 cm dick.

- HERKUNFT O-Nordamerika
- LEBENSRAUM Wälder, Gebüsch

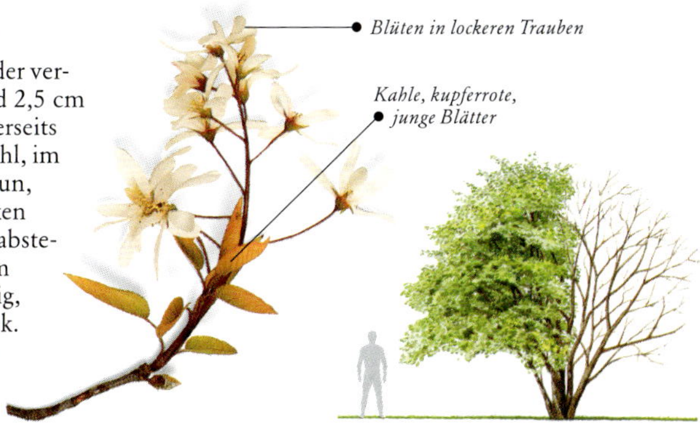

Höhe	Wuchs	Belaubung	Laubform
12 m	Breit ausladend	Sommergrün	

Familie	Art	Autor
ROSACEAE	*Amelanchier lamarckii*	Schroeder

KUPFER-FELSENBIRNE

Blätter Eiförmig bis oval, bis 8 cm lang und 4 cm breit, zugespitzt, fein gesägt, kupferrot, später dunkelgrün. *Borke* Grau, glatt, später längsrissig. *Blüten* Weiß, fünf schlanke Kronblätter, in aufrechten oder abstehenden Trauben, diese bis 7,5 cm lang, im Frühjahr. *Früchte* Kugelig, saftig, eßbar, blauschwarz, 1 cm dick.

- HERKUNFT O-Nordamerika
- LEBENSRAUM Sandige Standorte

Höhe	Wuchs	Belaubung	Laubform
12 m	Breit ausladend	Sommergrün	

Familie	Art	Autor
Rosaceae	*Cotoneaster frigidus*	Wallich

Baum-Zwergmispel

Blätter Oval bis eiförmig, bis 12 cm lang und 6 cm breit, stumpf, ganzrandig, oft wellig, oberseits dunkelgrün und kahl, unterseits dicht hellgrau behaart, verkahlend. *Borke* Grau, im Alter schuppig. *Blüten* 8 mm breit, weiß, in dichten, bis 5 cm großen Schirmrispen, im Sommer. *Früchte* Kugelig, leuchtend rot, 5 mm, in hängenden Fruchtständen an dicken Stielen.

- Herkunft Himalaja
- Lebensraum Gebüsch, Flußauen
- Anmerkung Bei uns nur als Strauch.

Höhe	Wuchs	Belaubung	Laubform
10 m	Breit ausladend	Sommergrün	

Familie	Art	Autor
Rosaceae	*Crataegus crus-galli*	Linné

Hahnendorn

Blätter Verkehrteiförmig, bis 10 cm lang und 4 cm breit, Basis keilförmig, oben abgerundet, oberhalb der Mitte gesägt, oberseits glänzend dunkelgrün, unterseits heller, kahl, im Herbst orange und rot, Zweige mit langen Dornen. *Borke* Dunkelbraun, rissig. *Blüten* 1,5 cm breit, weiß, fünf Kronblätter und rosa Staubbeutel, in Schirmrispen, im Frühsommer. *Früchte* Kugelig, fleischig, rot, 1 cm groß.

- Herkunft O-Nordamerika
- Lebensraum Gebüsch auf trockenen, steinigen Standorten

Höhe	Wuchs	Belaubung	Laubform
8 m	Breit ausladend	Sommergrün	

Familie	Art	Autor
Rosaceae	*Crataegus laciniata*	Ucria

Balkan-Weissdorn

Blätter Im Umriß verkehrteiförmig, tief gelappt, Lappen vorn scharf gezähnt, bis 5 cm lang und breit, oberseits glänzend dunkelgrün, unterseits graufilzig. *Borke* Grau, in dünnen Platten abschuppend. *Blüten* 2 cm groß, weiß, fünf Kronblätter und rosa Staubbeutel, in dichten Blütenständen, im Frühsommer. *Früchte* Kugelig oder länglich, rot oder gelb-rot, bis 2 cm dick, oben abgeflacht.

- Herkunft SW-Asien, SO-Europa
- Lebensraum Waldränder, Gebüsch

Höhe	Wuchs	Belaubung	Laubform
6 m	Breit ausladend	Sommergrün	

Familie	Art	Autor
Rosaceae	*Crataegus laevigata*	(Poiret) Candolle

Zweigriffliger Weissdorn

Blätter Eiförmig bis verkehrteiförmig, bis 5 cm lang und breit, undeutlich gelappt, gesägt, oberseits glänzend dunkelgrün, unterseits heller, verkahlend. *Borke* Grau, glatt, im Alter rissig. *Blüten* 2 cm groß, meist weiß, fünf Kronblätter und zwei Griffel, in Doldenrispen, im späten Frühjahr. *Früchte* Kugelig bis eiförmig, rot, 2 cm lang.

- Herkunft Europa
- Lebensraum Wälder, Gebüsch

▽ 'Gireoudii'
Das anfangs grüne junge Laub dieser Sorte ist später panaschiert.

◁ 'Paul's Scarlet'
Diese Sorte mit den hellroten, gefüllten Blüten ist bei uns als „Rotdorn" bekannt.

Höhe	Wuchs	Belaubung	Laubform
10 m	Breit ausladend	Sommergrün	

Familie	Art	Autor
ROSACEAE	*Crataegus* x *lavallei*	Hérincq ex Lavallée

LEDER-WEISSDORN

Blätter Verkehrteiförmig bis elliptisch, bis 10 cm lang und 5 cm breit, Basis keilförmig, zugespitzt, gezähnt, oberseits glänzend dunkelgrün, lederig, unterseits heller, behaart. *Borke* Grau, schuppig. *Blüten* 2 cm groß, weiß, fünf Kronblätter und rosa Staubbeutel, in flachen Doldenrispen, an behaarten Stielen, im Frühsommer bis Sommer. *Früchte* Rundlich, rot, 2 cm lang.

- HERKUNFT Aus gärtnerischer Kultur
- ANMERKUNG Vermutlich eine Hybride aus *C. crus-galli* (s. Seite 240) und *C. pubescens*. Früher als *C. carrierei* bekannt.

'CARRIEREI'

Höhe	Wuchs	Belaubung	Laubform
10 m	Breit ausladend	Sommergrün	

Familie	Art	Autor
ROSACEAE	*Crataegus mollis*	(Torrey & Gray) Scheele

WEICHHAARIGER WEISSDORN

Blätter Breit eiförmig, bis 10 cm lang und breit, beiderseits bis zu fünf wenig eingeschnittene Lappen, scharf gesägt, oberseits dunkelgrün und behaart, unterseits vor allem jung weich behaart, ca. 5 cm lange Dornen. *Borke* Rotbraun, später graubraun, längs abschuppend. *Blüten* Bis 2,5 cm groß, weiß, gelbe Staubbeutel, in breiten Doldenrispen, an behaarten Stielen, im späten Frühjahr bis Frühsommer. *Früchte* Kugelig, behaart, rot, bis 2,5 cm dick.

- HERKUNFT Zentral-USA
- LEBENSRAUM Flußnähe in Wäldern, oft auf Kalkböden

Höhe	Wuchs	Belaubung	Laubform
12 m	Breit säulenförmig	Sommergrün	

Familie	Art	Autor
ROSACEAE	*Crataegus monogyna*	Jacquin

EINGRIFFLIGER WEISSDORN

Blätter Im Umriß oval bis verkehrt-eiförmig, bis 8 cm lang und breit, beiderseits ein bis drei spitze, tief eingeschnittene, gesägte Lappen, oberseits glänzend dunkelgrün und kahl, unterseits heller, behaarte Nerven. *Borke* Dunkel orangebraun, schmal rissig. *Blüten* Bis 1,5 cm groß, weiß, in Büscheln, im späten Frühjahr. *Früchte* Eiförmig, rot, bis 1 cm lang.

- HERKUNFT Europa
- LEBENSRAUM Wälder, Gebüsch

Höhe	Wuchs	Belaubung	Laubform
10 m	Breit ausladend	Sommergrün	

Familie	Art	Autor
ROSACEAE	*Crataegus phaenopyrum*	Linné f.

CRATAEGUS PHAENOPYRUM

Blätter Breit eiförmig, drei bis fünf Lappen, diese scharf gesägt, zugespitzt, oberseits glänzend dunkelgrün, unterseits heller, kaum behaart. *Borke* Rot- bis graubraun, dünn, schuppig. *Blüten* 1,2 cm groß, fünf Kronblätter, in Doldenrispen, im Frühsommer bis Sommer. *Früchte* Flach kugelig, rot, 6 mm dick.

- HERKUNFT SO-USA
- LEBENSRAUM Wälder, Gebüsch

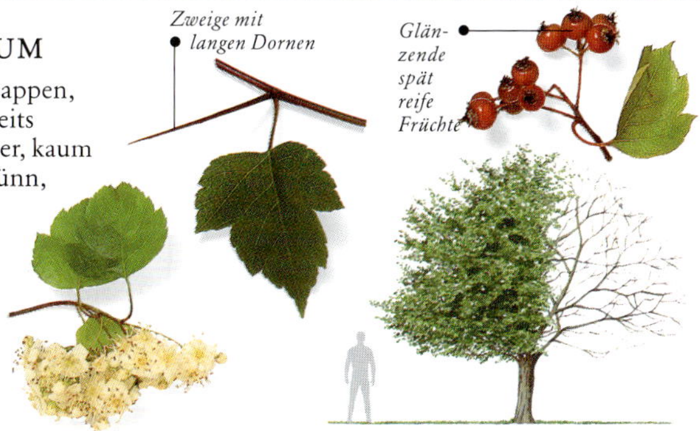

Höhe	Wuchs	Belaubung	Laubform
12 m	Breit ausladend	Sommergrün	

Familie	Art	Autor
ROSACEAE	*Crataegus* x *prunifolia*	(Lamarck) Persoon

PFLAUMEN-WEISSDORN

Blätter Verkehrteiförmig bis fast rund, bis 8 cm lang und 6 cm breit, scharf gesägt, oberseits glänzend dunkelgrün, kahl, unterseits an Nerven behaart. *Borke* Purpurbraun, rissig. *Blüten* 1,5 cm groß, weiß, fünf Kronblätter, in dichten Doldenrispen, im Frühsommer. *Früchte* Kugelig, leuchtend rot, 1,5 cm dick.

- HERKUNFT Aus gärtnerischer Kultur
- ANMERKUNG Vermutlich eine Hybride aus *C. crus-galli* (s. Seite 240) und *C. succulenta*.

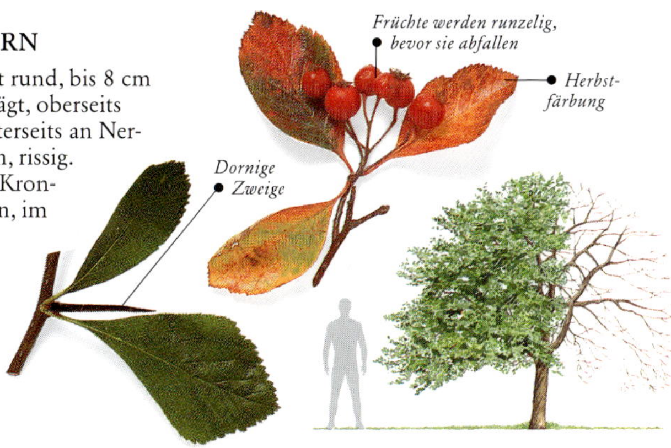

Höhe	Wuchs	Belaubung	Laubform
6 m	Breit ausladend	Sommergrün	

Familie	Art	Autor
ROSACEAE	x *Crataemespilus grandiflora*	(W. W. Smith) E. G. Camus

DORNMISPEL

Blätter Elliptisch bis verkehrteiförmig, bis 7,5 cm lang und 5 cm breit, oberseits glänzend grün, im Herbst hellorange, an jungen Trieben tief gelappt. *Borke* Hell orangebraun, in dünnen Platten abschuppend. *Blüten* 2,5 cm groß, weiß, fünf Kronblätter, höchstens zu dritt, im späten Frühjahr. *Früchte* Kugelig, spärlich behaart, orangebraun, bis 1,5 cm dick.

- HERKUNFT Aus gärtnerischer Kultur
- ANMERKUNG Vermutlich eine Hybride aus dem Zweigriffligen Weißdorn (*C. laevigata*, s. Seite 241) und der Mispel (*Mespilus germanica*, s. Seite 255).

x CRATAEMESPILUS GRANDIFLORA △

+ CRATAEMESPILUS DARDARII ▽ 'JULES D'ASNIÈRES'
Eine Pfropfhybride mit abgerundeten Blattlappen, kleineren Blüten und kleinen, braunen Früchten.

Höhe	Wuchs	Belaubung	Laubform
8 m	Breit ausladend	Sommergrün	

Familie	Art	Autor
ROSACEAE	*Cydonia oblonga*	Miller

ECHTE QUITTE

Blätter Breit elliptisch bis eiförmig, bis 10 cm lang und 6 cm breit, ganzrandig, oberseits jung grünlichgrau und behaart, später stumpfgrün, unterseits grau und behaart, kurzgestielt. *Borke* Purpurbraun, schuppig ablösend, junge Rinde orangebraun. *Blüten* 5 cm groß, rosa bis weiß, fünf Kronblätter, einzeln, im späten Frühjahr. *Früchte* Apfel- oder birnenförmig, gelb, bis 10 cm lang, erst filzig, dann ölig kahl, duftend, an wildwachsenden Pflanzen viel kleiner.

- HERKUNFT Zentral- und SW-Asien
- LEBENSRAUM Waldränder, Wälder, Berghänge, oft auf Kalkböden

Höhe	Wuchs	Belaubung	Laubform
5 m	Breit ausladend	Sommergrün	

Familie	Art	Autor
ROSACEAE	*Malus baccata*	(Linné) Borkhausen

BEERENAPFEL

Blätter Eiförmig bis elliptisch, bis 8 cm lang und 4 cm breit, zugespitzt, fein gesägt, oberseits dunkelgrün, unterseits heller, beiderseits kahl. *Borke* Graubraun, in Platten abschuppend, junge Rinde rötlichbraun. *Blüten* Bis 4 cm groß, weiß, anfangs zartrosa, fünf Kronblätter und gelbe Staubbeutel, duftend, in Dolden, im Frühjahr, mit Laubaustrieb. *Früchte* Kugelig, rot oder gelb, bis 1 cm dick.

- HERKUNFT O-Asien
- LEBENSRAUM Wälder und Gebüsch

Höhe	Wuchs	Belaubung	Laubform
15 m	Breit ausladend	Sommergrün	

Familie	Art	Autor
ROSACEAE	*Malus coronaria*	(Linné) Miller

KRONENAPFEL

Blätter Eiförmig, bis 10 cm lang und 6 cm breit, grob und oft doppelt gesägt, oberseits erst rötlich und behaart, später dunkelgrün, kahl, an jungen Trieben zur Basis hin leicht gelappt. *Borke* Rotbraun, schuppig, längsrissig. *Blüten* 4 cm groß, rosa, in Dolden, im späten Frühjahr. *Früchte* Flach kugelig, grün, ca. 4 cm groß.

- HERKUNFT O-Nordamerika
- LEBENSRAUM Wälder, Gebüsch

MALUS CORONARIA

◁ 'CHARLOTTAE'
Eine Sorte mit gefüllten, nach Veilchen duftenden Blüten.

Höhe	Wuchs	Belaubung	Laubform
9 m	Breit ausladend	Sommergrün	

Familie	Art	Autor
Rosaceae	*Malus domestica*	Borkhausen

Kulturapfel

Blätter Elliptisch bis eiförmig, bis 12 cm lang und 7,5 cm breit, gesägt, oberseits erst gelblichgrün, später dunkelgrün, unterseits oft auch behaart. *Borke* Graubraun bis purpurbraun, in kleinen und dünnen Platten abschuppend. *Blüten* Bis 5 cm groß, weiß, rosa überlaufen, fünf Kronblätter, in Dolden, im späten Frühjahr. *Früchte* Kugelig, süß bis sauer, bis 10 cm dick, gelb bis grün mit roten Flächen oder rot.

- Herkunft Aus gärtnerischer Kultur
- Anmerkung Eine Hybride aus verschiedenen europäischen und asiatischen Arten. Wird seit langem, heute in allen gemäßigten Zonen der Welt, angebaut.

Höhe	Wuchs	Belaubung	Laubform
10 m	Breit ausladend	Sommergrün	

Familie	Art	Autor
Rosaceae	*Malus florentina*	(Zuccagni) Schneider

Malus florentina

Blätter Breit eiförmig, bis 6 cm lang und 5 cm breit, gelappt, gesägt, oberseits dunkelgrün, unterseits dicht behaart, im Herbst purpurn bis rot. *Borke* Rotbraun bis purpurbraun, in kleinen, dünnen Platten abschuppend, junge Rinde orangebraun. *Blüten* 2 cm groß, weiß, fünf Kronblätter und gelbe Staubbeutel, in Doldentrauben, im späten Frühjahr bis Frühsommer. *Früchte* Rundlich bis birnenförmig, rotorange, ca. 1 cm dick.

- Herkunft N-Italien bis N-Türkei
- Lebensraum Feldgehölz, Berghänge
- Anmerkung Vielleicht eine Hybride aus einer Apfelart und der Elsbeere (*Sorbus torminalis*, s. Seite 282), selten wildwachsend anzutreffen.

Höhe	Wuchs	Belaubung	Laubform
8 m	Breit säulenförmig	Sommergrün	

Familie	Art	Autor
ROSACEAE	*Malus floribunda*	Siebold ex van Houtte

JAPANISCHER APFEL

Blätter Elliptisch bis eiförmig, bis 10 cm lang und 5 cm breit, zugespitzt, scharf gesägt, oberseits dunkelgrün und kahl, unterseits jung behaart, an jungen Trieben manchmal gelappt. *Borke* Purpurbraun, im Alter in dünnen Platten abschuppend. *Blüten* 3 cm groß, geschlossen tiefrot, später rosa bis fast weiß, fünf Kronblätter, sehr zahlreich, in Dolden, im Frühjahr. *Früchte* Kugelig, gelb, bis 2 cm dick.

- HERKUNFT Aus gärtnerischer Kultur
- ANMERKUNG Eine Hybride unbekannten Ursprungs, aus Japan eingeführt.

Höhe	Wuchs	Belaubung	Laubform
5 m	Breit ausladend	Sommergrün	

Familie	Art	Autor
ROSACEAE	*Malus hupehensis*	(Pampanini) Rehder

TEEAPFEL

Blätter Eiförmig bis elliptisch, bis 10 cm lang und 6 cm breit, zugespitzt, fein gesägt, oberseits später dunkelgrün und kahl. *Borke* Purpurbraun, in Platten abschuppend, junge Rinde orangebraun. *Blüten* 5 cm groß, geschlossen rosa, später weiß, fünf große, überlappende Kronblätter, duftend, meist sehr zahlreich, in breiten Dolden, im Frühjahr. *Früchte* Abgeflacht kugelig, tiefrot, 1 cm dick, lange, dünne, rote Stiele, bis lange nach Laubfall am Baum.

- HERKUNFT China
- LEBENSRAUM Bergwälder

Höhe	Wuchs	Belaubung	Laubform
12 m	Breit ausladend	Sommergrün	

Familie	Art	Autor
ROSACEAE	*Malus ioensis*	(Wood) Britton

PRÄRIEAPFEL

Blätter Breit eiförmig, bis 10 cm lang und 5 cm breit, gesägt, leicht gelappt, oberseits glänzend grün, unterseits filzig behaart, im Herbst orangerot. *Borke* Rötlichbraun bis purpurbraun, schuppig. *Blüten* Rosa bis weiß, fünf Kronblätter, bis zu sechs in Doldentrauben, im Frühjahr. *Früchte* Kugelig, kahl, hart und sauer, hellgrün oder grün mit roten Flächen, bis 3 cm dick.

- HERKUNFT Zentral-USA
- LEBENSRAUM Flußauen, Waldränder

MALUS IONENSIS

▽ 'PLENA'
Die halbgefüllten Blüten dieser Sorte sind anfangs rosa und werden später weiß.

Höhe	Wuchs	Belaubung	Laubform
8 m	Breit ausladend	Sommergrün	

Familie	Art	Autor
ROSACEAE	*Malus prunifolia*	(Willdenow) Borkhausen

KIRSCHAPFEL

Blätter Elliptisch bis eiförmig, bis 10 cm lang und 6 cm breit, gesägt, dunkelgrün. *Borke* Purpurbraun bis graubraun, in Platten abschuppend, junge Rinde rotbraun. *Blüten* 4 cm groß, geschlossen rosa, später weiß, fünf Kronblätter, duftend, bis zu zehn in Dolden, im Frühjahr. *Früchte* Kugelig bis eiförmig, rot oder gelb, ca. 2 cm dick, mit bleibenden Kelchblättern.

- HERKUNFT Aus gärtnerischer Kultur
- ANMERKUNG Obwohl der Ursprung dieser Pflanze nicht genau bekannt ist, wird vermutet, daß sie aus NO-Asien in den Westen gelangte und eine Hybride ist.

Höhe	Wuchs	Belaubung	Laubform
10 m	Breit ausladend	Sommergrün	

Familie	Art	Autor
ROSACEAE	*Malus* x *purpurea*	(Barbier) Rehder

PURPURAPFEL

Blätter Elliptisch bis schmal eiförmig, bis 7,5 cm lang, zugespitzt, gesägt, rötlichgrün. *Borke* Purpurbraun, rissig, schuppig. *Blüten* 4 cm groß, geöffnet purpurn bis tiefrosa, in Dolden, im Frühjahr. *Früchte* Kugelig, dunkelrot, bis 2,5 cm dick.

- HERKUNFT Aus gärtnerischer Kultur
- ANMERKUNG Eine Hybride aus *M.* x *atrosanguinea* und *M. sieversii.*

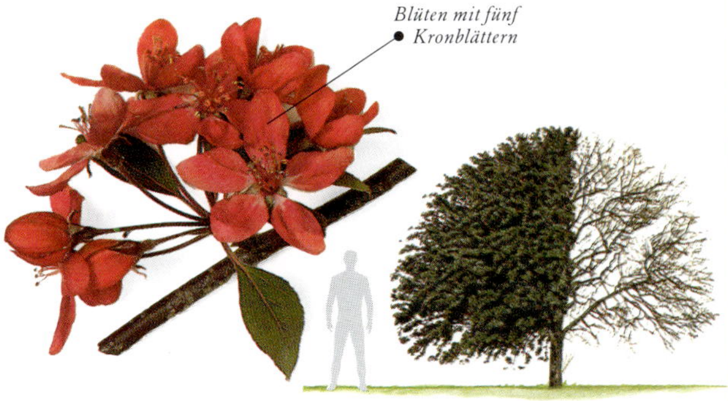

Höhe	Wuchs	Belaubung	Laubform
8 m	Breit ausladend	Sommergrün	

Familie	Art	Autor
ROSACEAE	*Malus sieboldii*	(Regel) Rehder

MALUS SIEBOLDII

Blätter Elliptisch bis eiförmig, bis 6 cm lang und 3 cm breit, zugespitzt, gesägt, oberseits matt dunkelgrün, unterseits heller, beiderseits jung behaart, später fast kahl, an Langtrieben drei- bis fünflappig. *Borke* Dunkelgrau, in kleinen Platten abschuppend. *Blüten* 2 cm groß, geschlossen rosa, später weiß, fünf Kronblätter, duftend, in kleinen Dolden, im Frühjahr. *Früchte* Kugelig, rot oder bräunlichgelb, 8 mm dick, reif ohne Kronblätter, dünngestielt, länger am Baum.

- HERKUNFT Japan
- LEBENSRAUM Feuchte, sonnige Standorte
- ANMERKUNG Auch als *M. toringo* bekannt.

Höhe	Wuchs	Belaubung	Laubform
10 m	Breit überhängend	Sommergrün	

Familie	Art	Autor
Rosaceae	*Malus transitoria*	(Batalin) Schneider

Malus transitoria

Blätter Variabel, klein, länglich, bis 2,5 cm lang an Kurztrieben, bis 7,5 cm lang und 6 cm breit an jungen Trieben, drei sehr tiefe Lappen, Mittellappen jederseits mit einem Seitenlappen, scharf gesägt, oberseits glänzend grün, unterseits heller, leicht behaart. *Borke* Purpurbraun, in glatten Längsplatten abschuppend. *Blüten* 2 cm groß, weiß, fünf Kronblätter, in Dolden, im späten Frühjahr. *Früchte* Kugelig, leicht abgeflacht, gelb, bis 8 mm dick, an roten, dünnen Stielen.

- Herkunft NW-China
- Lebensraum Wälder, Gebüsch

Höhe	Wuchs	Belaubung	Laubform
10 m	Breit ausladend	Sommergrün	

Familie	Art	Autor
Rosaceae	*Malus trilobata*	(Labillardière) Schneider

Malus trilobata

Blätter Bis 9 cm lang und 12 cm breit, tief dreilappig, Mittellappen drei- oder mehrlappig, Seitenlappen mehrlappig, oberseits glänzend dunkelgrün und kahl, unterseits heller und anfangs behaart, im Herbst gelb oder prachtvoll rot. *Borke* Dunkel graubraun, in kleinen Platten abschuppend, Stamm spannrückig. *Blüten* 4 cm groß, weiß, fünf Kronblätter und gelbe Staubbeutel, Knospen wollig behaart, in endständigen Dolden, im Sommer. *Früchte* Klein und fest, grün oder grün mit roten Flächen, 2 cm dick.

- Herkunft SW-Asien, Griechenland
- Lebensraum Wälder, Gebüsch

Höhe	Wuchs	Belaubung	Laubform
15 m	Schmal säulenförmig	Sommergrün	

Familie	Art	Autor
Rosaceae	*Malus tschonoskii*	(Maximowicz) Schneider

WOLLAPFEL

Blätter Breit eiförmig, bis 12 cm lang und 7,5 cm breit, zugespitzt, gesägt, oberseits erst grau und behaart, später kahl und glänzend, unterseits spärlich behaart. *Borke* Purpurbraun, glatt, im Alter rissig, rauh. *Blüten* 3 cm groß, geschlossen rosa, später weiß, fünf Kronblätter und gelbe Staubbeutel, bis zu fünf in Dolden, im späten Frühjahr. *Früchte* Kugelig, gelbgrün und rotbackig, bis 3 cm dick, mit Lentizellen.

- HERKUNFT Japan
- LEBENSRAUM Steinige Waldböden

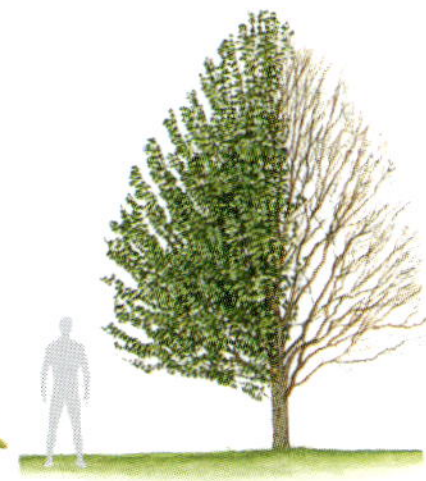

Höhe	Wuchs	Belaubung	Laubform
15 m	Breit kegelig	Sommergrün	

Familie	Art	Autor
Rosaceae	*Malus yunnanensis*	(Franchet) Schneider

MALUS YUNNANENSIS

Blätter Breit eiförmig, bis 12 cm lang und 10 cm breit, Basis herzförmig, zugespitzt, undeutlich gelappt, scharf gesägt, oberseits matt hellgrün, unterseits weich behaart, im Herbst orange bis rot und purpurn. *Borke* Dunkel graubraun, kleine Schuppen, junge Rinde orangebraun. *Blüten* 1,5 cm groß, weiß, fünf Kronblätter, in Doldentrauben, im späten Frühjahr. *Früchte* Kugelig, fest, dunkelrot, 1,5 cm dick, mit vereinzelten hellbraunen Lentizellen, in dichten Fruchtständen.

- HERKUNFT SW-China
- LEBENSRAUM Wälder und an Berghängen
- ANMERKUNG Die abgebildete Varietät, var. *veitchii,* unterscheidet sich durch die helleren Früchte und die herzförmigen Blätter.

Höhe	Wuchs	Belaubung	Laubform
10 m	Breit säulenförmig	Sommergrün	

Familie	Art	Autor
ROSACEAE	*Malus*-Hybriden	– –

MALUS-HYBRIDEN

Viele Garten-Kulturäpfel sind Hybriden zwischen verschiedenen Arten, die wegen der Blütenpracht und Früchte kultiviert werden. Meistens sind es kleine Bäume mit breit ausladendem Wuchs, die etwa 6 – 8 m hoch werden und im späten Frühjahr bis Frühsommer blühen. Es gibt auch Sorten mit purpurnen Blättern und Blüten, die sie durch die Kreuzung mit *Malus sieversii*, einer ursprünglich im zentralasiatischen Turkestan heimischen Art, erhalten haben.

Rosa Blütenknospen

◁ 'BUTTERBALL'
Eine in den USA gezogene Sorte. Aus den rosa Blüten entstehen gelbe, rotbackige Früchte.

▽ 'BUTTERBALL'

Früchte bleiben über Herbst und Winter am Baum

Orange, reif rote Früchte

◁ 'CRITTENDEN'
Die Pflanze hat weiße, zartrosa überzogene Blüten. Aus ihnen entstehen in verschwenderischer Fülle die leuchtend roten Früchte.

▽ 'DARTMOUTH'
Die kleinen weißen Blüten dieser Sorte sind geschlossen zartrosa. Die etwa 5 cm großen Früchte sind purpurrot und bereift.

Früchte sind anfangs gelb, später purpurn und dunkelrot

Zahlreiche weiße Blüten

▽ 'CRITTENDEN'

Blüten öffnen sich nach Laubaustrieb

Purpurne junge Blätter

Purpurrote Kronblätter mit weißer Basis

◁ 'ELEYI'
Die Früchte dieser Sorte sind klein, kegelig und purpurn.

Höhe	Wuchs	Belaubung	Laubform
8 m	Breit ausladend	Sommergrün	

Blüten geschlossen tiefrosa, später weiß

▽ 'JOHN DOWNIE'
Die weißen Blüten mit gelben Staubbeuteln sind geschlossen zartrosa. Die eiförmigen Früchte sind 3 cm groß und glänzend orangegelb mit roten Flächen.

Zartrosa Knospen, offen weiß

△ 'GOLDEN HORNET'
Die Blüten dieser Sorte sind 4 cm groß, geschlossen rosa, später weiß mit Rosa überzogen. Die kugeligen dunkelgelben Früchte sind ca. 2,5 cm dick.

Anfangs grüne, reif gelbe Früchte

'GOLDEN HORNET' ▷

Typische eiförmige Früchte

Kurzgestielte Früchte

△ 'JOHN DOWNIE'

Purpurrote Blüten mit breiten Petalen

◁ 'LEMOINEI'
Eine farbenprächtige Hybride mit anfangs purpurnen, später rotgrünen Blättern. Die purpurroten Blüten sind 4 cm groß, die dunkelpurpurnen Früchte 1,5 cm dick.

Blätter oft auch mit ungleichen Lappen

Kirschartige Früchte

▽ 'LISET'
Die bronzepurpurnen jungen Blätter dieser Sorte sind später dunkelgrün und bilden einen Kontrast zu den rein purpurrosa Blüten.

Blüten öffnen sich nach Laubaustrieb

Dunkelrote Blütenknospen

Glänzende Zweige mit Lentizellen

△ 'LISET'

Familie ROSACEAE	Art *Malus*-Hybriden	Autor – –

Blätter an Langtrieben gelappt

Kleine Früchte an langen Stielen

◁ 'PROFUSION'
Die zahlreichen karminroten Blüten sind in 4 cm großen Blütenständen vereint. Die dunkelgrünen, rotadrigen Blätter sind jung kupferfarben. Im Herbst reifen die tief purpurroten, rundlichen Früchte, die 1,2 cm dick werden.

Rot reifende Früchte

'RED SENTINEL' ▷
Die rosa Knospen öffnen sich zu weißen, 3 cm großen Blüten, aus denen 2,5 cm große, kugelige, lang am Baum bleibende, glänzend dunkelrote Früchte entstehen.

Petalenbasis rosa überzogen

▷ 'RED JADE'
Die Blüten dieser Sorte mit schleppenartigem Wuchs sind geschlossen rosa, später weiß. Die hellroten Früchte bleiben bis weit in den Herbst am Zweig.

△ 'RED JADE'

▽ 'ROYALTY'
Die glänzend purpurroten Blätter dieses gedrungenen Baumes färben sich im Herbst rot. Dunkelrote Blütenknospen öffnen sich purpurrot.

'ROYALTY' ▷

Blätter auch zur Fruchtreife noch rotgrün

Gefüllte Blüten mit 15 Petalen

'VAN ESELTINE' ▷
Die Sorte ist leicht am aufrechten Wuchs, den gefüllten Blüten und den kleinen, gelben oder gelb-rotbackigen Früchten zu erkennen.

Höhe 8 m	Wuchs Variabel	Belaubung Sommergrün	Laubform

Familie	Art	Autor
ROSACEAE	*Mespilus germanica*	Linné

MISPEL

Blätter Eilänglich, bis 15 cm lang und 5 cm breit, ganzrandig oder fein gesägt, oberseits dunkelgrün, beiderseits meist behaart, im Herbst gelb und braun, sehr kurz gestielt, Triebe oft dornig. *Borke* Grau-braun, anfangs glatt, später gefurcht, in Längsplatten ablösend, junge Rinde orange-braun. *Blüten* Bis 5 cm groß, weiß, fünf Kronblätter, einzeln, kurzgestielt, im späten Frühjahr bis Frühsommer, häufig Nachblüte im Spätsommer. *Früchte* Rundlich, abgeflacht bis birnenförmig, fleischig, braun, bis 3 cm dick, Kelch bleibend.

- HERKUNFT SW-Asien, SO-Europa
- LEBENSRAUM Wälder, Gebüsch, in Mitteleuropa nur verwildert
- ANMERKUNG Wildwachsende Pflanzen eher strauchig. Das Fruchtfleisch wird erst nach Frosteinwirkung eßbar.

MESPILUS GERMANICA ▷

'NOTTINGHAM' ▷

▽ 'NOTTINGHAM'
Eine Sorte mit großen Früchten.

Höhe	Wuchs	Belaubung	Laubform
6 m	Breit ausladend	Sommergrün	

Familie	Art	Autor
ROSACEAE	*Photinia beauverdiana*	Schneider

PHOTINIA BEAUVERDIANA

Blätter Elliptisch bis lanzettlich, bis 12 cm lang und 5 cm breit, Basis verschmälert, zugespitzt, scharf gesägt, oberseits dunkelgrün, beiderseits kahl, im Herbst rot. *Borke* Grau, glatt, Stamm am Fuß mit Wülsten. *Blüten* 1 cm groß, weiß, fünf Kronblätter, in Schirmtrauben, diese bis 5 cm breit, im späten Frühjahr. *Früchte* Eiförmig, bis 6 mm lang, grün, reif purpurn.

- HERKUNFT W-China
- LEBENSRAUM Wälder, Gebüsch

◁ VAR. NOTABILIS

Höhe	Wuchs	Belaubung	Laubform
6 m	Breit ausladend	Sommergrün	

Familie	Art	Autor
ROSACEAE	*Photinia davidiana*	(Decaisne) Cardot

PHOTINIA DAVIDIANA

Blätter Elliptisch bis länglich oder verkehrtlanzettlich, bis 12 cm lang und 4 cm breit, zugespitzt, ganzrandig, oberseits dunkelgrün, beiderseits fast kahl, im Herbst vor Laubfall rot. *Borke* Graubraun und glatt. *Blüten* 6 mm groß, weiß, fünf Kronblätter und rosa Staubbeutel, in dichten Schirmtrauben, diese 7,5 cm breit, im Sommer. *Früchte* Kugelig, hellrot, ca. 8 mm dick, langgestielt, in kleinen Fruchtständen.

- HERKUNFT China, Vietnam
- LEBENSRAUM Wälder, Gebüsch, Felsenhänge

Höhe	Wuchs	Belaubung	Laubform
10 m	Breit ausladend	Immergrün	

Familie	Art	Autor
Rosaceae	*Photinia x fraseri*	Dress

Photinia x fraseri

Blätter Länglich bis verkehrteiförmig, bis 15 cm lang und 6 cm breit, gesägt, oberseits glänzend dunkelgrün und kahl. *Borke* Graubraun, glatt, an großen Stämmen ablösend. *Blüten* Weiß, in Schirmrispen, diese 12 cm breit, im späten Frühjahr bis Sommer. *Früchte* Kugelig, rot, 5 mm dick.

- Herkunft Aus gärtnerischer Kultur
- Anmerkung Eine Hybride aus *P. glabra* und *P. serratifolia* (s. u.).

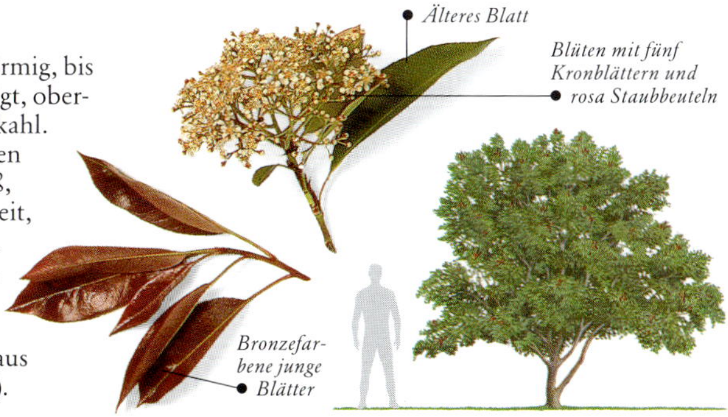

Höhe	Wuchs	Belaubung	Laubform
6 m	Breit ausladend	Immergrün	

Familie	Art	Autor
Rosaceae	*Photinia serratifolia*	(Desfontaines) Kalkman

Photinia serratifolia

Blätter Länglich bis verkehrteiförmig, bis 20 cm lang und 7,5 cm breit, gesägt, oberseits glänzend dunkelgrün, kahl, an kräftigen, kahlen, roten Zweigen. *Borke* Graubraun, glatt, unregelmäßig geschuppt. *Blüten* 1 cm groß, weiß, in großen Schirmrispen, diese bis 15 cm groß, endständig, im Frühjahr. *Früchte* Kugelig, rot, 6 mm dick, über Winter am Baum.

- Herkunft China
- Lebensraum Gebüsch

Höhe	Wuchs	Belaubung	Laubform
10 m	Breit ausladend	Immergrün	

Familie	Art	Autor
Rosaceae	*Photinia villosa*	(Thunberg) Candolle

Warzen-Glanzmispel

Blätter Oval bis verkehrteiförmig, bis 8 cm lang und 4 cm breit, kurz zugespitzt, fein gesägt, oberseits dunkelgrün, im Herbst rot und orange. *Borke* Grau bis graubraun, im Alter flachrissig. *Blüten* Klein, weiß, fünf Kronblätter und rosa Staubbeutel, in abgeflachten kleinen Schirmtrauben, im späten Frühjahr. *Früchte* Eiförmig, eßbar, rot, bis 1 cm dick.

- Herkunft China, Japan, Korea
- Lebensraum Wälder, Flußauen

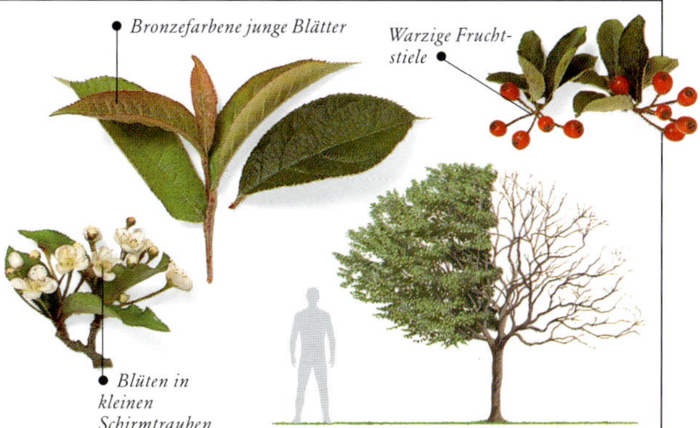

Höhe	Wuchs	Belaubung	Laubform
5 m	Breit ausladend	Sommergrün	

Familie ROSACEAE	Art *Prunus armeniaca*	Autor Linné

APRIKOSE, MARILLE

Blätter Rundlich bis eiförmig, bis 10 cm lang und 6 cm breit, Basis meist abgerundet, plötzlich kurz zugespitzt, fein gesägt, glänzend dunkelgrün. *Borke* Rotbraun, glatt, glänzend. *Blüten* 2,5 cm groß, zartrosa oder weiß, fünf Kronblätter, fast ohne Stiel, meist einzeln an älteren Trieben, im Frühjahr vor Laubaustrieb. *Früchte* Kugelig, fleischig, eßbar, gelb, teils rot überzogen, mit einzelnem, hartem, glattem Stein, darin eßbarer weißer Same.

- HERKUNFT Zentral-Asien, N-China
- LEBENSRAUM Hügellagen, Gebüsch
- ANMERKUNG In Teilen Europas eingebürgert und häufig als Obstbaum angebaut.

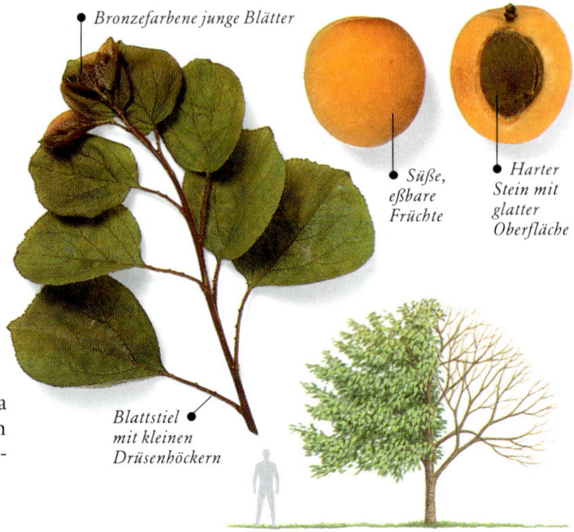

Höhe 10 m	Wuchs Breit ausladend	Belaubung Sommergrün	Laubform

Familie ROSACEAE	Art *Prunus avium*	Autor Linné

VOGELKIRSCHE

Blätter Länglich bis elliptisch, bis 15 cm lang und 6 cm breit, zugespitzt, scharf gesägt, oberseits jung bronzefarben, später matt dunkelgrün. *Borke* Glänzend rotbraun, ringförmig ablösend. *Blüten* 3,5 cm groß, weiß, fünf Kronblätter, in Dolden, im Frühjahr, kurz vor oder mit Laubaustrieb. *Früchte* Kugelig, süß, eßbar, dunkelrot, ca. 1 cm dick.

- HERKUNFT Europa
- LEBENSRAUM Wälder, Hecken
- ANMERKUNG Bei uns heimischer, weitverbreiteter Baum, besonders auf lehmigen Standorten.

PRUNUS AVIUM

△ 'PLENA'
Eine kleinere Sorte mit breiten, gefüllten, vielzähligen Blüten.

Höhe 25 m	Wuchs Breit säulenförmig	Belaubung Sommergrün	Laubform

Familie ROSACEAE	Art *Prunus cerasifera*	Autor Ehrhart

KIRSCHPFLAUME

Blätter Eiförmig bis verkehrteiförmig, bis 8 cm lang und 5 cm breit, gesägt, oberseits glänzend dunkelgrün und kahl, unterseits an Nerven behaart. *Borke* Purpurbraun, dünnschuppig, mit waagrechten, orangen Lentizellen, im Alter rissig. *Blüten* 2,5 cm groß, weiß, fünf Kronblätter und zurückgeschlagene Kelchblätter, einzeln, im zeitigen Frühjahr vor oder mit Laubaustrieb. *Früchte* Kugelig, pflaumenartig, eßbar, gelb bis rot, 3 cm dick.

- HERKUNFT Aus gärtnerischer Kultur
- ANMERKUNG Ähnlich der gelb fruchtenden *Prunus divaricata*, die in SO-Europa, Zentral- und SW-Asien heimisch ist.

◁ 'NIGRA'
Tief schwarzrote Blätter und rosa Blüten kennzeichnen diese Sorte.

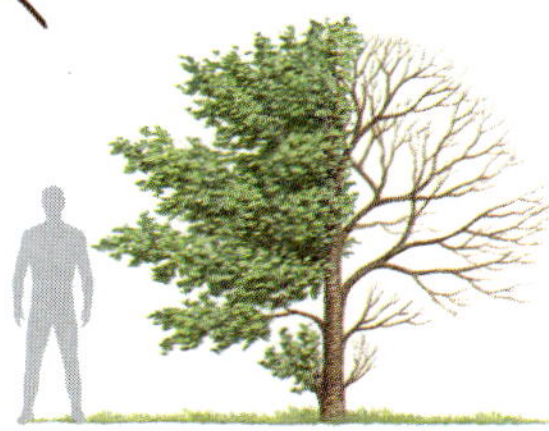

△ 'PISSARDII'
Diese Sorte hat geschlossen rosa, später weiße Blüten und purpurne Blätter.

△ 'ROSEA'
Eine Sorte mit purpurroten Blättern und kleinen rosa Blüten.

Höhe 8 m	Wuchs Breit ausladend	Belaubung Sommergrün	Laubform

Familie ROSACEAE	Art *Prunus cerasus*	Autor Linné

SAUERKIRSCHE

Blätter Oval bis eiförmig, bis 8 cm lang und 5 cm breit, zugespitzt, scharf gesägt, oberseits dunkelgrün, beiderseits kahl. *Borke* Purpurbraun, mit waagrechten, orangebraunen Lentizellen, waagrecht ablösend. *Blüten* 2,5 cm groß, weiß, fünf Kronblätter, in kleinen Dolden, im Frühjahr. *Früchte* Eßbare rote bis schwarze Kirschen, bis 2 cm dick.

- HERKUNFT Aus gärtnerischer Kultur
- ANMERKUNG Die Art ist nahe mit der Vogelkirsche (*P. avium*, s. Seite 258) verwandt.

PRUNUS CERASUS

△ 'RHEXII'
Eine Sorte mit dicht gefüllten Blüten.

Höhe 8 m	Wuchs Breit ausladend	Belaubung Sommergrün	Laubform

Familie Rosaceae	Art *Prunus domestica*	Autor Linné

Zwetschge, Pflaume

Blätter Elliptisch bis verkehrteiförmig, bis 8 cm lang und 5 cm breit, kurz zugespitzt, stumpf gesägt, oberseits mattgrün, unterseits dicht behaart bis kahl, Gartenformen gewöhnlich ohne Dornen. *Borke* Graubraun, im Alter rissig. *Blüten* 2,5 cm groß, weiß, fünf Kronblätter, einzeln oder bis zu dritt, im Frühjahr. *Früchte* Kugelig bis eiförmig, fleischig, säuerlich bis süß, gelb, rot oder purpurn, bis 7,5 cm lang, glatt, abgeflachter Steinkern mit weißem Samen.

- Herkunft Aus gärtnerischer Kultur
- Anmerkung Vermutlich eine Hybride aus der Kirschpflaume (*P. cerasifera*, s. Seite 259) und der Schlehe (*P. spinosa*), inzwischen eingebürgert.

Höhe 10 m	Wuchs Breit ausladend	Belaubung Sommergrün	Laubform

Familie Rosaceae	Art *Prunus dulcis*	Autor (Miller) Webb

Mandel

Blätter Schmal elliptisch bis lanzettlich, bis 12 cm lang und 4 cm breit, lang zugespitzt, fein gesägt, dunkelgrün. *Borke* Dunkelgrau, im Alter in kleinen Platten abschuppend. *Blüten* 5 cm groß, rosa, später weiß, fünf Kronblätter, einzeln oder zu zweit, im zeitigen Frühjahr vor Laubaustrieb. *Früchte* Grün, samtig, bis 6 cm groß, Fleisch trocken-lederig, darin Stein mit eßbarem weißem Kern.

- Herkunft N-Afrika, Zentral- und SW-Asien
- Lebensraum Trockene Berghänge, Gebüsch, Wälder

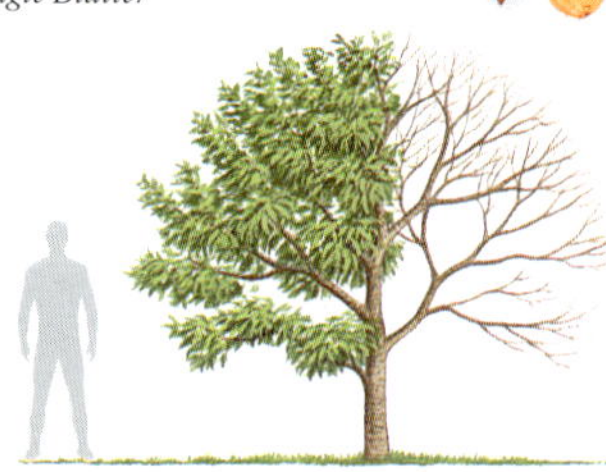

◁ 'Roseoplena'
Die gefüllten rosa Blüten dieser Sorte öffnen sich mit dem Laubaustrieb.

Höhe 8 m	Wuchs Breit ausladend	Belaubung Sommergrün	Laubform

Familie	Art	Autor
ROSACEAE	*Prunus incisa*	Thunberg

MÄRZKIRSCHE

Blätter Eiförmig bis verkehrteiförmig, bis 6 cm lang und 3 cm breit, zugespitzt, scharf gesägt, jung bronzefarben, später dunkelgrün, beiderseits behaart. *Borke* Dunkelgrau, längsrissig. *Blüten* 2 cm groß, weiß oder zartrosa, fünf eingekerbte Kronblätter, zu zweit oder zu dritt, im Frühjahr vor Laubaustrieb. *Früchte* Eiförmige, purpurschwarze Kirsche, bis 8 mm lang.

- HERKUNFT SW-Japan
- LEBENSRAUM Bergwälder

Höhe	Wuchs	Belaubung	Laubform
10 m	Breit ausladend	Sommergrün	

Familie	Art	Autor
ROSACEAE	*Prunus insititia*	Linné

HAFERSCHLEHE, KRIECHE

Blätter Elliptisch bis verkehrteiförmig, bis 7,5 cm lang und 5 cm breit, plötzlich kurz zugespitzt, stumpf gesägt, oberseits matt dunkelgrün, an oft dornigen Zweigen. *Borke* Dunkelgrau, glatt, im Alter meist rissig. *Blüten* 2,5 cm groß, weiß, fünf Kronblätter, einzeln oder bis zu dritt, im Frühjahr vor Laubaustrieb. *Früchte* Kugelig bis eiförmig, fleischig, eßbar, gelb, rot bis purpurschwarz, bis 5 cm dick, fast kugeliger Stein am Fleisch haftend.

- HERKUNFT Aus gärtnerischer Kultur
- ANMERKUNG Eine weithin eingebürgerte Verwandte der Kulturpflaume (*P. domestica,* s. Seite 260) mit vielen Sorten.

PRUNUS INSITATIA

▽ 'MIRABELLE'
Die pflaumenähnlichen Früchte dieser Auslese sind süß und eßbar.

Höhe	Wuchs	Belaubung	Laubform
7 m	Breit ausladend	Sommergrün	

Familie	Art	Autor
ROSACEAE	*Prunus*-Sorten und Hybriden	– –

JAPANISCHE BLÜTENKIRSCHEN

Die japanischen Blütenkirschen sind in Japan gezüchtete oder selektierte Zierbäume oder -sträucher mit reichem Blütenschmuck. Sie gelten als Kulturformen zweier in Japan heimischer Arten, *P. jamasakura* (s. Seite 265) und *P. speciosa,* denn ähnliche Bäume sind in den Bergen Japans wildwachsend anzutreffen. Sie werden in japanischen Gärten seit mehr als 1500 Jahren kultiviert, wurden aber erst vor relativ kurzer Zeit nach Europa eingeführt. Die meisten sind von ausladendem Wuchs, manche überhängend oder schmal aufrecht wachsend. Die prächtigen Blüten sind einfach, halb gefüllt oder gefüllt und weiß bis tiefrosa.

▽ 'AMANOGAWA'
Typisch für diesen ca. 8 m hohen Baum ist der schlanke aufrechte Wuchs. Die hellrosa halbgefüllten Blüten sind 3 cm groß und öffnen sich im Frühjahr vor oder mit den Blättern.

'KANZAN' △
Diese immer noch am meisten angepflanzte Sorte hat eine fast umgekehrt kegelförmige Krone. Erst im Alter wird der Wuchs ausladender. Der Baum erreicht eine Höhe von 10 m.

△ 'KANZAN'

△ 'SHIDARE-SAKURA'
Eine Sorte mit stark hängenden Ästen und Zweigen, die meist 3–5 m hoch wird.

Höhe	Wuchs	Belaubung	Laubform
10 m	Variabel	Sommergrün	

◁ 'Shirofugen'

Eine der schönsten japanischen Blütenkirschen. Dieser Baum mit den weit ausgebreiteten Ästen wird bis 9 m hoch. Er blüht von allen Sorten am spätesten. Die gefüllten Blüten sind geschlossen rosa, offen weiß und vor dem Abfallen wieder rosa.

△ 'Shogetsu'

Die großen, weißen, gefüllten Blüten dieses ausladend wachsenden Baumes sind geschlossen rosa. Sie erscheinen in hängenden Büscheln im späten Frühjahr mit den hellgrünen jungen Blättern.

'Tai Haku' ▷

Die „Große Weiße Kirsche" des alten Japan wurde um 1900 in einem englischen Garten gefunden und dann wieder nach Japan gebracht, wo man sie verloren glaubte. Die einfachen Blüten sind die größten unter den Kirschblüten. Sie öffnen sich im Frühjahr mit den bronzefarbenen Blättern.

△ 'Ukon'

Die typischen halbgefüllten Blüten dieser Sorte sind gelblichweiß bis grünlichgelb. Sie öffnen sich im Frühjahr mit den bronzefarbenen Blättern.

Familie	Art	Autor
Rosaceae	*Prunus*-Hybriden	– –

Prunus-Hybriden

Neben den japanischen Blütenkirschen gibt es viele andere Hybriden zwischen verschiedenen Arten, die entweder zufällig entstanden sind oder als Zierformen gezüchtet wurden. Zu ihren Eltern gehören mehrere Arten und Hybriden, darunter *P. sargentii* (s. Seite 268) und *P.* x *subhirtella* (s. Seiten 270 – 271), wodurch diese Gruppe vielgestaltiger ist als die der Japanischen Blütenkirschen. Sie wachsen aufstrebend säulenförmig oder breit ausladend und werden meist nicht höher als 10 m. Von den stets sommergrünen Bäumen sind einige im Herbst prächtig gefärbt. Die Blüten sind einfach, halb gefüllt oder gefüllt und öffnen sich vom zeitigen bis späten Frühjahr.

Halbgefüllte Blüten mit gelben Staubbeuteln

Scharf gesägter Blattrand

Drüsenhöcker an der Spreitenbasis

△ 'Accolade'
Vermutlich ist dieser kleine Baum eine Hybride aus *P. sargentii* (s. Seite 268) und *P.* x *subhirtella* (s. Seite 270).

Einfache Blüten mit vorn gekerbten Kronblättern

△ 'Pandora'
Ein Baum mit zartrosa, einfachen, fünfzähligen Blüten, die sich im zeitigen Frühjahr vor dem Laubaustrieb öffnen.

Blüten geschlossen rosa, offen weiß

Plötzlich zugespitzte Spreite

Grob bis doppelt gesägter Blattrand

△ 'Spire'
Das mattgrüne Laub dieser Sorte färbt sich im Herbst orange und rot.

Höhe	Wuchs	Belaubung	Laubform
10 m	Variabel	Sommergrün	

Familie	Art	Autor
ROSACEAE	*Prunus jamasakura*	Siebold ex Koidzumi

JAPANISCHE BERGKIRSCHE

Blätter Länglich bis verkehrteiförmig, bis 8 cm lang und 4 cm breit, plötzlich lang zugespitzt, scharf gesägt, oberseits bronzefarben oder rot, später dunkelgrün, unterseits blaugrün, beiderseits kahl, im Herbst gelb bis rot. *Borke* Purpurbraun, mit waagrechten Lentizellen. *Blüten* 3 cm groß, zartrosa bis fast weiß, fünf vorn gekerbte Kronblätter, in kleinen Schirmtrauben, im Frühjahr mit Laubaustrieb. *Früchte* Fleischige, schwarzrote Beere, 2,5 cm lang.

- HERKUNFT China, Japan, Korea
- LEBENSRAUM Wälder in Hügel- und Vorgebirgslagen
- ANMERKUNG Auch als *Prunus serrulata* var. *spontanea* bekannt.

Höhe	Wuchs	Belaubung	Laubform
20 m	Breit ausladend	Sommergrün	

Familie	Art	Autor
ROSACEAE	*Prunus laurocerasus*	Linné

PONTISCHE LORBEERKIRSCHE

Blätter Länglich bis elliptisch, bis 20 cm lang und 6 cm breit, plötzlich kurz zugespitzt, ganzrandig oder nur schwach ab der Blattmitte gesägt, oberseits meist glänzend dunkelgrün, unterseits heller, kahl, an kurzen, kräftigen Stielen. *Borke* Graubraun, glatt. *Blüten* 8 mm groß, weiß, fünf Kronblätter, duftend, in aufrechten Trauben, diese bis 12 cm lang, in den Blattachseln, im Frühjahr, teils Nachblüte im Herbst. *Früchte* Kegelförmig, bis 8 mm lang, grün, später rot, reif schwarz.

- HERKUNFT SW-Asien, O-Europa
- LEBENSRAUM Unterholz in Wäldern

Höhe	Wuchs	Belaubung	Laubform
10 m	Breit ausladend	Immergrün	

Familie	Art	Autor
ROSACEAE	*Prunus lusitanica*	Linné

IBERISCHE LORBEERKIRSCHE

Blätter Länglich bis eiförmig, bis 12 cm lang und 5 cm breit, zugespitzt, gesägt, oberseits glänzend dunkelgrün, beiderseits kahl, dünn und rot gestielt. *Borke* Dunkel graubraun, glatt. *Blüten* 12 mm groß, weiß, fünf Kronblätter, duftend, zahlreich, in abstehenden, lockeren, bis 25 cm langen Trauben, im Sommer. *Früchte* Eiförmig, bis 1 cm lang, grün, später rot, reif schwarz.

- HERKUNFT SW-Frankreich, Portugal, Spanien
- LEBENSRAUM Bergwälder

SSP. AZORICA ▷
Diese Unterart ist auf den Azoren im Nordatlantik heimisch. Die Blütentrauben sind kürzer als bei der Art.

Höhe	Wuchs	Belaubung	Laubform
10 m	Breit ausladend	Immergrün	

Familie	Art	Autor
ROSACEAE	*Prunus maackii*	Ruprecht

AMUR-TRAUBENKIRSCHE

Blätter Länglich eiförmig, bis 7,5 cm lang und 3 cm breit, meist lang zugespitzt, scharf gesägt, dunkelgrün, im Herbst gelb. *Borke* Glänzend braungelb und glatt, in Streifen ablösend. *Blüten* 1 cm groß, weiß, duftend, in dichten Trauben, am Ende älterer Zweige, im Frühjahr mit Laubaustrieb. *Früchte* Kugelig, 5 mm dick, anfangs grün, reif schwarz.

- HERKUNFT NO-Asien
- LEBENSRAUM Wälder

Höhe	Wuchs	Belaubung	Laubform
12 m	Breit kegelig	Sommergrün	

Familie	Art	Autor
ROSACEAE	*Prunus padus*	Linné

GEMEINE TRAUBENKIRSCHE

Blätter Elliptisch bis verkehrteiförmig, bis 10 cm lang und 7 cm breit, zugespitzt, fein gesägt, stumpfgrün, im Herbst meist rot oder gelb. *Borke* Dunkelgrau, glatt. *Blüten* 1 cm groß, weiß, fünf Kronblätter, duftend, in aufrechten oder überhängenden, bis 15 cm langen Trauben, im Frühjahr. *Früchte* Kugelig bis eiförmig, glänzend schwarz, bis 8 mm dick.

- HERKUNFT N-Asien, Europa
- LEBENSRAUM Offene Lagen, Flußauen, Wälder

PRUNUS ▷ PADUS

'COLORATA' ▷ Eine Sorte mit jung purpurroten, später oberseits dunkelgrünen und unterseits roten Blättern.

◁ 'WATERERI' Eine Sorte mit schlanken, kompakten Blütenständen, bis 20 cm lang.

Höhe	Wuchs	Belaubung	Laubform
15 m	Breit ausladend	Sommergrün	

Familie	Art	Autor
ROSACEAE	*Prunus persica*	(Linné) Batsch

PFIRSICH

Blätter Breit lanzettlich, bis 15 cm lang und 4 cm breit, lang und schmal zugespitzt, fein gesägt, glänzend dunkelgrün. *Borke* Dunkelgrau, im Alter rissig. *Blüten* 3,5 cm groß, hell- bis dunkelrosa oder rot, teils weiß, kurzgestielt, einzeln oder zu zweit, im zeitigen Frühjahr. *Früchte* Kugelig, fleischig, süß, eßbar, meist orangegelb mit roten Streifen, bis 7 cm dick, Stein tief gefurcht, darin weißer Same.

- HERKUNFT China
- LEBENSRAUM Gebirge

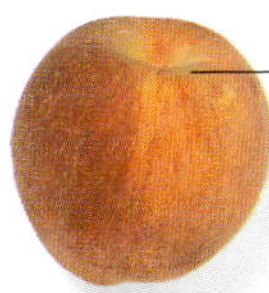

△ PRUNUS PERSICA

◁ 'PRINCE CHARMING' Eine Sorte mit gefüllten Blüten.

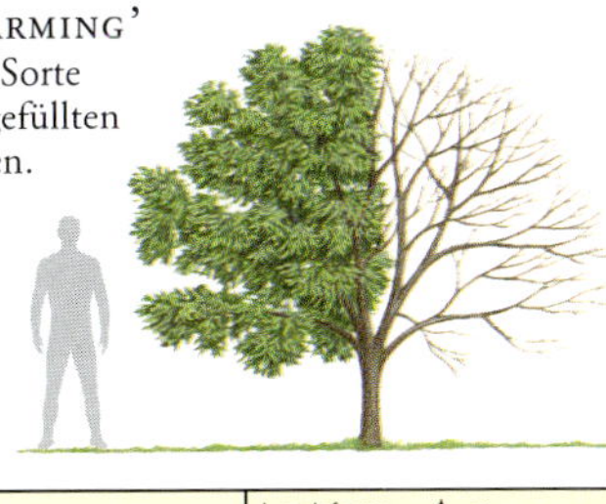

▷ VAR. NECTARINA Die Frucht dieser Unterart hat eine glatte, glänzende Haut.

Höhe	Wuchs	Belaubung	Laubform
8 m	Breit ausladend	Sommergrün	

Familie Rosaceae	Art *Prunus sargentii*	Autor Rehder

Sachalin-Kirsche

Blätter Elliptisch bis verkehrteiförmig, bis 12 cm lang und 6 cm breit, plötzlich lang zugespitzt, scharf gesägt, jung rötlich, oberseits später glänzend grün, beiderseits kahl, im Herbst leuchtend orange oder rot. *Borke* Glänzend purpurbraun, mit hellen, waagrechten Lentizellen. *Blüten* 4 cm groß, rosa, fünf vorn gekerbte Kronblätter, in Dolden, im Frühjahr mit oder kurz vor Laubaustrieb. *Früchte* Kugelige bis eiförmige, glänzende, purpurschwarze Beeren, ca. 1 cm lang.

- Herkunft Japan
- Lebensraum Bergwälder

Höhe 20 m	Wuchs Breit ausladend	Belaubung Sommergrün	Laubform

Familie Rosaceae	Art *Prunus* x *schmittii*	Autor Rehder

Prunus x schmittii

Blätter Elliptisch bis verkehrteiförmig, bis 11 cm lang und 5,5 cm breit, zugespitzt, scharf und grob gesägt, oberseits dunkelgrün, unterseits heller, beiderseits weich behaart. *Borke* Dunkel rotbraun, mit waagrechten, orangebraunen, korkigen Lentizellen, in schmalen Streifen ablösend. *Blüten* 2 cm groß, geschlossen tiefrosa, offen heller, fünf gebogene Kronblätter, in Dolden, im Frühjahr mit Laubaustrieb, meist nicht fruchtend.

- Herkunft Aus gärtnerischer Kultur
- Anmerkung

Eine Hybride aus der Vogelkirsche (*P. avium*, s. Seite 258) und der strauchigen *P. canescens*.

Höhe 15 m	Wuchs Schmal säulenförmig	Belaubung Sommergrün	Laubform

Familie	Art	Autor
ROSACEAE	*Prunus serotina*	Ehrhart

SPÄTE TRAUBENKIRSCHE

Blätter Elliptisch bis lanzettlich, bis 12 cm lang und 5 cm breit, zugespitzt, fein gesägt, oberseits glänzend dunkelgrün und kahl, unterseits heller und bis auf Mittelrippe kahl, im Herbst gelb oder rot. *Borke* Bräunlichgrau, rissig. *Blüten* 1 cm groß, weiß, in abstehenden bis hängenden, bis 15 cm langen Trauben, endständig, im späten Frühjahr bis Frühsommer. *Früchte* Kugelig, eßbar, 1 cm dick, rot, reif schwarz.

- HERKUNFT Nordamerika
- LEBENSRAUM Wälder, Wiesen, an Straßen

Höhe	Wuchs	Belaubung	Laubform
25 m	Breit säulenförmig	Sommergrün	

Familie	Art	Autor
ROSACEAE	*Prunus serrula*	Franchet

MAHAGONIKIRSCHE

Blätter Lanzettlich, bis 9 cm lang und 3 cm breit, lang zugespitzt, fein gesägt, matt dunkelgrün. *Borke* Glänzend mahagonibraun, glatt, charakteristisch mit hellen Lentizellen gebändert, in schmalen Streifen ablösend. *Blüten* 2 cm groß, weiß, relativ unauffällig, einzeln bis zu dritt, im Frühjahr kurz nach Laubaustrieb. *Früchte* Eiförmig, ca. 1 cm lang, anfangs gelb, reif rot.

- HERKUNFT W-China
- LEBENSRAUM Bergwälder
- ANMERKUNG Auch als Tibetkirsche *(P. serrula* var. *tibetica)* bekannt. Leicht an der typischen Borke zu erkennen.

Höhe	Wuchs	Belaubung	Laubform
15 m	Breit ausladend	Sommergrün	

Familie	Art	Autor
ROSACEAE	*Prunus* x *subhirtella*	Miquel

HIGAN-KIRSCHE

Blätter Oval bis länglich eiförmig, bis 8 cm lang und 5 cm breit, zugespitzt, einfach bis doppelt gesägt, oberseits jung hellbronzefarben, später dunkelgrün, unterseits heller, im Herbst gelb. *Borke* Graubraun, glatt, gebändert mit Lentizellen. *Blüten* 2 cm groß, zartrosa oder weiß, fünf vorn gekerbte Kronblätter, geschlossen rosa, in kleinen Büscheln, im zeitigen Frühjahr vor oder mit Laubaustrieb. *Früchte* Fast schwarze Kirschen, 8 mm dick, entfernt verteilt.

- HERKUNFT Japan
- LEBENSRAUM In Wäldern mit den Eltern
- ANMERKUNG Eine natürliche Hybride aus *P. incisa* (s. Seite 261) und *P. pendula*. Sie ist selten wildwachsend anzutreffen, diente aber als Ausgangspflanze für viele Sorten, darunter 'Autumnalis' als bekannteste.

'AUTUMNALIS' ▷
Die halbgefüllten Blüten dieser Sorte sind weiß und zartrosa überzogen. Bei milder Witterung blüht sie ab dem ersten Frost bis ins Frühjahr.

△ 'AUTUMNALIS ROSEA'
Die halbgefüllten Blüten dieser Sorte sind 'Autumnalis' sehr ähnlich, doch sind sie geschlossen und offen tiefer rosa. Wie 'Autumnalis' blüht auch sie in milden Wintern und im Frühjahr.

Höhe	Wuchs	Belaubung	Laubform
6 m	Breit ausladend	Sommergrün	

'PENDULA ROSEA'

▽ 'PENDULA ROSEA'

Die schirmartig überhängenden Zweige dieser Sorte tragen einfache zartrosa Blüten. 'Pendula Rubra' ist im Wuchs ähnlich, hat jedoch dunklere Blüten. Beide Sorten sind japanischen Ursprungs. Ihre Zugehörigkeit zu *P.* x *subhirtella* ist noch nicht geklärt, vielleicht sind sie Sorten von *P. pendula*.

◁ 'STELLATA'

Der Name dieser Sorte bezieht sich auf die sternförmigen Blüten mit den schlanken Kronblättern. Die prächtig und reich blühende Sorte wurde in den USA gezüchtet, wo sie auch als 'Pink Star' bekannt ist.

Familie	Art	Autor
ROSACEAE	*Prunus verecunda*	(Koidzumi) Koehne

PRUNUS VERECUNDA

Blätter Elliptisch bis verkehrteiförmig, bis 12 cm lang und 5 cm breit, plötzlich zugespitzt, scharf gesägt, oberseits anfangs hellgrün bis bronzefarben, später glänzend grün, unterseits heller, eine oder beide Seiten behaart, im Herbst rot bis purpurn. *Borke* Graubraun, in Streifen ablösend. *Blüten* 3 cm groß, weiß oder zart rosa, fünf vorn gekerbte Kronblätter, in kleinen Büscheln, im Frühjahr vor oder mit Laubaustrieb. *Früchte* Rote bis purpurne Kirschen, bis 1 cm dick.

- HERKUNFT China, Korea, Japan
- LEBENSRAUM Wälder in Hügel- und Gebirgslagen
- ANMERKUNG Auch als *P. serrulata* var. *pubescens* bekannt.

Höhe	Wuchs	Belaubung	Laubform
20 m	Breit ausladend	Sommergrün	

Familie	Art	Autor
ROSACEAE	*Prunus* x *yedoensis*	Matsumura

YOSHINO-KIRSCHE

Blätter Elliptisch, bis 12 cm lang und 6 cm breit, zugespitzt, scharf gesägt, beiderseits flaumig, unterseits vor allem anfangs, oberseits verkahlend und glänzend. *Borke* Purpurgrau, Lentizellen in breiten Bändern. *Blüten* 3,5 cm groß, zartrosa, später fast weiß, fünf vorn gekerbte Kronblätter, in kurzen Schirmtrauben, im zeitigen Frühjahr vor Laubaustrieb. *Früchte* Fast kugelige Kirschen, 1 cm dick, rot, reif schwarz.

- HERKUNFT Japan
- LEBENSRAUM Wälder in Hügellagen, mit den Eltern
- ANMERKUNG Vermutlich eine Hybride aus *P. subhirtella* und *P. speciosa*.

Höhe	Wuchs	Belaubung	Laubform
12 m	Breit ausladend	Sommergrün	

Familie	Art	Autor
Rosaceae	*Pyrus calleryana*	Decaisne

Pyrus calleryana

Blätter Breit eiförmig, bis 8 cm lang und 5 cm breit, gekerbt, oberseits glänzend, kahl, im Herbst oder Frühwinter purpurrot. *Borke* Dunkelgrau, schuppig abplatzend, junge Rinde rotbraun. *Blüten* Bis 2,5 cm groß, weiß, fünf Kronblätter, im Frühjahr. *Früchte* Kugelig bis birnenförmig, fleischig, bis 2 cm dick, hellgrün bis bräunlich.

- Herkunft Zentral- und S-China
- Lebensraum Gebüsch, an Gebirgsflüssen

Höhe	Wuchs	Belaubung	Laubform
15 m	Breit kegelig	Sommergrün	

Familie	Art	Autor
Rosaceae	*Pyrus communis*	Linné

Birnbaum

Blätter Elliptisch bis eiförmig, bis 10 cm lang und 5 cm breit, Basis herzförmig bis rundlich, zugespitzt, gesägt, glänzend dunkelgrün. *Borke* Dunkelgrau, klein und tief gefeldert. *Blüten* 4 cm groß, weiß, fünf Kronblätter und tiefrosa Staubbeutel, in Trugdolden, im Frühjahr. *Früchte* Kugelig bis birnenförmig, fleischig, herb bis süß, eßbar, grünlich bis gelb, auch rotfleckig.

- Herkunft Aus gärtnerischer Kultur
- Anmerkung Eine Hybride aus verschiedenen Arten, vermutlich westasiatischen Ursprungs.

Höhe	Wuchs	Belaubung	Laubform
15 m	Breit säulenförmig	Sommergrün	

Familie	Art	Autor
Rosaceae	*Pyrus salicifolia*	Pallas

Weidenbirne

Blätter Schmal lanzettlich, bis 9 cm lang und 2 cm breit, an beiden Enden zugespitzt, meist ganzrandig, oberseits verkahlend. *Borke* Hell graubraun, in kleinen Platten ablösend. *Blüten* 2 cm groß, rahmweiß, fünf Kronblätter und tiefrosa Staubbeutel, in Doldentrauben, im Frühjahr. *Früchte* Birnenförmig, hart, grün, bis 3 cm lang.

- Herkunft Kaukasus, NO-Türkei
- Lebensraum Waldränder, Gebüsch

Höhe	Wuchs	Belaubung	Laubform
10 m	Breit überhängend	Sommergrün	

Familie	Art	Autor
ROSACEAE	*Sorbus alnifolia*	(Siebold & Zuccarini) K. Koch

ERLENMEHLBEERE

Blätter Elliptisch bis eiförmig, bis 10 cm lang und 4 cm breit, zugespitzt, gesägt, oberseits dunkelgrün, unterseits behaart, später kahl, im Herbst gelb, orange oder rot. *Borke* Dunkelbraun, glatt, flachrissig. *Blüten* 1,5 cm groß, weiß, in Schirmrispen, im Frühjahr. *Früchte* Kugelige, rötliche Beeren, ca. 1 cm dick.

• HERKUNFT China, Japan, Korea, Taiwan

• LEBENSRAUM Wälder

Höhe	Wuchs	Belaubung	Laubform
20 m	Breit kegelig	Sommergrün	

Familie	Art	Autor
ROSACEAE	*Sorbus americana*	Marshall

KANADA-EBERESCHE

Blätter Gefiedert, bis 25 cm lang, mit 11 bis 17 Blättchen, diese länglich bis lanzettlich, zugespitzt, gesägt, bis 10 cm lang und 2,5 cm breit, im Spätherbst gelb oder rot. *Borke* Grau, glatt. *Blüten* 6 mm breit, weiß, in dichten Schirmrispen, diese bis 20 cm groß, im späten Frühjahr bis Frühsommer. *Früchte* Orangerote Beeren, 5 mm dick.

• HERKUNFT O-Nordamerika

• LEBENSRAUM Wälder

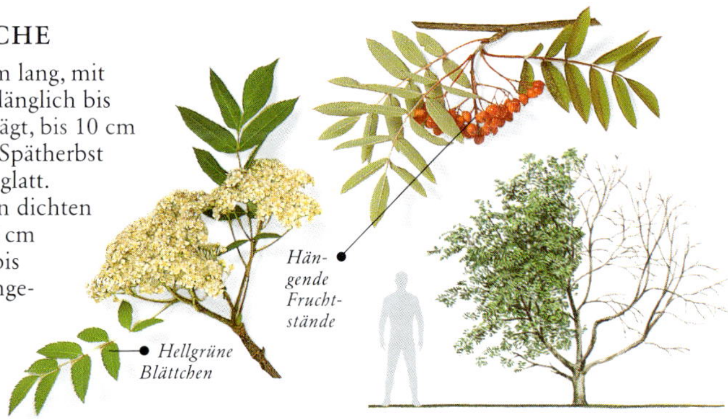

Höhe	Wuchs	Belaubung	Laubform
8 m	Breit ausladend	Sommergrün	

Familie	Art	Autor
ROSACEAE	*Sorbus aria*	(Linné) Crantz

ECHTE MEHLBEERE

Blätter Elliptisch bis eiförmig, bis 12 cm lang und 6 cm breit, unregelmäßig gesägt, oft undeutlich gelappt, oberseits jung silbrig behaart, später glänzend dunkelgrün, unterseits weiß behaart. *Borke* Grau, glatt, im Alter schuppig gefurcht. *Blüten* Ca. 1,5 cm groß, weiß, fünf Kronblätter, in Schirmrispen, im Frühjahr. *Früchte* Kugelige, hellrote Beeren, bis 1,5 cm dick, mit hellen Lentizellen.

• HERKUNFT Europa

• LEBENSRAUM Flachland bis Gebirge, auf Kalkböden

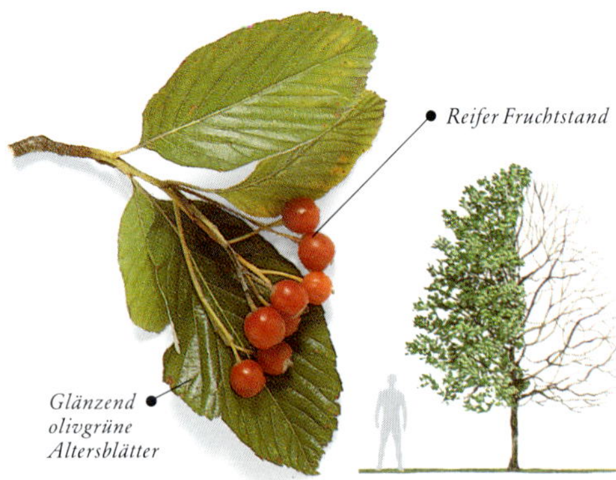

Höhe	Wuchs	Belaubung	Laubform
15 m	Breit säulenförmig	Sommergrün	

Familie	Art	Autor
Rosaceae	*Sorbus aucuparia*	Linné

Gemeine Eberesche

Blätter Gefiedert, bis 22 cm lang, mit 9 bis 17 Blättchen, diese länglich lanzettlich, scharf gesägt, bis 6 cm lang, oberseits dunkelgrün und kahl, unterseits bläulich, anfangs behaart, im Herbst teils karminrot. *Borke* Grau, glatt. *Blüten* 1 cm groß, weiß, fünf Kronblätter, in bis zu 15 cm breiten Schirmrispen, im späten Frühjahr. *Früchte* Kugelig, bis 1 cm dick, oft in dichten Fruchtständen.

- Herkunft Asien, Europa
- Lebensraum Ebene bis höhere Lagen, auf frischen oder leichten Böden
- Anmerkung Auch als Vogelbeerbaum bekannt. Aus den Beeren wird Gelee hergestellt. Roh sind sie jedoch ungenießbar.

◁ 'Aspleniifolia'
Eine Sorte mit länglichen, sehr scharf gesägten Blättchen.

Höhe	Wuchs	Belaubung	Laubform
15 m	Breit kegelig	Sommergrün	

Familie	Art	Autor
Rosaceae	*Sorbus cashmiriana*	Hedlund

Kaschmir-Eberesche

Blätter Gefiedert, bis 20 cm lang, mit ca. 17 Blättchen, diese bis 5 cm lang und 1,5 cm breit, scharf gesägt, oberseits dunkelgrün, unterseits graugrün, beiderseits verkahlend, im Herbst gelb. *Borke* Grau bis rötlichgrau, glatt. *Blüten* 1,5 cm groß, rosa, fünf Kronblätter, in lockeren, bis 12 cm breiten Schirmrispen, im späten Frühjahr. *Früchte* Kugelige Beeren, weiß, bis 1,3 cm dick, rotgestielt.

- Herkunft W-Himalaja
- Lebensraum Bergwälder

Höhe	Wuchs	Belaubung	Laubform
8 m	Breit ausladend	Sommergrün	

Familie	Art	Autor
ROSACEAE	*Sorbus commixta*	Hedlund

JAPAN-EBERESCHE

Blätter Gefiedert, ca. 20 cm lang, mit 11 bis 15 Blättchen, diese zugespitzt, bis 8 cm lang und 3 cm breit, oberseits glänzend, unterseits blaugrün, im Herbst gelb bis purpurrot. *Borke* Grau, glatt. *Blüten* 8 mm breit, weiß, fünf Kronblätter, in bis zu 15 cm großen Schirmrispen, im späten Frühjahr. *Früchte* Hellrot, bis 8 mm dick.

- HERKUNFT Japan, Korea
- LEBENSRAUM Bergwälder

Höhe	Wuchs	Belaubung	Laubform
10 m	Breit kegelig	Sommergrün	

Familie	Art	Autor
ROSACEAE	*Sorbus domestica*	Linné

SPEIERLING

Blätter Gefiedert, bis 22 cm lang, bis zu 21 Blättchen, diese länglich, gesägt, bis 6 cm lang und 1 cm breit, oberseits hellgrün und kahl, unterseits jung behaart, im Herbst gelb oder rot. *Borke* Dunkelbraun, in kleinen Platten abschuppend. *Blüten* 1,5 cm groß, weiß, fünf Kronblätter, in bis 10 cm breiten Schirmrispen, im späten Frühjahr. *Früchte* Kugelig bis birnenförmig, gelbgrün, rotbackig, bis 3 cm lang.

- HERKUNFT SW-Asien, O- und S-Europa
- LEBENSRAUM Berghänge, Laubwälder

◁ SORBUS DOMESTICA

VAR. POMIFERA ▷
Die Früchte dieser Varietät erinnern an kleine Äpfel.

VAR. PYRIFERA ▷
Eine Varietät mit hellroten, birnenförmigen Früchten.

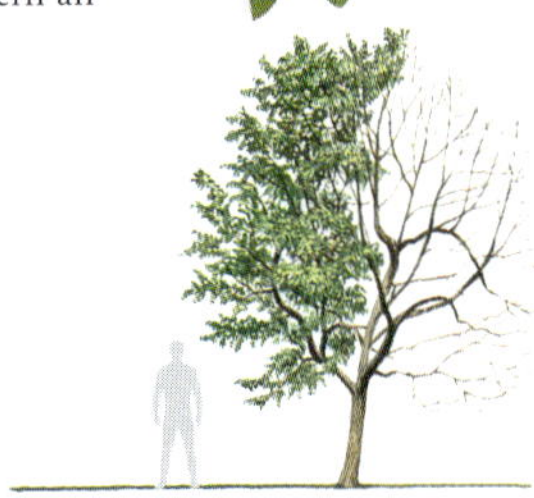

Höhe	Wuchs	Belaubung	Laubform
20 m	Breit säulenförmig	Sommergrün	

Familie	Art	Autor
ROSACEAE	*Sorbus esserteauana*	Koehne

SORBUS ESSERTEAUANA

Blätter Gefiedert, bis 25 cm lang, mit ca. 15 Blättchen, diese zugespitzt, bis 10 cm lang und 4 cm breit, oberseits erst dunkelrot, später glänzend dunkelgrün und kahl, unterseits vor allem jung graufilzig, im Herbst rot. *Borke* Graubraun, dünnschuppig. *Blüten* 8 mm groß, weiß, fünf Kronblätter, in bis zu 15 cm breiten Schirmrispen, im späten Frühjahr. *Früchte* Rot, 8 mm dick.

- HERKUNFT SW-China
- LEBENSRAUM Gebirge, Felshänge, Wälder

Höhe	Wuchs	Belaubung	Laubform
10 m	Breit ausladend	Sommergrün	

Familie	Art	Autor
ROSACEAE	*Sorbus forrestii*	McAllister & Gillham

SORBUS FORRESTII

Blätter Gefiedert, bis 20 cm lang, bis zu 17 Blättchen, diese bis 4 cm lang und 1,5 cm breit, oberseits blaugrün, unterseits graugrün, verkahlend. *Borke* Purpurgrau, glatt, flach längsrissig. *Blüten* 1 cm groß, weiß, fünf Kronblätter, in flachen Schirmrispen, im späten Frühjahr. *Früchte* Kugelig, 1 cm dick, anfangs grün, reif weiß.

- HERKUNFT SW-China
- LEBENSRAUM Bergwälder

Höhe	Wuchs	Belaubung	Laubform
6 m	Breit ausladend	Sommergrün	

Familie	Art	Autor
ROSACEAE	*Sorbus hupehensis*	Schneider

HUPEH-EBERESCHE

Blätter Gefiedert, bis 25 cm lang, bis zu 17 Blättchen, diese bis 6 cm lang und 2 cm breit, vorn gesägt, oberseits blaugrün, unterseits silbergrau und fast kahl oder kahl, im Herbst rot. *Borke* Grau, glatt. *Blüten* 8 mm groß, weiß, fünf Kronblätter, halbkugelige, bis 15 cm breite Schirmrispen, im späten Frühjahr. *Früchte* Kugelige Beeren, 6 mm dick, weiß, oben hellrosa.

- HERKUNFT China
- LEBENSRAUM Bergwälder

Höhe	Wuchs	Belaubung	Laubform
12 m	Breit säulenförmig	Sommergrün	

Familie	Art	Autor
ROSACEAE	*Sorbus intermedia*	(Ehrhart) Persoon

SCHWEDISCHE MEHLBEERE

Blätter Elliptisch bis verkehrteiförmig, bis 10 cm lang und 6 cm breit, zur Basis hin zunehmend gelappt, gesägt, oberseits glänzend dunkelgrün, unterseits graufilzig. *Borke* Grau, im Alter schuppig, flachrissig. *Blüten* 1,2 cm groß, weiß, fünf Kronblätter, große, bis 10 cm breite Doldenrispen, im späten Frühjahr. *Früchte* Breitovale orangerote Beeren, bis 1,5 cm lang, mit wenigen Lentizellen.

- HERKUNFT NW-Europa
- LEBENSRAUM Wälder

Höhe	Wuchs	Belaubung	Laubform
15 m	Breit säulenförmig	Sommergrün	

Familie ROSACEAE	Art *Sorbus* 'Joseph Rock'	Autor – –

SORBUS 'JOSEPH ROCK'

Blätter Gefiedert, bis 15 cm lang, bis zu 17 Blättchen, diese scharf gesägt, bis 4 cm lang und 1,2 cm breit, oberseits gelbgrün, unterseits graugrün, verkahlend, im Herbst orange bis purpurn. *Borke* Grau, fast glatt, mit kleinen, orangen Lentizellen. *Blüten* 1 cm groß, weiß, fünf Kronblätter, flache, 10 cm breite Schirmrispen, im späten Frühjahr bis Frühsommer. *Früchte* Kugelig, 1 cm dick, anfangs grün, später gelbweiß, reif orangegelb.

- HERKUNFT Vermutlich China
- LEBENSRAUM Kommt wahrscheinlich nicht wildwachsend vor

Höhe 10 m	Wuchs Breit säulenförmig	Belaubung Sommergrün	Laubform

Familie ROSACEAE	Art *Sorbus latifolia*	Autor (Lamarck) Persoon

RUNDBLÄTTRIGE MEHLBEERE

Blätter Breit elliptisch, bis 10 cm lang und genauso breit, undeutlich gelappt, Lappen zur Spreitenbasis hin zugespitzt, scharf gesägt, oberseits glänzend dunkelgrün, unterseits grau behaart. *Borke* Dunkelgrau, rissig, schuppig. *Blüten* 1,5 cm groß, weiß, fünf Kronblätter, in Schirmrispen, im späten Frühjahr. *Früchte* Kugelig, gelblich-braun, bis 1,4 cm dick, auffällige Lentizellen.

- HERKUNFT Mittel- und W-Europa
- LEBENSRAUM Wälder
- ANMERKUNG Die Art entstand vermutlich aus *S. aria* (s. Seite 274) und *S. torminalis* (s. Seite 282).

Höhe 12 m	Wuchs Breit säulenförmig	Belaubung Sommergrün	Laubform

Familie	Art	Autor
ROSACEAE	*Sorbus sargentiana*	Koehne

SARGENTS-EBERESCHE

Blätter Gefiedert, bis 35 cm lang, ca. elf Blättchen, diese länglich, zugespitzt, bis 13 cm lang und 4 cm breit, oberseits matt dunkelgrün, unterseits graugrün und behaart, im Herbst goldgelb bis rot. *Borke* Purpurbraun, im Alter rissig, schuppig. *Blüten* 6 mm groß, weiß, flach gewölbte, bis 20 cm breiteSchirmrispen, im Frühsommer. *Früchte* Kugelig, leuchtend rot, 6 mm dick, zahlreich.

- HERKUNFT SW-China
- LEBENSRAUM Bergwälder

Höhe	Wuchs	Belaubung	Laubform
10 m	Breit säulenförmig	Sommergrün	

Familie	Art	Autor
ROSACEAE	*Sorbus scalaris*	Koehne

SORBUS SCALARIS

Blätter Gefiedert, bis 20 cm lang, zahlreiche Blättchen, diese länglich, bis 4 cm lang und 1 cm breit, nur vorne gesägt, oberseits dunkelgrün, unterseits grau und behaart, im Spätherbst rot bis purpurn. *Borke* Glatt, grau, flachrissig. *Blüten* 6 mm groß, weiß, fünf Kronblätter, in flachen, bis 15 cm breiten Schirmrispen, im späten Frühjahr oder Frühsommer. *Früchte* Kugelig, hochrot, 6 mm dick, zahlreich.

- HERKUNFT SW-China
- LEBENSRAUM Bergwälder

Höhe	Wuchs	Belaubung	Laubform
10 m	Breit ausladend	Sommergrün	

Familie	Art	Autor
ROSACEAE	*Sorbus thibetica*	(Cardot) Handel-Mazzetti

SORBUS THIBETICA

Blätter Oval bis verkehrteiförmig bzw. rund, bis 15 cm lang und 10 cm breit, Basis mehr oder weniger keilförmig, scharf gezähnt, oberseits erst behaart, später verkahlend und dunkelgrün, unterseits dicht weiß behaart, mit bis zu 14 Nervenpaaren. *Borke* Graubraun, dünnschuppig, gefurcht, am Fuß abschuppend. *Blüten* Weiß, fünf Kronblätter, in bis zu 6 cm großen Schirmrispen, im späten Frühjahr bis Frühsommer. *Früchte* Kugelige, orange bis gelbe Beeren, 1,5 cm dick.

- HERKUNFT SW-China, Himalaja
- LEBENSRAUM Bergwälder
- ANMERKUNG Die hier abgebildete Sorte 'John Mitchell' ist sehr selten zu sehen.

'JOHN MITCHELL'

Höhe	Wuchs	Belaubung	Laubform
15 m	Breit kegelig	Sommergrün	

Familie	Art	Autor
ROSACEAE	*Sorbus* x *thuringiaca*	(Ilse) Fritsch

THÜRINGISCHE MEHLBEERE

Blätter Schmal elliptisch bis eiförmig, bis 10 cm lang und 6 cm breit, bis auf die Blattspitze gelappt, Lappen zur Spreitenbasis hin größer, dort fiederschnittig, gesägt, oberseits glänzend dunkelgrün, unterseits graufilzig. *Borke* Purpurgrau, glatt, im Alter schuppig ablösend. *Blüten* 1,2 cm groß, weiß, fünf Kronblätter, in dichten, kleinen Schirmrispen, im späten Frühjahr. *Früchte* Kugelige, glänzend rote Beeren, 1,2 cm dick.

- HERKUNFT Europa
- LEBENSRAUM Wälder, gemeinsam mit den Eltern
- ANMERKUNG Eine wild vorgefundene Hybride aus *S. aria* (s. Seite 274) und *S. aucuparia* (s. Seite 275). Die hier abgebildete Sorte 'Fastigiata' mit aufstrebenden Ästen und schmaler Krone ist oft als Straßenbaum zu sehen. Andere Sorten stehen *S. aucuparia* näher und sind stärker gefiedert.

'FASTIGIATA'

Höhe	Wuchs	Belaubung	Laubform
12 m	Breit kegelig	Sommergrün	

Familie	Art	Autor
Rosaceae	*Sorbus torminalis*	(Linné) Crantz

ELSBEERE

Blätter Breit eiförmig, im Umriß bis 10 cm lang und breit, jederseits drei bis fünf dreieckige, spitze Lappen, die unteren tief eingeschnitten, oberseits glänzend dunkelgrün, unten heller, jung behaart, im Herbst gelb, rot oder purpur. *Borke* Dunkelbraun, schuppig ablösend. *Blüten* 1,5 cm groß, weiß, in flachen Schirmrispen, im Frühsommer. *Früchte* Kugelige, bräunliche Beeren, bis 1,5 cm dick.
- HERKUNFT N-Afrika, SW-Asien, Europa
- LEBENSRAUM Wälder

Höhe	Wuchs	Belaubung	Laubform
15 m	Breit säulenförmig	Sommergrün	

Familie	Art	Autor
Rosaceae	*Sorbus vestita*	(G. Don) Loddiges

HIMALAJA-MEHLBEERE

Blätter Elliptisch, bis 20 cm lang und 15 cm breit, teils undeutlich gelappt, kerbig gezähnt, oberseits jung weiß behaart, später glänzend dunkelgrün, unterseits dicht weiß behaart, bis zu elf Nervenpaare. *Borke* Hellgrau, in dicken Schuppen ablösend. *Blüten* 2 cm groß, weiß, fünf Kronblätter, bis zu 10 cm breite Schirmrispen, im späten Frühjahr bis Frühsommer. *Früchte* Kugelige bis birnenförmige Beeren, 2 cm dick, grün, bräunlich gefleckt.
- HERKUNFT Himalaja
- LEBENSRAUM Bergwälder

Höhe	Wuchs	Belaubung	Laubform
15 m	Breit kegelig	Sommergrün	

Familie	Art	Autor
Rosaceae	*Sorbus vilmorinii*	Schneider

ROSAFRÜCHTIGE EBERESCHE

Blätter Gefiedert, bis 15 cm lang, bis zu 25 Blättchen, diese bis 2,5 cm lang, oberhalb der Mitte gesägt, oberseits glänzend dunkelgrün, unterseits graugrün. *Borke* Dunkelgrau, glatt. *Blüten* 6 mm breit, weiß, fünf Kronblätter, in bis 10 cm großen Schirmrispen, im späten Frühjahr bis Frühsommer. *Früchte* Kugelige Beeren, 8 mm dick, erst dunkelrot, reif glasig weiß bis rosa.
- HERKUNFT SW-China
- LEBENSRAUM Bergwälder

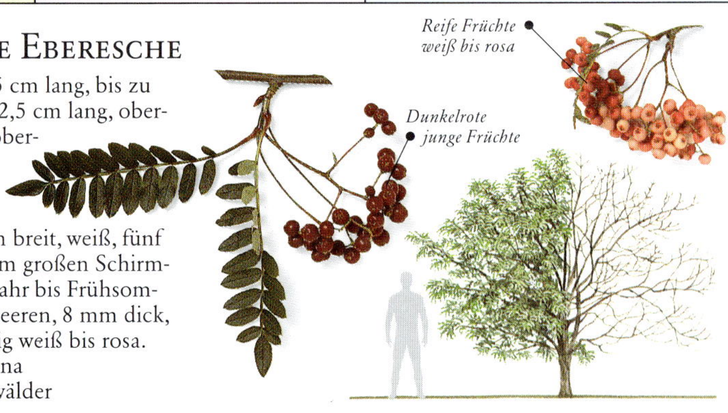

Höhe	Wuchs	Belaubung	Laubform
8 m	Breit ausladend	Sommergrün	

RUTACEAE

In 150 Gattungen dieser Familie sind weltweit rund 1600 Arten Bäume, Sträucher und krautige Pflanzen vertreten. Vorwiegend sind sie im tropischen und subtropischen Afrika und Australien heimisch. Die Blätter sind meist wechselständig und oft zusammengesetzt und reich an ätherischen Ölen. Die Blüten haben meist vier oder fünf Kronblätter und sind weiß bis gelb.

Familie	Art	Autor
RUTACEAE	*Phellodendron amurense*	Ruprecht

AMUR-KORKBAUM

Blätter Gefiedert, bis 40 cm lang, bis zu 13 Blättchen, diese eiförmig bis lanzettlich, lang zugespitzt, Rand gewimpert, bis 10 cm lang und 5 cm breit, oberseits glänzend dunkelgrün und kahl, unterseits blaugrün, unterer Teil der Mittelrippe behaart, im Herbst gelb.
Borke Grau, dick korkig, tief gefurcht.
Blüten Zweihäusig, klein, gelbgrün, männliche mit gelben, vorstehenden Staubblättern, in kegeligen, bis 8 cm breiten Rispen, im Sommer.
Früchte Kugelig, bis 1 cm dick, anfangs grün, reif schwarz.

- HERKUNFT NO-Asien
- LEBENSRAUM Feuchte Standorte an Gebirgsflüssen

PHELLODENDRON AMURENSE

PHELLODENDRON AMURENSE

▽ VAR. LAVALLEI
Typisch für diese Varietät sind die glatten Blättchen mit graugrüner, an den Nerven behaarter Unterseite.

Höhe	Wuchs	Belaubung	Laubform
12 m	Breit ausladend	Sommergrün	

Familie	Art	Autor
RUTACEAE	*Ptelea trifoliata*	Linné

KLEEULME

Blätter Dreizählig, Blättchen eiförmig bis oval, ganzrandig bis undeutlich gekerbt, bis 10 cm lang und 4 cm breit, oberseits glänzend dunkelgrün, unterseits heller und meist kahl, im Herbst gelb, zerrieben duftend. *Borke* Dunkelgrau, fast glatt. *Blüten* 1 cm breit, grünlich, vier oder fünf Kronblätter, in bis 8 cm großen Rispen, endständig, im Frühsommer. *Früchte* Rundlich, zweisamig, mit scheibenförmigem Flügel, bis 2,5 cm groß, anfangs hellgrün, reif hellbraun.

- HERKUNFT O-Nordamerika
- LEBENSRAUM Feuchte Wälder, Gebüsch und felsige Hänge

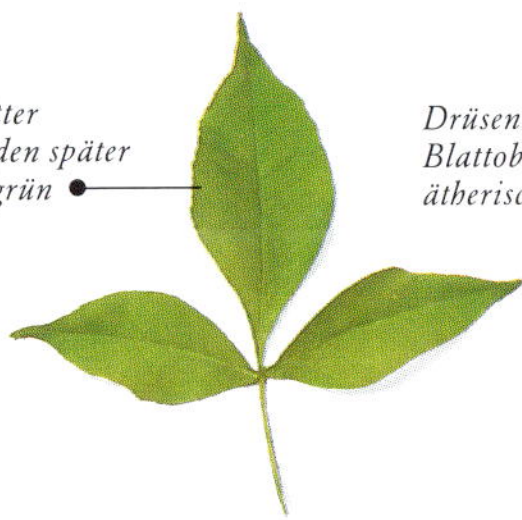

◁ 'AUREA'
Auffallend an dieser Sorte ist das dichte, jung gelbe Laub.

Höhe	Wuchs	Belaubung	Laubform
8 m	Breit ausladend	Sommergrün	

Familie	Art	Autor
RUTACEAE	*Tetradium daniellii*	(Bennett) Hartley

KOREANISCHE STINKESCHE

Blätter Gefiedert, 30 cm lang und länger, bis zu elf Blättchen, diese eiförmig bis länglich, meist lang zugespitzt, ganzrandig, bis 10 cm lang und 4 cm breit, oberseits glänzend dunkelgrün und kahl, unterseits blaugrün und zumindest jung behaart. *Borke* Grau, glatt. *Blüten* Klein, weiß, duftend, in flachen Schirmrispen, diese bis 15 cm breit, endständig, im Spätsommer bis Frühherbst. *Früchte* Kleine, schnabelspitzige, rotbraune bis fast schwarze Kapseln, bis 8 mm lang, in dichten Fruchtständen.

- HERKUNFT China, Korea
- LEBENSRAUM Bergwälder
- ANMERKUNG Bis vor kurzem als *Euodia daniellii* geführt.

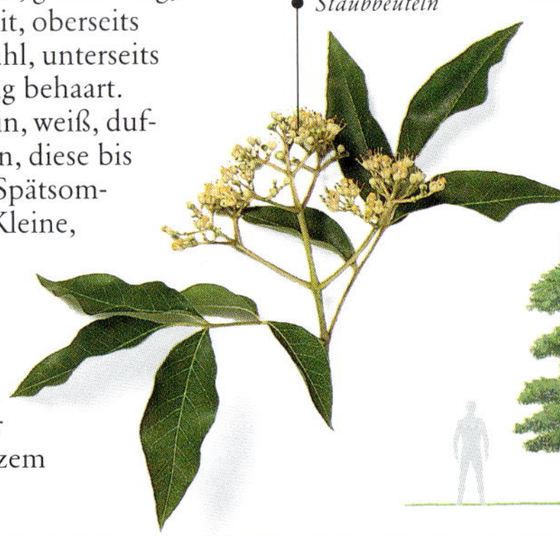

Höhe	Wuchs	Belaubung	Laubform
15 m	Breit ausladend	Sommergrün	

Familie	Art	Autor
RUTACEAE	*Zanthoxylum ailanthoides*	Siebold & Zuccarini

ZANTHOXYLUM AILANTHOIDES

Blätter Gefiedert, 30 cm lang und länger, bis zu 15 Paare länglicher Blättchen, diese lang zugespitzt, bis 15 cm lang und 5 cm breit, oberseits frischgrün, unterseits blaugrün. *Borke* Grau-grün, gestreift, mit stacheligen Auswüchsen. *Blüten* Zweihäusig, gelbgrün, in endständigen Rispen, im Spätsommer. *Früchte* Klein, grün, mit schwarzen Samen.
- HERKUNFT O-Asien
- LEBENSRAUM Wälder

Höhe	Wuchs	Belaubung	Laubform
15 m	Breit ausladend	Sommergrün	

Familie	Art	Autor
RUTACEAE	*Zanthoxylum simulans*	Hance

TÄUSCHENDE STACHELESCHE

Blätter Gefiedert, bis 20 cm lang, bis zu elf Blättchen, diese eiförmig, kerbig gesägt, oberseits grün, teils dornspitzig, unterseits meist dornspitzig, Blattspindel leicht geflügelt, zerrieben duftend, an stacheligen Zweigen. *Borke* Grau, kegelige Auswüchse. *Blüten* Klein, grün, bis zu 5 cm große Rispen, im Sommer. *Früchte* Klein, rund, warzig, stark duftend, 5 mm dick, anfangs grün, reif rot, trocknen aus und öffnen sich, glänzend schwarze Samen.
- HERKUNFT China
- LEBENSRAUM Bergwälder und Gebüsch
- ANMERKUNG Während des Wachstums werden die Stacheln am Stamm härter und entwickeln sich zu rauhen, kegeligen Auswüchsen, die für die Art typisch sind.

Höhe	Wuchs	Belaubung	Laubform
6 m	Breit ausladend	Sommergrün	

SALICACEAE

Die zwei Gattungen und rund 350 Arten sommergrüner Gehölze dieser Familie sind außer in Australien weltweit, vorwiegend jedoch in der nördlich-temperierten Zone verbreitet. Die Blätter sind wechselständig, selten annähernd gegenständig. Die kleinen Blüten (oft ohne Kronblätter) stehen in Kätzchen und sind meist zweihäusig verteilt. Die Frucht ist eine Kapsel mit kleinen Samen.

Familie	Art	Autor
SALICACEAE	*Populus alba*	Linné

SILBERPAPPEL

Blätter Variabel, an Langtrieben drei- bis fünflappig, bis 12 cm lang und 9 cm breit, an Kurztrieben nur undeutlich gelappt, wellig gezähnt, beide Formen oberseits jung weißfilzig, später kahl und dunkelgrün, unterseits dicht weißfilzig. *Borke* Weißgrau, rissig. *Blüten* Zweihäusig, in hängenden Kätzchen, männliche zu dritt, bis 8 cm lang, weibliche zu zweit, bis 5 cm lang, grün, im zeitigen Frühjahr, vor Laubaustrieb. *Früchte* Kleine grüne Kapseln, bis 10 cm lang, darin kleine Samen in weißem, watteartigem Haarpolster.

- HERKUNFT N-Afrika, Zentral- und W-Asien, Europa
- LEBENSRAUM Wälder, vor allem an feuchten Standorten
- ANMERKUNG Auch als Weißpappel bekannt.

Höhe	Wuchs	Belaubung	Laubform
30 m	Breit säulenförmig	Sommergrün	

Familie	Art	Autor
SALICACEAE	*Populus balsamifera*	Linné

BALSAMPAPPEL

Blätter Eiförmig, bis 12 cm lang und 10 cm breit, zugespitzt, kerbig gesägt, oberseits glänzend grün, unterseits weißlich und netzläufig geädert, beiderseits kahl, jung nach Balsam duftend. *Borke* Grau, rissig. *Blüten* Zweihäusig, in Kätzchen, männliche bis 8 cm lang, weibliche bis 12 cm lang, grün, im zeitigen Frühjahr. *Früchte* Kleine grüne Kapseln, in bis 30 cm langen Kätzchen.

- HERKUNFT Nordamerika
- LEBENSRAUM Feuchte Wälder

Höhe	Wuchs	Belaubung	Laubform
30 m	Breit säulenförmig	Sommergrün	

Familie	Art	Autor
SALICACEAE	*Populus* x *canadensis*	Moench

KANADISCHE PAPPEL

Blätter Breit dreieckig, bis 10 cm lang und breit, kurz zugespitzt, kerbig gesägt, oberseits glänzend grün. *Borke* Hellgrau, tief längsrissig. *Blüten* Zweihäusig, in Kätzchen, männliche bis 10 cm lang, weibliche grün, im zeitigen Frühjahr vor Laubaustrieb. *Früchte* Kleine grüne Kapseln, darin kleine Samen in weißem, watteartigem Haarpolster.

- HERKUNFT Aus gärtnerischer Kultur
- ANMERKUNG Mit diesem Namen wird eine Gruppe von Hybriden aus *P. deltoides* und *P. nigra* (s. Seite 289) bezeichnet, darunter einige der am häufigsten angepflanzten Pappeln.

'MARILANDICA' ▷
Tiefe Furchen lassen die Borke dieser Sorte zerklüftet aussehen.

◁ 'ROBUSTA'
Das rotbraune Laub dieser männlichen Sorte erscheint zur Frühjahrsmitte; bis zum Spätsommer färbt es sich glänzend dunkelgrün.

△ 'SEROTINA AUREA'
Diese männliche Sorte mit leuchtend goldgelbem Sommerlaub treibt im späten Frühjahr aus.

Höhe	Wuchs	Belaubung	Laubform
30 m	Breit säulenförmig	Sommergrün	

Familie	Art	Autor
Salicaceae	*Populus* x *candicans*	Aiton

Ontario-Pappel

Blätter Breit eiförmig, bis 15 cm lang und 10 cm breit, Basis meist herzförmig, zugespitzt, gesägt, oberseits dunkelgrün, unterseits weißlich und netzadrig, beiderseits leicht behaart. *Borke* Grau, glatt, im Alter gefurcht. *Blüten* Nur weibliche, grün, in hängenden Kätzchen, im zeitigen Frühjahr. *Früchte* Kleine grüne Kapseln, darin kleine Samen in weißem, watteartigem Haarpolster, in bis zu 15 cm langen Kätzchen.

- Herkunft Aus gärtnerischer Kultur
- Anmerkung Aufgrund der starken Bastardierung der Pappelarten untereinander ist eine genaue Bestimmung (auch der Elternteile) oft nicht möglich. Die Nomenklatur ist deswegen häufig umstritten. Die Sorte 'Aurora' hat weiß- bis rosagefleckte Blätter.

'Aurora' ▷

△ Populus x candicans

Höhe	Wuchs	Belaubung	Laubform
30 m	Breit säulenförmig	Sommergrün	

Familie	Art	Autor
Salicaceae	*Populus* x *canescens*	(Aiton) P. Smith

Graupappel

Blätter Rund bis eiförmig, bis 12 cm lang und breit, teils undeutlich gelappt, gesägt, oberseits jung dicht weißfilzig, später kahl und glänzend dunkelgrün, unterseits grau behaart. *Borke* Hellgrau, jung mit rautenförmigen Korkwülsten, im Alter dunkelbraun, tief gefurcht. *Blüten* Zweihäusig, in hängenden Kätzchen, männliche bis 10 cm lang, grau mit roten Staubbeuteln, weibliche bis 10 cm lang, grün, im zeitigen Frühjahr. *Früchte* Kleine grüne Kapseln, darin kleine Samen in weißem, watteartigem Haarpolster, in Kätzchen.

- Herkunft Europa
- Lebensraum Flußtäler
- Anmerkung Eine weitgehend eingebürgerte Hybride aus *P. alba* (s. Seite 286) und *P. tremula* (s. Seite 290).

Höhe	Wuchs	Belaubung	Laubform
30 m	Breit säulenförmig	Sommergrün	

Familie SALICACEAE	Art *Populus lasiocarpa*	Autor Oliver

GROSSBLATT-PAPPEL

Blätter Breit eiförmig, bis 30 cm lang und 20 cm breit, Basis tief herzförmig, fein und abgerundet gesägt, anfangs behaart, später oberseits kahl und dunkelgrün, Adern und Blattstiel rot, an dicken Zweigen. *Borke* Graubraun, längsrissig. *Blüten* Meist zweihäusig, gelbgrün, in hängenden, bis 10 cm langen Kätzchen, teils in einer Ähre, männliche mit rötlichen Staubbeuteln, im Frühjahr. *Früchte* Kleine grüne Kapseln, darin kleine Samen in weißem, watteartigem Haarpolster, in Kätzchen.

- HERKUNFT Zentral-China
- LEBENSRAUM Feuchte Wälder im Gebirge
- ANMERKUNG Die Art ist leicht an den sehr großen, langgestielten Blättern zu erkennen.

Höhe 20 m	Wuchs Breit kegelig	Belaubung Sommergrün	Laubform

Familie SALICACEAE	Art *Populus nigra*	Autor Linné

SCHWARZPAPPEL

Blätter Eiförmig bis dreieckig, bis 10 cm lang und breit, an Langtrieben größer, zugespitzt, ganzrandig, kerbig gesägt, Ränder durchscheinend, oberseits bronzefarben, später glänzend dunkelgrün, unterseits heller, beiderseits kahl, im Herbst gelb. *Borke* Dunkel graubraun, sehr grob gefurcht. *Blüten* Zweihäusig, männliche mit roten Staubbeuteln, weibliche grün, in hängenden, bis 5 cm langen Kätzchen, im zeitigen Frühjahr vor Laubaustrieb. *Früchte* Kleine grüne Kapseln, darin kleine Samen in weißem, watteartigem Haarpolster, in Kätzchen.

- HERKUNFT W-Asien, Europa
- LEBENSRAUM Flußtäler
- ANMERKUNG *Populus nigra* 'Italica', die Säulen- oder Pyramidenpappel, wächst schmal säulenförmig.

Höhe 30 m	Wuchs Breit ausladend	Belaubung Sommergrün	Laubform

Familie	Art	Autor
SALICACEAE	*Populus szechuanica*	Schneider

CHINESISCHE BALSAMPAPPEL

Blätter Eiförmig, an Langtrieben bis 30 cm lang und 20 cm breit, an Kurztrieben meist kleiner, Basis abgerundet bis herzförmig, zugespitzt, feinkerbig gezähnt, kahl, oberseits jung rötlich bis bronzefarben, später dunkelgrün, unterseits heller. *Borke* Rötlichgrau, im Alter in breiten, glatten Schuppen ablösend. *Blüten* Zweihäusig, klein, ohne Kronblätter, männliche mit dunkelroten Staubbeuteln, weibliche grün, in hängenden Kätzchen, im Frühjahr vor Laubaustrieb. *Früchte* Kleine grüne Kapseln, darin kleine Samen in weißem, watteartigem Haarpolster, in bis zu 16 cm langen Kätzchen.

- HERKUNFT W-China
- LEBENSRAUM Feuchte Bergwälder
- ANMERKUNG Die Blätter der hier abgebildeten var. *thibetica* sind unterseits spärlich behaart.

Höhe	Wuchs	Belaubung	Laubform
30 m	Breit säulenförmig	Sommergrün	

Familie	Art	Autor
SALICACEAE	*Populus tremula*	Linné

ZITTERPAPPEL, ESPE

Blätter Rundlich bis breit eiförmig, bis 8 cm lang und breit, an Schößlingen größer, buchtig gezähnt, oberseits bronzefarben, später graugrün, unterseits heller, meist beiderseits kahl, im Herbst gelb, Blattstiel seitlich zusammengedrückt. *Borke* Grau, glatt, später dunkler und am Fuß rissig. *Blüten* Zweihäusig, männliche mit roten Staubbeuteln, weibliche grün, in hängenden, bis 10 cm langen Kätzchen, im zeitigen Frühjahr vor Laubaustrieb. *Früchte* Kleine grüne Kapseln, darin kleine Samen in weißem, watteartigem Haarpolster, in Kätzchen.

- HERKUNFT Asien, N-Afrika, Europa
- LEBENSRAUM Lichte Wälder und Gebüsch auf allen Böden. Im Süden der Herkunftsgebiete auch in Gebirge.

Höhe	Wuchs	Belaubung	Laubform
20 m	Breit ausladend	Sommergrün	

Familie	Art	Autor
SALICACEAE	*Salix alba*	Linné

SILBERWEIDE

Blätter Schmal lanzettlich, bis 10 cm lang und 1,5 cm breit, Basis keilförmig, lang zugespitzt, oberseits jung silberhaarig, später kahl, grün, unterseits blaugrün, behaart. *Borke* Dunkelgrau, mit dicken Leisten. *Blüten* Zweihäusig, klein, ohne Kronblätter, in schlanken, zylindrischen, abstehenden bis aufrechten Kätzchen, männliche bis 6 cm lang, gelb, weibliche bis 4 cm lang, im Frühjahr mit Laubaustrieb. *Früchte* Kleine grüne Kapseln, bis 5 mm lang, darin kleine Samen mit weißem, watteartigem Haarpolster.

- HERKUNFT W-Asien, Europa
- LEBENSRAUM Flußauen, in Gewässernähe
- ANMERKUNG Die stattlichste unserer Weiden wird noch häufig zur Kopfweide geschnitten.

SALIX ALBA

'BRITZENSIS' △
Die jungen Zweige dieser Sorte sind in den Wintermonaten kräftig orangerot gefärbt.

VAR. CAERULEA ▷
Aus dem Holz dieser Varietät werden Kricketschläger gefertigt.

Höhe	Wuchs	Belaubung	Laubform
25 m	Breit säulenförmig	Sommergrün	

Familie SALICACEAE	Art *Salix babylonica*	Autor Linné

CHINESISCHE TRAUERWEIDE

Blätter Lanzettlich, bis 16 cm lang und 1,5 cm breit, lang zugespitzt, fein gesägt, oberseits grün, unterseits blaugrün, jung behaart, später kahl, an bogig überhängenden, glänzend braunen Zweigen. *Borke* Graubraun, grob längsrissig. *Blüten* Zweihäusig, sehr klein, ohne Kronblätter, in schlanken, zylindrischen Kätzchen, männliche bis 4 cm lang, gelb, weibliche bis 2,5 cm lang, grün, im Frühjahr mit Laubaustrieb. *Früchte* Kleine grüne Kapseln, bis 5 mm lang, darin kleine Samen mit weißem, watteartigem Haarpolster.

- HERKUNFT N-China
- LEBENSRAUM Heute nur noch in Kultur bekannt
- ANMERKUNG Die Art ist in N-Afrika, W-Asien und O-Europa seit langem in Kultur.

◁ SALIX BABYLONICA

▽ VAR. PEKINENSIS
Die auch als *S. matsudana* bekannte Varietät besitzt einen schlank aufrechten Wuchs.

▽ 'PENDULA'
Typisch für diese Sorte sind die langen, hängenden Zweige und das dichte Laub.

'TORTUOSA' ▷
An dieser Sorte fallen die korkenzieherartig gedrehten Zweige und Blätter auf.

Höhe 12 m	Wuchs Breit überhängend	Belaubung Sommergrün	Laubform

Familie	Art	Autor
SALICACEAE	*Salix daphnoides*	Villars

REIFWEIDE

Blätter Schmal elliptisch, bis 12 cm lang und 2,5 cm breit, zugespitzt, fein gesägt, oberseits glänzend dunkelgrün, unterseits blaugrün, anfangs behaart, später beiderseits kahl, Zweige anfangs bereift, später glänzend rotbraun. *Borke* Grau, glatt. *Blüten* Sehr klein, ohne Kronblätter, männliche mit gelben Staubbeuteln, in seidig behaarten, bis 5 cm langen Kätzchen, im Spätwinter bis zeitigen Frühjahr, vor Laubaustrieb. *Früchte* Kleine grüne Kapseln, bis 5 mm lang, darin kleine Samen mit weißem, watteartigem Haarpolster.

- HERKUNFT Europa
- LEBENSRAUM Feuchte Wälder

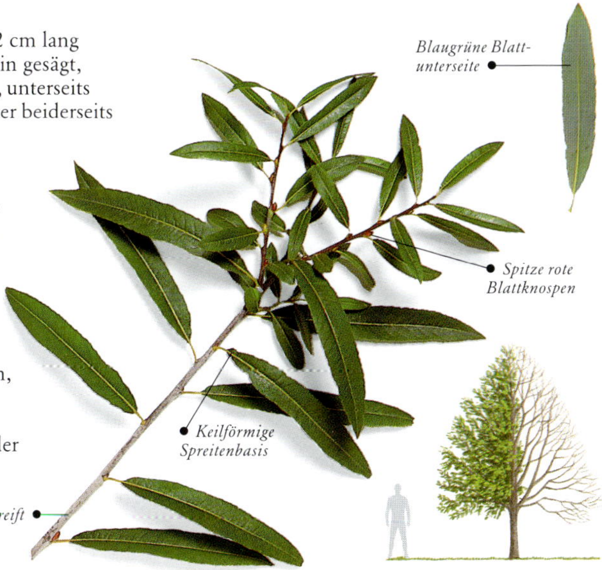

Höhe	Wuchs	Belaubung	Laubform
10 m	Breit kegelig	Sommergrün	

Familie	Art	Autor
SALICACEAE	*Salix fragilis*	Linné

BRUCHWEIDE

Blätter Lanzettlich, bis 15 cm lang und 4 cm breit, lang zugespitzt, fein gesägt, oberseits jung silberhaarig, später glänzend dunkelgrün, unterseits blaugrün, beiderseits kahl. *Borke* Dunkelgrau, tief gefurcht. *Blüten* Zweihäusig, klein, ohne Kronblätter, männliche gelb, weibliche grün, in zylindrischen, schlanken, bis 7 cm langen Kätzchen, im Frühjahr mit Laubaustrieb. *Früchte* Kleine grüne Kapseln, bis 3 mm lang, darin kleine Samen mit weißem, watteartigem Haarpolster.

- HERKUNFT Asien, Europa
- LEBENSRAUM Flußauen
- ANMERKUNG Der wissenschaftliche und der deutsche Name rühren daher, daß junge Triebe an der Ansatzstelle leicht abbrechen.

Höhe	Wuchs	Belaubung	Laubform
15 m	Breit ausladend	Sommergrün	

Familie	Art	Autor
SALICACEAE	*Salix pentandra*	Linné

LORBEERWEIDE

Blätter Elliptisch bis schmal eiförmig, bis 12 cm lang und 5 cm breit, kurz zugespitzt, fein gesägt, oberseits glänzend dunkelgrün, unterseits heller, beiderseits kahl, leicht duftend. *Borke* Grau, flachrissig. *Blüten* Zweihäusig, klein, ohne Kronblätter, männliche gelb, weibliche grün, in zylindrischen, bis 5 cm langen Kätzchen, im Frühsommer, nach Laubaustrieb. *Früchte* Kleine grüne Kapseln, bis 6 mm lang, darin kleine Samen mit weißem, watteartigem Haarpolster.

- HERKUNFT Asien, Europa
- LEBENSRAUM Flußauen, Wiesen

Höhe	Wuchs	Belaubung	Laubform
15 m	Breit ausladend	Sommergrün	

Familie	Art	Autor
SALICACEAE	*Salix* x *sepulcralis*	Simonkai

SALIX X SEPULCRALIS

Blätter Schmal lanzettlich, bis 12 cm lang und 2 cm breit, zugespitzt, fein gesägt, oberseits jung dünn behaart, später glänzend grün, unterseits blaugrün, kahl, an dünnen, hängenden, gelblichen Zweigen. *Borke* Hell graubraun, flachrissig. *Blüten* Klein, ohne Kronblätter, in bis zu 7,5 cm langen Kätzchen, männliche und weibliche Blüten oft am selben Kätzchen, im Frühjahr. *Früchte* Kleine grüne Kapseln, bis 3 mm lang, darin kleine Samen mit weißem watteartigem Haarpolster.

- HERKUNFT Aus gärtnerischer Kultur
- ANMERKUNG Eine Hybride aus *S. alba* (s. Seite 291) und *S. babylonica* (s. Seite 292). Weit verbreitet ist die Trauerweide, *S.* x *sepulcratia* 'Chrysocoma', auch als *S. alba* 'Tristis' bekannt.

'CHRYSOCOMA'

Höhe	Wuchs	Belaubung	Laubform
20 m	Breit überhängend	Sommergrün	

Sapindaceae

Diese vorwiegend in den Tropen und Subtropen verbreitete Familie umfaßt rund 150 Gattungen mit ca. 2000 Arten sommergrüner Bäume, Sträucher und Lianen. Die Blätter sind wechselständig und einfach, gefiedert, doppelt gefiedert oder dreizählig. Die kleinen, eingeschlechtigen Blüten haben fünf Kronblätter. Die Frucht, eine Kapsel, Spaltfrucht, Nuß oder Beere, ist trocken und geflügelt.

Familie	Art	Autor
Sapindaceae	*Koelreuteria paniculata*	Laxmann

Blasenesche

Blätter Gefiedert oder teils doppelt gefiedert, bis 45 cm lang, bis zu 15 Blättchen, diese gelappt oder am Grund fiederschnittig, bis 8 cm lang, kerbig gesägt, oberseits dunkelgrün, behaart, im Herbst gelb. *Borke* Hellbraun, flachrissig. *Blüten* Ca. 1 cm groß, gelb, vier Kronblätter, in kegeligen, bis 35 cm langen, endständigen Rispen, im Sommer bis Spätsommer. *Früchte* Blasige Kapseln, bis 5 cm lang, anfangs grün oder rötlich-grün, reif hellbraun.

- Herkunft China, Korea
- Lebensraum Trockene, warme Flußtäler

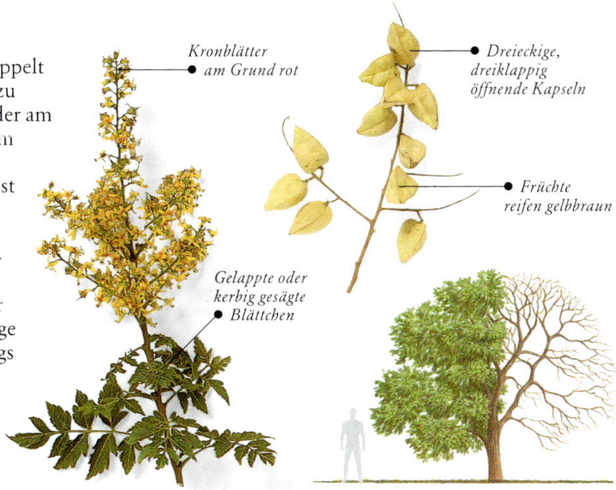

Höhe	Wuchs	Belaubung	Laubform
12 m	Breit ausladend	Sommergrün	

Familie	Art	Autor
Sapindaceae	*Xanthoceras sorbifolium*	Bunge

Gelbhorn

Blätter Gefiedert, bis 30 cm lang, bis zu 17 Blättchen, diese schmal elliptisch, scharf gesägt, bis 6 cm lang, oberseits glänzend dunkelgrün, kahl. *Borke* Graubraun, gefurcht, mit schuppigen Leisten. *Blüten* Bis 3 cm groß, weiß, fünfzählig, Kronblattbasis mit gelbgrünem, später rotem Fleck, in aufrechten, bis 25 cm langen, endständigen Trauben, im Frühjahr vor oder mit Laubaustrieb. *Früchte* Glatte, dickwandige Kapseln, bis 6 cm dick, oben breiter, mit mehreren erbsengroßen Samen.

- Herkunft China
- Lebensraum Gebüsch

Höhe	Wuchs	Belaubung	Laubform
8 m	Breit säulenförmig	Sommergrün	

SCROPHULARIACEAE

DIESE GROSSE FAMILIE mit über 3000 Arten (wenige davon Bäume) in ca. 220 Gattungen ist über die ganze Erde verbreitet. Die Blätter sind einfach oder gelappt. Die Blumenkrone ist fünflappig und zweilippig. Die Frucht ist meist eine Kapsel. Alle Bäume der Familie gehören zur Gattung *Paulownia*.

Familie	Art	Autor
SCROPHULARIACEAE	*Paulownia tomentosa*	(Thunberg) Steudel

BLAUGLOCKENBAUM

Blätter Breit eiförmig, bis 35 cm lang und 25 cm breit, Basis herzförmig, zugespitzt, manchmal gelappt, oberseits dunkelgrün, beiderseits behaart. *Borke* Grau, glatt. *Blüten* Bis 6 cm lang, hellviolett, innen kräftig purpurblau und gelb überzogen, in aufrechten, bis 30 cm langen Trauben, im Frühjahr. *Früchte* Verholzende Kapseln, bis 5 cm lang.

- HERKUNFT China
- LEBENSRAUM Gebirge

Höhe	Wuchs	Belaubung	Laubform
15 m	Breit säulenförmig	Sommergrün	

SIMAROUBACEAE

DIE FAMILIE mit 150 Arten (Bäume und Sträucher) in 28 Gattungen ist vorwiegend in den Tropen, teils auch im klimatisch gemäßigten Asien vertreten. Die wechselständigen Blätter sind meist gefiedert, die kleinen Blüten drei- bis siebenzählig. Die Früchte sind meist geflügelt und trocken oder Kapseln.

Familie	Art	Autor
SIMAROUBACEAE	*Ailanthus altissima*	(Miller) Swingle

GÖTTERBAUM

Blätter Gefiedert, bis 60 cm lang, 6 bis 15 Paar oder mehr Blättchen, diese bis 12 cm lang und 5 cm breit, glänzend. *Borke* Graubraun, mit hellen Längsstreifen. *Blüten* Meist zweihäusig, grünlichgelb, fünf- oder sechszählig, in bis 20 cm langen, endständigen Rispen, im Sommer bis Spätsommer. *Früchte* Geflügelt, bis 4 cm lang.

- HERKUNFT China
- LEBENSRAUM Bergwälder

Höhe	Wuchs	Belaubung	Laubform
20 m	Breit säulenförmig	Sommergrün	

Styracaceae

Diese Familie ist mit zwölf Gattungen und mit ca. 160 Arten sommergrüner Bäume und Sträucher in Amerika, in Südostasien und im Mittelmeerraum vertreten. Die Blätter sind wechselständig und ungeteilt. Die Blüten haben fünf bis sieben Kronblätter, die an der Basis glockenfömig miteinander verwachsen sind. Die Frucht ist meist eine Kapsel.

Familie	Art	Autor
Styracaceae	*Halesia carolina*	Linné

Schneeglöckchenbaum

Blätter Eiförmig oder elliptisch, bis 12 cm lang und 6 cm breit, lang zugespitzt, fein gesägt, oberseits frischgrün und verkahlend, unterseits heller und behaart, im Herbst gelb. *Borke* Hellbraun, mit schuppigen Leisten. *Blüten* Weiß oder weiß-rosa, hängend, die glockenförmige Krone bis 2 cm lang, vierlappig, in kleinen Büscheln, im Frühjahr bis späten Frühjahr mit Laubaustrieb. *Früchte* Birnenförmig, bis 4 cm lang, vierflügelig, anfangs grün, reif hellbraun.

- Herkunft SO-USA
- Lebensraum Fruchtbare, feuchte Wälder, an Flüssen
- Anmerkung In Mitteleuropa strauchig und selten über 6 m hoch.

Höhe	Wuchs	Belaubung	Laubform
20 m	Breit kegelig	Sommergrün	

Familie	Art	Autor
Styracaceae	*Pterostyrax hispida*	Siebold & Zuccarini

Borstiger Flügelstorax

Blätter Länglich bis eiförmig, bis 20 cm lang und 10 cm breit, beidendig zugespitzt, oberseits frischgrün und kahl, unterseits graugrün, spärlich behaart. *Borke* Hell graubraun, korkig, orange Risse. *Blüten* Ca. 6 mm lang, rahmweiß, duftend, mit vorstehenden Staubblättern, in hängenden, bis 25 cm langen Rispen, im Frühsommer bis Sommermitte. *Früchte* Klein, grau, etwa 1 cm lang, fünfrippig, mit gelbbraunen Borsten.

- Herkunft China, Japan
- Lebensraum Wälder, an Gebirgsflüssen

Höhe	Wuchs	Belaubung	Laubform
12 m	Breit ausladend	Sommergrün	

Familie	Art	Autor
Styracaceae	*Styrax hemsleyana*	Diels

Hemsley-Storaxbaum

Blätter Eiförmig bis verkehrteiförmig, bis 15 cm lang und 10 cm breit, asymmetrische Basis, zugespitzt, entfernt gezähnt, kahl oder fast kahl. *Borke* Hellgrau. *Blüten* Etwa 1,5 cm lang, mit fünflappiger Blütenhülle, Kelch dicht braun behaart, in aufrechten bis abstehenden, bis 5 cm langen Trauben, endständig, im Frühsommer. *Früchte* Eiförmig, grau, beerenartig, 1,5 cm lang, einsamig.

- Herkunft Zentral-China
- Lebensraum Wälder, Gebüsch
- Anmerkung Pflanzen in Kultur werden größer als typische wildwachsende Exemplare. Die Art ist ähnlich *Styrax obassia* (s. Seite 299), hat aber hellorange Knospen und weniger behaarte Blätter.

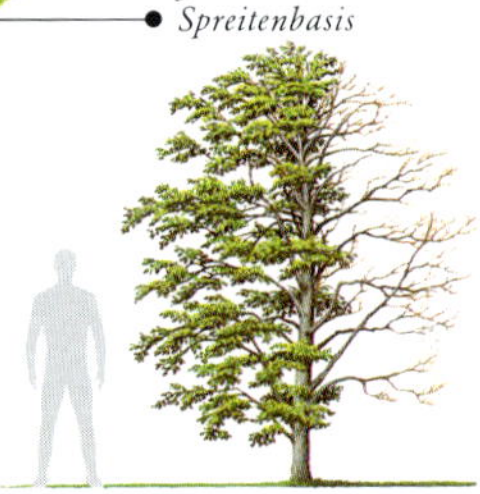

Höhe	Wuchs	Belaubung	Laubform
8 m	Breit säulenförmig	Sommergrün	

Familie	Art	Autor
STYRACACEAE	*Styrax japonica*	Siebold & Zuccarini

JAPANISCHER STORAXBAUM

Blätter Elliptisch bis eiförmig, bis 10 cm lang und 5 cm breit, Basis verschmälert, plötzlich zugespitzt, annähernd ganzrandig, oberseits glänzend frischgrün, im Herbst gelb oder rot. *Borke* Mattgrau, später breite Leisten zwischen orangen Rissen. *Blüten* Ca. 2 cm groß, Blumenkrone fünflappig, weiß, oft rosa überzogen, gelbe Staubbeutel, schwach duftend, an dünnen Stielen, in kleinen Trauben oder einzeln hängend, im Frühsommer bis Sommer. *Früchte* Kugelig bis eiförmig, grau, beerenartig, bis 1,5 cm lang, einsamig.

- HERKUNFT China, Japan, Korea
- LEBENSRAUM Sonnige Lagen, meist auf feuchten Standorten
- ANMERKUNG Seltener, schöner Strauch oder kleiner Baum, bei uns kaum über 6 m.

Glänzend grüne Blätter mit matter Unterseite

Glockenförmige Blüten hängen an Zweigunterseite

Höhe	Wuchs	Belaubung	Laubform
10 m	Breit ausladend	Sommergrün	

Familie	Art	Autor
STYRACACEAE	*Styrax obassia*	Siebold & Zuccarini

OBASSIA-STORAXBAUM

Blätter Variabel, rundlich bis eiförmig, bis 20 cm lang und breit, oberseits dunkelgrün und kahl, unterseits blaugrün und dicht behaart, im Herbst gelb. *Borke* Graubraun, glatt, im Alter längsrissig. *Blüten* 2 cm groß, Blumenkrone fünflappig, weiß, gelbe Staubbeutel, duftend, in überhängenden, bis 20 cm langen Trauben, im Frühsommer bis Sommer. *Früchte* Eiförmig, grau, beerenartig, bis 2 cm lang, einsamig.

- HERKUNFT N-China, Japan, Korea
- LEBENSRAUM Feuchte Wälder
- ANMERKUNG Die Blütentrauben sind oft von den großen, runden Blättern überdeckt.

Dicht behaarte Blattunterseite

Die größten Blätter sind endständig

Lockere Trauben hängen unter den Blättern

Höhe	Wuchs	Belaubung	Laubform
12 m	Breit säulenförmig	Sommergrün	

THEACEAE

EINE FAMILIE mit etwa 30 Gattungen und ca. 600 Arten sommergrüner Gehölze. Sie sind vorwiegend im tropischen und subtropischen Asien und Amerika verbreitet, sind aber auch in den gemäßigten Klimazonen Ostasiens und im Süden der USA zu finden. Die Blätter sind wechselständig und einfach, die Blüten meist groß und fünfzählig. Die Frucht ist oft eine Kapsel.

Familie	Art	Autor
THEACEAE	*Stewartia malacodendron*	Linné

STEWARTIA MALACODENDRON

Blätter Oval bis eiförmig, bis 10 cm lang und 5 cm breit, zugespitzt, fein gesägt, oberseits kahl, unterseits heller und behaart. *Borke* Hellgrau bis braun, glatt. *Blüten* Anfangs becherförmig, später weit geöffnet, 10 cm groß, weiß, viele Staubblätter und bläuliche Staubbeutel, einzeln, im Sommer. *Früchte* Verholzende Kapsel, rotbraun, bis 1,5 cm groß.

- HERKUNFT SO-USA
- LEBENSRAUM Feuchte Wälder der Küstenebene

Höhe	Wuchs	Belaubung	Laubform
6 m	Breit säulenförmig	Sommergrün	

Familie	Art	Autor
THEACEAE	*Stewartia monadelpha*	Siebold & Zuccarini

STEWARTIA MONADELPHA

Blätter Eiförmig bis oval, bis 10 cm lang und 3 cm breit, zugespitzt, gesägt, oberseits glänzend dunkelgrün, beiderseits spärlich behaart, im Herbst purpurrot. *Borke* Glatt, schuppig ablösend, darunter graue, hell- und rotbraune Flecken. *Blüten* 4 cm groß, weiß, fünfzählig, Staubblätter mit rahmweißen Staubfäden und dunklen Staubbeuteln, einzeln oder zu zweit in den Achseln, im Sommer. *Früchte* Verholzende, rotbraune Kapsel, bis 1 cm lang.

- HERKUNFT S-Japan, Korea
- LEBENSRAUM Bergwälder

Höhe	Wuchs	Belaubung	Laubform
25 m	Breit säulenförmig	Sommergrün	

Familie	Art	Autor
THEACEAE	*Stewartia pseudocamellia*	Maximowicz

SCHEINKAMELIE

Blätter Oval bis breit eiförmig, bis 10 cm lang und 6 cm breit, zugespitzt, fein gesägt, oberseits dunkelgrün und kahl, unterseits kahl oder spärlich behaart, im Herbst gelb bis orange oder rot. *Borke* Rotbraun, in dünnen, unregelmäßigen Schichten ablösend, darunter graue bis rosa Flecken. *Blüten* 7 cm groß, weiß, fünfzählig, viele Staubblätter mit gelben Staubfäden und dunklen Staubbeuteln, einzeln oder zu zweit in den Blattachseln, im Sommer. *Früchte* Verholzende, rotbraune Kapsel, ca. 2 cm lang.

- HERKUNFT Japan
- LEBENSRAUM Bergwälder
- ANMERKUNG Wie bei den anderen *Stewartia*-Arten sind die fünf Kronblätter am Grund miteinander verwachsen; die Blüte fällt als Ganzes ab.

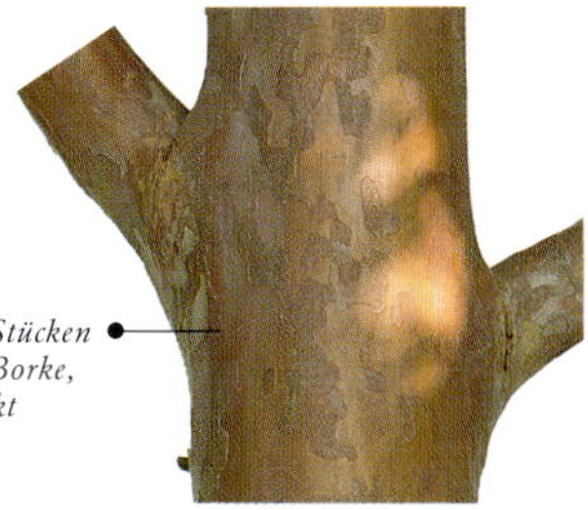

△ VAR. KOREANA
Die Blüten dieser in Südkorea heimischen Varietät sind geöffnet breit schalenförmig. Die etwas größeren Blätter färben sich im Herbst ebenfalls.

▽ STEWARTIA PSEUDOCAMELLIA

Höhe	Wuchs	Belaubung	Laubform
20 m	Breit säulenförmig	Sommergrün	

TILIACEAE

DIE LINDEN der Gattung *Tilia* sind beliebte Park- und Straßenbäume; zur Familie gehören mindestens 45 Gattungen mit mehr als 400 Arten Gehölze, selten auch krautige Pflanzen. Sie sind weltweit verbreitet, doch kommen die Linden vorwiegend in den gemäßigten Breiten der Nordhalbkugel vor. Die Blätter sind wechselständig und manchmal gelappt, häufig sternhaarig. Die oft duftenden Blüten sind klein, haben meist fünf Kron- und Kelchblätter sowie zahlreiche Staubblätter. Die vielgestaltige Frucht ist meist eine trockene Kapsel oder Nuß.

Familie	Art	Autor
TILIACEAE	*Tilia americana*	Linné

AMERIKANISCHE LINDE

Blätter Breit eiförmig bis fast rundlich, bis 20 cm lang und 15 cm breit, plötzlich kurz zugespitzt, fein und scharf gesägt, oberseits matt dunkelgrün, kahl, unterseits heller, in den Nervenwinkeln braun behaart. *Borke* Grau bis braun, rissig, mit langen, schuppigen Leisten. *Blüten* 1,5 cm groß, hellgelb, fünf Kronblätter, duftend, bis zu zehn in hängenden Trugdolden, jede mit flügelartigem, bis 10 cm langem Hochblatt, im Sommer. *Früchte* Kugelige Nüsse, ca. 1 cm dick.

- HERKUNFT O-Nordamerika
- LEBENSRAUM Feuchte Wälder
- ANMERKUNG Bei uns gelegentlich als Park- oder Straßenbaum.

Höhe	Wuchs	Belaubung	Laubform
25 m	Breit säulenförmig	Sommergrün	

Familie	Art	Autor
TILIACEAE	*Tilia cordata*	Miller

WINTERLINDE, STEINLINDE

Blätter Fast rundlich, bis 10 cm lang und breit, Basis herzförmig, zugespitzt, gesägt, oberseits glänzend dunkelgrün, unterseits blaugrün, behaarte Nervenwinkel, im Herbst gelb. *Borke* Grau, glatt, später graubraun und gefurcht. *Blüten* 2 cm groß, hellgelb, fünf Kronblätter, duftend, bis zu zehn in Trugdolden, jede mit einem grünen, bis zu 10 cm langen Hochblatt, im Sommer. *Früchte* Kugelige Nüsse, graugrün, bis 6 mm dick.

• HERKUNFT W-Asien, Europa

• LEBENSRAUM Auf Kalkböden, frische, tiefgründige Standorte

Höhe	Wuchs	Belaubung	Laubform
30 m	Breit säulenförmig	Sommergrün	

Familie	Art	Autor
TILIACEAE	*Tilia* x *euchlora*	K. Koch

KRIM-LINDE

Blätter Breit eiförmig, bis 10 cm lang und breit, kurz zugespitzt, oberseits glänzend dunkelgrün, unterseits heller, mit braun behaarten Nervenwinkeln. *Borke* Grau, glatt, im Alter rissig. *Blüten* 2 cm groß, hellgelb, fünf Kronblätter, bis zu sieben in Blütenständen, jeder mit grünem, bis zu 8 cm langem Hochblatt, im Sommer. *Früchte* Kugelige, graugrüne, behaarte Nüsse, 1,2 cm lang.

• HERKUNFT Nicht bekannt

• ANMERKUNG Vermutlich eine Hybride aus *T. cordata* und *T. dasystyla*.

Höhe	Wuchs	Belaubung	Laubform
20 m	Breit säulenförmig	Sommergrün	

Familie TILIACEAE	Art *Tilia x europaea*	Autor Linné

HOLLÄNDISCHE LINDE

Blätter Breit eiförmig bis fast rundlich, bis 10 cm lang und breit, Basis herzförmig, kurz zugespitzt, scharf gesägt, oberseits matt dunkelgrün, unterseits heller, kahl bis auf behaarte Nervenwinkel. *Borke* Mattgrau, flachrissig. *Blüten* 2 cm groß, hängend, hellgelb, duftend, fünf Kronblätter, bis zu zehn in Trugdolden, jede mit hellgrünem, bis zu 10 cm langem Hochblatt, im Hochsommer. *Früchte* Eiförmige Nüsse, graugrün, bis 8 mm lang.

- HERKUNFT Europa
- LEBENSRAUM Mit den Eltern
- ANMERKUNG Auch als *Tilia x vulgaris* bekannt. Eine Hybride aus der Winterlinde (*T. cordata*, s. Seite 303) und der Sommerlinde (*T. platyphyllos*, s. Seite 305).

▽ TILIA X EUROPAEA

◁ 'WRATISLAVIENSIS' Die anfangs leuchtend gelbgrünen Blätter dieser Sorte werden später grün.

Höhe 40 m	Wuchs Breit säulenförmig	Belaubung Sommergrün	Laubform

Familie TILIACEAE	Art *Tilia mongolica*	Autor Maximowicz

MONGOLISCHE LINDE

Blätter Breit eiförmig, bis 7 cm lang und breit, meist deutlich dreilappig und grob gezähnt, zugespitzt, rotgestielt, oberseits jung rötlich, später glänzend dunkelgrün, unterseits bläulich, beiderseits kahl bis auf behaarte Nervenwinkel, im Herbst gelb. *Borke* Grau, glatt. *Blüten* Bis 2 cm groß, hellgelb, duftend, fünf Kronblätter, bis zu 20 in hängenden Trugdolden, jede mit flügelartigem, bis zu 10 cm langem Hochblatt, im Hochsommer. *Früchte* Kugelig, graugrün, verholzt, bis 8 mm dick.

- HERKUNFT NO-Asien
- LEBENSRAUM Berghänge
- ANMERKUNG Belaubt leicht an den typischen gelappten und grob gezähnten Blättern zu erkennen.

Höhe 15 m	Wuchs Breit ausladend	Belaubung Sommergrün	Laubform

Familie	Art	Autor
TILIACEAE	*Tilia platyphyllos*	Scopoli

SOMMERLINDE

Blätter Rund bis breit eiförmig, bis 15 cm lang und breit, Basis herzförmig, plötzlich kurz zugespitzt, scharf kerbig gesägt, oberseits dunkelgrün, unterseits heller, beiderseits behaart, weißlich behaarte Nervenwinkel, im Herbst gelb. *Borke* Grau, flachrissig. *Blüten* 2 cm groß, hellgelb, duftend, fünf Kronblätter, bis zu fünf in hängenden Trugdolden, jede mit bis zu 12 cm langem Hochblatt, im Sommer. *Früchte* Kugelig, graugrün, verholzt, bis 1 cm dick, fünfkantig.

- HERKUNFT SW-Asien, Europa
- LEBENSRAUM Feuchte Wälder

TILIA PLATYPHYLLOS

◁ 'LACINIATA'
Eine ungewöhnliche Sorte mit tief eingeschnittenen, oft gekräuselten Blättern.

Höhe	Wuchs	Belaubung	Laubform
30 m	Breit säulenförmig	Sommergrün	

Familie	Art	Autor
TILIACEAE	*Tilia tomentosa*	Moench

SILBERLINDE

Blätter Rundlich, bis 12 cm lang und 10 cm breit, oft undeutlich gelappt, Basis schief herzförmig, plötzlich zugespitzt, scharf gesägt, oberseits dunkelgrün, unterseits dicht silbrig-filzig. *Borke* Grau, flachrissig. *Blüten* 2 cm groß, hellgelb, stark duftend, fünf Kronblätter, bis zu zehn in Trugdolden, jede mit bis zu 10 cm langem Hochblatt, im Sommer bis Spätsommer. *Früchte* Kugelig bis eiförmig, verholzend, graugrün, bis 1,2 cm dick.

- HERKUNFT SW-Asien, SO-Europa
- LEBENSRAUM Mischwälder
- ANMERKUNG Früher als *T. argentea* bekannt.

TILIA TOMENTOSA

◁ 'PETIOLARIS'
Die Hänge-Silberlinde fällt durch ihre überhängenden Zweige und die langgestielten Blätter auf.

Höhe	Wuchs	Belaubung	Laubform
25 m	Breit säulenförmig	Sommergrün	

TROCHODENDRACEAE

Eine einzige Art in einer (monotypischen) Gattung gehört zu dieser Familie. Die Verwandtschaft ist nicht geklärt, doch ist man sich darin einig, daß sie als Blütenpflanze relativ primitiv ist. Meist wird eine Verwandtschaft entweder mit *Cercidiphyllum* (s. Seite 133) oder mit *Drimys* (s. Seite 310) angenommen.

Familie TROCHODENDRACEAE	Art *Trochodendron aralioides*	Autor Siebold & Zuccarini

RADBAUM

Blätter Schmal eiförmig, bis 12 cm lang und 4 cm breit, mit Ausnahme der Basis gesägt, oberseits dunkelgrün, unterseits heller. *Borke* Grau bis dunkelbraun, mit typischen Lentizellen. *Blüten* 2 cm groß, hellgrün, ohne Kronblätter, Staubblätter an einem scheibenförmigen grünen Blütenboden, in endständigen, bis zu 10 cm langen Rispen, im späten Frühjahr bis Frühsommer. *Früchte* Halbrunder Fruchstand, anfangs grün, reif braun, mit bleibenden Narben.

- HERKUNFT Japan, Korea, Taiwan
- LEBENSRAUM Bergwälder

Höhe 20 m	Wuchs Breit säulenförmig	Belaubung Immergrün	Laubform

ULMACEAE

Zur Familie der Ulmen gehören etwa 18 Gattungen mit ca. 150 Arten immer- und sommergrüner Gehölze, die wildwachsend in den Tropen und in den nördlichen gemäßigten Breiten vorkommen. Die Blätter sind meist wechselständig, die kleinen Blüten ohne Kronblätter. Die Frucht ist eine Nuß oder eine Steinfrucht.

Familie ULMACEAE	Art *Celtis australis*	Autor Linné

SÜDLICHER ZÜRGELBAUM

Blätter Lanzettlich bis eiförmig, bis 15 cm lang und 5 cm breit, schmal und lang zugespitzt, oberseits dunkelgrün, rauhborstig, unterseits graugrün, weichhaarig. *Borke* Hellgrau, glatt. *Blüten* Einhäusig, eingeschlechtig, klein, grün, ohne Kronblätter, einzeln oder in kleinen Büscheln in den Blattachseln, im Frühjahr. *Früchte* Kugelig, beerenartig, bis 1,2 cm dick, reif fast schwarz.

- HERKUNFT SW-Asien, S-Europa
- LEBENSRAUM Trocken-warme, felsige Hänge

Höhe 20 m	Wuchs Breit säulenförmig	Belaubung Sommergrün	Laubform

Familie	Art	Autor
ULMACEAE	*Celtis laevigata*	Willdenow

CELTIS LAEVIGATA

Blätter Schmal eiförmig, bis 10 cm lang und 4 cm breit, keilförmig zugespitzt, Basis oft schief, ganzrandig oder entfernt gezähnt, hellgrün, kahl. *Borke* Hellgrau, glatt, mit korkigen Lentizellen. *Blüten* Einhäusig, eingeschlechtig, klein, grün, ohne Kronblätter, einzeln oder in kleinen Büscheln in den Blattachseln, im Frühjahr. *Früchte* Kugelig, beerenartig, eßbar, orangerot bis purpurschwarz, bis 6 mm dick.

- HERKUNFT N-Mexiko, S-USA
- LEBENSRAUM Feuchte Überschwemmungsgebiete, Wälder
- ANMERKUNG Die hier abgebildete Varietät, var. *smallii*, hat schärfer gesägte Blattränder.

VAR. SMALLII

Höhe	Wuchs	Belaubung	Laubform
25 m	Breit säulenförmig	Sommergrün	

Familie	Art	Autor
ULMACEAE	*Celtis occidentalis*	Linné

NORDAMERIKANISCHER ZÜRGELBAUM

Blätter Eiförmig, bis 12 cm lang und 6 cm breit, keilförmig zugespitzt, Basis oft schief, scharf gesägt, oberseits glatt oder borstig, unterseits an Nerven schwach behaart. *Borke* Grau, glatt, mit Lentizellen, im Alter gefurcht und schuppig. *Blüten* Einhäusig, eingeschlechtig, klein, grün, ohne Kronblätter, einzeln oder in kleinen Büscheln in den Blattachseln, im Frühjahr. *Früchte* Kugelig, beerenartig, eßbar, orangerot bis dunkelpurpurn, bis 1 cm dick.

- HERKUNFT Nordamerika
- LEBENSRAUM Fruchtbare Wälder und Hügellagen
- ANMERKUNG Wächst als Baum oder Strauch.

Höhe	Wuchs	Belaubung	Laubform
25 m	Breit säulenförmig	Sommergrün	

Familie	Art	Autor
ULMACEAE	*Ulmus* x *hollandica*	Miller

HOLLÄNDISCHE ULME

Blätter Eiförmig bis elliptisch, bis 13 cm lang und 8 cm breit, zugespitzt, gesägt, unterseits Achseln behaart. *Borke* Graubraun, starkrissig. *Blüten* Klein, rot, in Büscheln an den Trieben, im zeitigen Frühjahr. *Früchte* Einsamige Nüsse, geflügelt, bis 2,5 cm groß.

- HERKUNFT Europa
- LEBENSRAUM Wälder, Hecken
- ANMERKUNG Eine Hybride aus Bergulme *(Ulmus glabra)* und Feldulme (*Ulmus minor*, s. u.).

'KLEMMER'
Eine in Belgien gezüchtete Sorte mit schmal kegeligem Wuchs.

Höhe	Wuchs	Belaubung	Laubform
30 m	Breit säulenförmig	Sommergrün	

Familie	Art	Autor
ULMACEAE	*Ulmus japonica*	(Rehder) Sargent

JAPANISCHE ULME

Blätter Oval bis verkehrteiförmig, bis 12 cm lang und 6 cm breit, schiefe Basis, zugespitzt, doppelt gesägt, oberseits dunkelgrün, rauhborstig, unterseits heller und an Nerven behaart. *Borke* Hellgrau, rissig. *Blüten* Sehr klein, rot, in kleinen Büscheln an den Trieben, im Frühjahr. *Früchte* Einsamige Nüsse, geflügelt, bis 1,5 cm groß, wenige Wochen nach Blüte reif.

- HERKUNFT NO-Asien, Japan
- LEBENSRAUM Wälder, felsige Standorte, Moore

Höhe	Wuchs	Belaubung	Laubform
30 m	Breit ausladend	Sommergrün	

Familie	Art	Autor
ULMACEAE	*Ulmus minor*	Miller

FELDULME

Blätter Oval bis verkehrteiförmig, bis 12 cm lang und 5 cm breit, zugespitzt, doppelt gesägt, oberseits glänzend dunkelgrün und kahl, unterseits behaarte Nervenwinkel. *Borke* Graubraun, rissig. *Blüten* Klein, rot, in Büscheln, im Frühjahr. *Früchte* Kleine, geflügelte Nüsse.

- HERKUNFT N-Afrika
- LEBENSRAUM Wälder, Hecken
- ANMERKUNG Auch als *Ulmus carpinifolia* bekannt.

Höhe	Wuchs	Belaubung	Laubform
30 m	Breit säulenförmig	Sommergrün	

Familie ULMACEAE	Art *Ulmus parvifolia*	Autor Jacquin

CHINESISCHE ULME

Blätter Oval bis verkehrteiförmig, bis 6 cm lang und 4 cm breit, schiefe Basis, zugespitzt, scharf vorwärts gerichtet gesägt, oberseits glänzend dunkelgrün und manchmal rauh, unterseits Achseln behaart, im Herbst gelb, rot oder purpur. *Borke* Graubraun, abschuppend. *Blüten* Klein, rot, in Büscheln in den Achseln, im Frühjahr. *Früchte* Einsamige Nüsse, grün geflügelt, bis 8 mm dick.

- HERKUNFT O-Asien
- LEBENSRAUM Steinige Standorte

Höhe 15 m	Wuchs Breit ausladend	Belaubung Sommergrün	Laubform

Familie ULMACEAE	Art *Ulmus pumila*	Autor Linné

SIBIRISCHE ULME

Blätter Oval bis schmal eiförmig, bis 6 cm lang und 3 cm breit, Basis fast symmetrisch, zugespitzt, scharf gezähnt, oberseits dunkelgrün, kahl, unterseits Achseln behaart. *Borke* Graubraun, rissig, mit Leisten. *Blüten* Klein, rot, in Büscheln an den Trieben, im Frühjahr vor Laubaustrieb. *Früchte* Einsamige Nüsse, rundlich, grün geflügelt, bis 1,2 cm lang.

- HERKUNFT Zentral- bis O-Asien
- LEBENSRAUM Sandige oder felsige Standorte

Höhe 20 m	Wuchs Breit säulenförmig	Belaubung Sommergrün	Laubform

Familie ULMACEAE	Art *Zelkova carpinifolia*	Autor (Pallas) K. Koch

KAUKASISCHE ZELKOVE

Blätter Oval bis eiförmig, bis 10 cm lang und 5 cm breit, jederseits sieben bis elf Seitenadern, die in fast dreieckigen Zähnen enden, oberseits dunkelgrün und etwas rauh, unterseits behaart, im Herbst orangebraun. *Borke* Grau, glatt, im Alter schuppig, Stamm spannrückig. *Blüten* Eingeschlechtig, einhäusig, klein, grün, in Büscheln, im Frühjahr. *Früchte* Klein und kugelig.

- HERKUNFT Kaukasus, N-Iran
- LEBENSRAUM Wälder
- ANMERKUNG Leicht am kurzen Stamm und den zahlreichen aufstrebenden Ästen zu erkennen.

Höhe 25 m	Wuchs Breit säulenförmig	Belaubung Sommergrün	Laubform

Familie	Art	Autor
ULMACEAE	*Zelkova serrata*	(Thunberg) Makino

KEAKI

Blätter Oval bis eilänglich, bis 12 cm lang und 5 cm breit, Basis abgerundet, zugespitzt, Seitenadern in spitzen Zähnen endend, oberseits dunkelgrün, rauh, unterseits heller, kahl, im Herbst gelb, orange oder rot. *Borke* Hellgrau, glatt, erst spät abschuppend. *Blüten* Einhäusig, klein, grün, an jungen Trieben, im Frühjahr. *Früchte* Klein, glatt und rund.

- HERKUNFT China, Japan, Korea
- LEBENSRAUM Feuchte Standorte in Flußnähe

▽ ZELKOVA SERRATA

◁ ZELKOVA SINICA
Eine ähnliche Art. Die entfernter gezähnten Blätter haben eine keilförmige Basis.

Höhe	Wuchs	Belaubung	Laubform
40 m	Breit ausladend	Sommergrün	

WINTERACEAE

Eine primitive Familie, die den Magnolien (s. Seiten 202 – 215) nahesteht. Zu ihr gehören mindestens fünf Gattungen mit über 60 Arten immergrüner Gehölze, die in Madagaskar, von Mexiko bis Südamerika, in SO-Asien und Australien und Neuseeland heimisch sind. Die Blätter sind wechselständig und ganzrandig, die Blüten fünf- oder mehrzählig, die Fruchtstände beerenartig.

Familie	Art	Autor
WINTERACEAE	*Drimys winteri*	J. R. & J. G. Forster

WINTERRINDE

Blätter Länglich bis oval, bis 20 cm lang und 6 cm breit, ganzrandig, oberseits glänzend dunkelgrün, unterseits blaugrün bis blauweiß, lederig, zerrieben duftend. *Borke* Graubraun, glatt, aromatisch. *Blüten* 4 cm groß, weiß, duftend, mit zahlreichen schlanken Petalen, in großen Dolden, im Frühjahr bis Frühsommer. *Früchte* Kleine Beeren, anfangs grün, reif purpurschwarz, in langgestielten, endständigen Dolden.

- HERKUNFT Mexiko, Südamerika
- LEBENSRAUM Gebirge
- ANMERKUNG Benannt nach Kapitän William Winter, der im 16. Jh. mit Sir Francis Drake zur See fuhr. Er verwendete die Vitamin-C-haltige Rinde zur Behandlung von Skorbut, einer Vitamin-C-Mangel-Erkrankung.

Höhe	Wuchs	Belaubung	Laubform
15 m	Schmal kegelig	Immergrün	

GLOSSAR

HIER FINDEN SIE Definitionen zu den wenigen Fachbegriffen, die in diesem Buch verwendet wurden. Fett gedruckte Wörter werden in einem eigenen Glossareintrag erklärt. Weitere hilfreiche Informationen finden Sie auf den Seiten 8–16. *Anmerkung:* Ein Teil der im Buch vorgestellten Pflanzen ist in Mitteleuropa nicht winterhart. Einige andere Bäume sind zwar winterhart, aber nur selten außerhalb botanischer Sammlungen zu sehen.

• ÄHRE
Blütenstand mit einer Mittelachse und einzelnen, ungestielten Blüten.

• BEREIFT
Wachsartig blauweiß oder bläulich überzogen.

• BLÄTTCHEN
Teil eines **zusammengesetzten Blattes.**

• BLUMENKRONE
Die Gesamtheit der Kronblätter (Blütenblätter oder Petalen), d. h. des inneren Teils der Blütenhülle.

• EINFACHES BLATT
Nicht **zusammengesetztes Blatt.**

• EINGEBÜRGERT
Pflanze, die sich an einen Lebensraum angepaßt hat, dort aber nicht **heimisch** ist.

• EXOKARP
Äußerer Mantel der Frucht.

• GANZRANDIG
Nicht gesägter, gezähnter oder gekerbter Blattrand.

• GEFIEDERT
Zusammengesetztes Blatt mit **Blättchen,** die sich an einer Mittelachse gegenüberstehen.

• GRIFFEL
Teil der weiblichen Blüte, der die **Narbe** trägt.

• HEIMISCH
Wildwachsend im Ursprungsgebiet.

• HOCHBLÄTTER (Brakteen)
Laubblätter unterhalb der Blüte mit besonderen Aufgaben (z. B. Schutzfunktion, Anlocken von Insekten, Samenverbreitung).

• IMMERGRÜN
Blätter bleiben nach Abschluß der Vegetationsperiode für mindestens ein Jahr am Baum.

• KAPSEL
Frucht, bei der die Schale aufspringt, um den Samen freizusetzen.

• KÄTZCHEN
Blütenstand mit hängender Hauptachse und kleinen, meist eingeschlechtigen Blüten.

• KELCH
Die Kelchblätter oder **Sepalen** bilden den Kelch, den äußeren Teil der Blütenhülle.

• KRAUTIGE PFLANZE
Nicht verholzende, ein- oder mehrjährige Pflanze; letztere zieht meist am Ende der Vegetationsperiode ein und überwintert in der Erde.

• LENTIZELLE
Korkige Lüftungsöffnung aus abgestorbenen Zellen an Borke, Zweigen und Früchten.

• MONOTYPISCH
Familie mit nur einer Gattung und Art, bzw. Gattung mit nur einer Art.

• NARBE
Weibl. Blütenorgan, oberster Teil des Stempels, nimmt **Pollen** auf.

• ÖHRCHEN
Kleiner, ohrförmiger Blattlappen am Spreitengrund.

• POLLEN
Blütenstaub, aus dem sich nach der Bestäubung die männlichen Geschlechtszellen entwickeln.

• RISPE
Mehrfach verzweigte **Traube.**

• SCHIRMRISPE
Rispe, die oben schirmförmig ausgebildet ist (Doldenrispe).

• SCHMETTERLINGSBLÜTE
Blütenform der Hülsenfrüchtler mit deutl. Ober- und Unterlippe.

• SEPALE
Kelchblatt, einzelner Bestandteil des **Kelchs.**

• SITZEND
Blatt oder Blüte ohne Stiel.

• SOMMERGRÜN
Blätter fallen zum Ende der Vegetationsperiode ab.

• SPINDEL
Mittelachse (umgewandelter Mittelnerv) bei **gefiederten** Blättern.

• SPREITE
Teil des Blattes nach Blattstiel, der nicht mit der Blattbasis verbunden ist.

• STAUBBEUTEL (Anthere)
Der Teil des **Staubblatts,** der die **Pollen** enthält.

• STAUBBLATT
Männliches Blütenorgan, das aus **Staubfaden** und **-beutel** besteht.

• STAUBFADEN (Filament)
Teil der männlichen Blüten, der den **Staubbeutel** trägt.

• STIPEL (Nebenblatt)
Meist kleines Schutzblatt an der Stielbasis.

• TEPALE
Bezeichnung eines Blütenhüllblatts, wenn Kron- und Kelchblatt in Art und Form einander gleich sind.

• TRAUBE
Blütenstand, bei dem gestielte Blüten jeweils einzeln an einer zentralen Achse stehen.

• TRUGDOLDE
Mehrfach verzweigter Blütenstand, bei dem die Endblüte einer Verzweigung jeweils von weiteren Verzweigungen überragt wird.

• WINTERGRÜN
Blätter bleiben nach Abschluß der Vegetationsperiode am Baum, fallen aber zu Beginn der nächsten Vegetationsperiode ab.

• WINTERHART
Pflanze kann den Winter im Freien überleben.

• ZUSAMMENGESETZTES BLATT
Blatt, das aus mehreren, nicht zusammengewachsenen **Blättchen** besteht (**gefiedert** oder handförmig geteilt).

PFLANZENREGISTER

A
Abendländischer Lebensbaum 49
– Wacholder 46
Abies alba 52
Abies bracteata 52
Abies forrestii 53
Abies grandis 54
Abies homolepis 54
Abies koreana 54
Abies lasiocarpa 55
var. *arizonica* 55
Abies magnifica 56
Abies nordmanniana 56
Abies numidica 56
Abies pinsapo 57
Abies procera 57
Abies veitchii 57
Acacia dealbata 190
Acacia falciformis 191
Acacia glaucoptera 191
Acacia mearnsii 191
Acacia melanoxylon 191
Aceraceae 84
Acer buergerianum 84
Acer campestre 85
'Pulverulentum' 85
Acer capillipes 85
Acer cappadocicum 86
'Aureum' 86
Acer carpinifolium 86
Acer circinatum 87
Acer cissifolium 87
Acer crataegifolium 87
Acer davidii 88
'Ernest Wilson' 88
'George Forrest' 88
Acer ginnala 88
Acer griseum 89
Acer henryi 89
Acer japonicum 90
'Aconitifolium' 90
'Vitifolium' 90
Acer lobelii 91
Acer macrophyllum 91
Acer maximowiczianum 92
Acer miyabei 92
Acer negundo 93
'Elegans' 93
'Flamingo' 93
'Variegatum' 93
var. *violaceum* 93
Acer nikoense 92
Acer opalus 94
Acer palmatum 94
'Atropurpureum' 95
'Linearilobum Atropurpureum' 95
'Ribesifolium' 95
'Senkaki' 95
Acer pensylvanicum 96
'Erythrocladum' 96
Acer platanoides 97
'Crimson King' 97
'Crimson Sentry' 97
'Cucullatum' 98
'Deborah' 98
'Drummondii' 98
'Lorbergii' 98
Acer pseudoplatanus 99
'Atropurpureum' 99
'Brilliantissimum' 99
f. *erythrocarpum* 99
'Nizetii' 99
Acer rubrum 100
Acer rufinerve 100
Acer saccharinum 101
Acer saccharum 101
Acer shirasawanum 102
'Aureum' 102
Acer sieboldianum 102
Acer spicatum 103
Acer trautvetteri 103
Acer triflorum 104
Acer velutinum 104
Adams-Goldregen 196
Aesculus californica 178
Aesculus x *carnea* 178
'Briotii' 178
Aesculus flava 179
Aesculus hippacastanum 179
'Baumannii' 179
Aesculus indica 180
Aesculus x *neglecta* 181
'Erythroblastos' 181
Aesculus octandra 179
Aesculus pavia 181
Ahornblättrige Platane 234
Ailanthus altissima 296
Ajan-Fichte 63
Albizia julibrissin 192
Albizie 192
Alerce 44
Alligator-Wacholder 45
Alnus cordata 116
Alnus glutinosa 116
'Imperialis' 116
Alnus incana 117
'Aurea' 117
Alnus rubra 117
Alpen-Goldregen 197
Amelanchier arborea 238
Amelanchier asiatica 239
Amelanchier laevis 239
Amelanchier lamarckii 239
Amerikanische Buche 151
– Hainbuche 126
– Hopfenbuche 128
– Kastanie 149
– Lärche 61
– Linde 302
– Platane 235
– Silbertanne 53
– Stechpalme 113
– r Amberbaum 176
– r Perückenstrauch 105
– r Streifenahorn 96
– s Gelbholz 194
Amur-Korkbaum 283
– -Traubenkirsche 266
Anacardiaceae 105
Andentanne 34
Annonaceae 107
Apfel-Hybriden 252
Aprikose 258
Aquifoliaceae 108
Aralia elata 114
Aralia spinosa 114
Araliaceae 114
Araucaria araucana 34
Araucariaceae 34
Arbutus andrachne 141
Arbutus x *andrachnoides* 142
Arbutus menziesii 142
Arbutus unedo 143
Arizona-Kiefer 70
– -Zypresse 41
Arve 66
Asimina triloba 107
Athrotaxis laxifolia 80
Atlaszeder 58
Ätna-Ginster 194
Australischer Gummibaum 223
Austrocedrus chilensis (syn. *Libocedrus chilensis*) 35
Azara microphylla 174

B
Balkan-Weißdorn 241
Balsampappel 287
Bastard-Erdbeerbaum 142
- -Goldregen 198
Baum-Zwergmispel 240
Baumaralie 115
- hasel 127
- rhododendron 144
Beerenapfel 245
Bergahorn 99
- magnolie 205
Betula albosinensis 118
var. *septentrionalis* 118
Betula alleghaniensis
(syn. *B. lutea*) 119
Betula ermanii 119
Betula grossa 120
Betula lenta 120
Betula maximowicziana 121
Betula nigra 121
Betula papyrifera 122
Betula pendula 123
'Darlecarlica' 123
'Purpurea' 123
Betula populifolia 124
Betula pubescens 124
Betula utilis 125
'Grayswood Ghost' 125
var. *jacquemontii* 125
'Jermyns' 125
'Silver Shadow' 125
Betulaceae 116
Bhutan-Kiefer 75
Bignoniaceae 129
Birnbaum 273
Bischofskiefer 71
Bitternuß 182
Blasenesche 295
Blaue Atlaszeder 58
Blauglockenbaum 296
Blaugrüne Zypresse 42
Blumenesche 230
Blumenhartriegel
Borstiger Flügelstorax 298
Breitblättrige Stechpalme 112
- Steinlinde 231
Broussonetia papyrifera 218
Bruchweide 293
Buchsbaum 131
Bunges-Kiefer 66
Butternuß 184
Buxaceae 131
Buxus sempervirens 131

C
Callistemon subulatus 221
Callistemon viridiflorus 221
Calocedrus decurrens
(syn. *Libocedrus decurrens*) 36
'Aureovariegata' 36
Campbells Magnolie 203
Carolina-Hemlockstanne 77
- -Roßkastanie 181
Carpinus betulus 126
Carpinus caroliniana 126
Carpinus cordata 127
Carpinus japonica 127
Carya cordiformis 182
Carya illinoinensis 182
Carya ovata 183
Castanea dentata 149
Castanea mollissima 149
Castanea sativa 150
Catalpa bignonioides 129
'Aurea' 129
Catalpa x *erubescens* 130
'Purpurea' 130
Catalpa fargesii 130
var. *duclouxii* 130
Catalpa speciosa 131
Cedrela sinensis 217
Cedrus atlantica 58
f. *glauca* 58
Cedrus brevifolia 58
Cedrus deodara 59
Cedrus libani 59
Celastraceae 132
Celtis australis 306
Celtis laevigata 307
var. *smallii* 307
Celtis occidentalis 307
Cephalotaxaceae 34
Cephalotaxus fortunei 34
Cephalotaxus harringtonia 35
var. *drupacea* 35
Cercidiphyllaceae 133
Cercidiphyllum japonicum 133
Cercis canadensis 192
'Forest Pansy' 192
Cercis racemosa 193
Cercis siliquastrum 193
'Bodnant' 193
Chamaecyparis lawsoniana 37
'Albospica' 37
'Grayswood Pillar' 37
'Hillieri' 37
Chamaecyparis nootkatensis 37
'Variegata' 37
Chamaecyparis obtusa 38
'Crippsii' 38
Chamaecyparis pisifera 38
Chamaecyparis thyoides 39
'Glauca' 39
'Variegata' 39
Chile-Zeder 35
Chilenische Scheinbuche 156
- r Feuerbusch 236
Chinesische Balsampappel 290
- Flügelnuß 187
- Kastanie 149
- Kiefer 74
- Kopfeibe 34
- Korkeiche 173
- Sumpfzypresse 81
- Trauerweide 292
- Ulme 309
- r Amberbaum 175
- r Schneeflockenbaum 227
- r Tulpenbaum 201
- r Wacholder 44
- s Rotholz 81
Chionanthus retusus 227
Chionanthus virginicus 228
Chrysolepis chrysophylla 150
Cladrastis lutea 194
Colorado-Tanne 53
Contoneaster frigidus 240
Cornaceae 133
Cornus 'Eddie's White Wonder' 134
Cornus 'Porlock' 137
Cornus alternifolia 133
'Argentea' 133
Cornus controversa 134
'Variegata' 134
Cornus florida 135
'Cherokee Chief' 135
'White Cloud' 135
Cornus kousa 136
var. *chinensis* 136
Cornus macrophylla 136
Cornus nuttallii 137
Cornus walteri 138
Corylus colurna 127
Cotinus obovatus 105
Coulters Kiefer 67
Cox-Wacholder 47
+ *Crataegomespilus dardarii*
'Jules d'Asnières' 244
Crataegus crus-galli 240
Crataegus laciniata 241
Crataegus laevigata 241
'Gireoudii' 241
'Paul's Scarlet' 241
Crataegus x *lavallei* 242
'Carrierei' 242
Crataegus mollis 242
Crataegus monogyna 243
Crataegus phaenopyrum 243
Crataegus x *prunifolia* 243
x *Crataemespilus grandiflora* 244
Cryptomeria japonica 80
'Cristata' 80
'Lobbii' 80
Cunninghamia lanceolata 81
Cupressaceae 35
x *Cupressocyparis leylandii* 40
'Castlewellan Gold' 40
'Haggerston Grey' 40
'Naylor's Blue' 40
'Silver Dust' 40
Cupressus cashmeriana 41

Cupressus glabra 41
Cupressus lusitanica 42
'Glauca Pendula' 42
Cupressus macrocarpa 42
'Goldcrest' 42
Cupressus sempervirens 43
'Stricta' 43
'Swane's Golden' 43
Cydonia oblonga 244
Cytisus purpureus 196

D
Davidia involucrata 226
var. *vilmoriniana* 226
Davidsahorn 88
Deodar-Zeder 59
Diospyros kaki 138
Diospyros lotus 139
Diospyros virginiana 139
Dornmispel 244
Douglasie 76
Drehkiefer 67
Dreiblütiger Ahorn 104
Dreizahn-Ahorn 84
Drimys winteri 310

E
Ebeneaceae 138
Echte Quitte 244
– r Fächerahorn 94
Edeltanne 52
Edle Tanne 57
Eingriffeliger Weißdorn 243
Eisenholzbaum 177
Elaeagnaceae 140
Elaeagnus angustifolia 140
Elsbeere 282
Embothrium coccineum 236
Erdbeerbaum 143
Ericaceae 141
Erlen-Mehlbeere 274
Eschenahorn 93
Espe 290
Essigbaum 106
Eßkastanie 150
Eucalyptus coccifera 222
Eucalyptus cordata 222
Eucalyptus dalrympleana 223
Eucalyptus gunnii 223
Eucalyptus pauciflora 224
ssp. *niphophila* 224
Eucalyptus perriniana 224
Eucalyptus urnigera 225
Eucommia ulmoides 145
Eucommiaceae 145
Eucryphia 'Penwith' 148
Eucryphia cordifolia 146
Eucryphia glutinosa 146
'Plena' 146
Eucryphia x *intermedia* 147
'Rostrevor' 147
Eucryphia lucida 147
Eucryphia milliganii 148
Eucryphia x *nymansensis* 148
Eucryphiaceae 146
Euodia daniellii 284
Euonymus europaea 132
Europäische Lärche 60

F
Fagaceae 149
Fagus grandifolia 151
Fagus orientalis 151
Fagus sylvatica 152
'Aspleniifolia' 152
'Aurea Pendula' 152
'Cristata' 152
'Darwyck Purple' 153
f. *latifolia* 153
'Prince George of Crete' 153
'Rohanii' 153
'Rotundifolia' 153
Färbereiche 173
Faulbaum 237
Feige 219
Feldahorn 85
– ulme 308
Feuerahorn 88
Ficus carica 219
Fitzroya cupressoides 44
Flacourtiaceae 174
Flaumeiche 169
Föhre 74
Frangula alnus 237
Fraxinus americana 228
Fraxinus angustifolia 229
Fraxinus excelsior 229
'Jaspidea' 229
Fraxinus ornus 230
Fraxinus pennsylvanica 230

G
Geißklee 196
Gelbbirke 119
– horn 295
– kiefer 73
Gelbe Pavie 179
Gemeine Eberesche 275
– Eibe 79
– Esche 229
– Fichte 62
– Hopfenbuche 128
– Kiefer 74
– Robinie 199
– Roßkastanie 179
– Stechpalme 109
– Traubenkirsche 267
– r Goldregen 197
– r Judasbaum 193
– r Trompetenbaum 129
– r Wacholder 45
Genista aetnensis 194
Geweihbaum 195
Ginkgo 51
Ginkgo biloba 51
'Variegata' 51
Ginkgoaceae 51
Glanzliguster 231
Gleditschie 195
Gleditsia triacanthos 195
'Sunburst' 195
Glyptostrobus pensilis
(syn. *G. lineatus*) 81
Goldbirke 119
– lärche 76
Götterbaum 296
Grannentanne 52
Grauerle 117
– pappel 288
Griechische Tanne 53
– r Erdbeerbaum 141
Großblatt-Pappel 289
Großblättrige Magnolie 209
– Stechpalme 108
Große Weiße Kirsche 263
Großfrüchtige Eiche 165
Gunns Eukalyptus 223
Gurkenmagnolie 202
Guttaperchabaum 145
Gymnocladus dioicus 195

H
Haferschlehe 261
Hahnendorn 240
Hainbuche 126
Hainbuchenahorn 86
Halesia carolina 297
Hamamelidaceae 175
Hanfpalme 232
Hängebirke 123
Harringtons-Kopfeibe 35
Hemsleys Storaxbaum 298
Herkuleskeule 114
Herzblättrige Hainbuche 127
Hiba 51
Higan-Kirsche 270
Himalaja-Birke 125
– -Fichte 65
– -Kiefer 75
– -Mehlbeere 282
– -Wacholder 47
– -Zeder 59
Hinoki-Scheinzypresse 38
Hippocastanaceae 178
Hippophae rhamnoides 140
Hoheria glabrata 216
Hoheria lyallii 216
Hoheria sexstylosa 216
Holfords Kiefer 68
Holländische Linde 304
– Ulme 308
Hupeh-Eberesche 278
Hybridlärche 60

I
Iberische Lorbeerkirsche 266
Idesia polycarpa 174
Igelstechpalme 109
Ilex x *altaclerensis* 108
'Belgica Aurea' 108
'Camelliifolia' 108
'Golden King' 108
'Hodginsii' 108
'Lawsoniana' 108
'Wilsonii' 108
Ilex aquifolium
'Argentea Marginata' 109
'Bacciflava' 109
'Crispa Aurea Picta' 109
'Ferox' 109
'Ferox Argentea' 110
'Flavescens' 110
'Handsworth New Silver' 110
'J. C. van Tol' 110
'Madame Briot' 111
'Pyramidalis Fructu Luteo' 111
'Silver Milkmaid' 111
'Silver Queen' 111
Ilex x *koehneana* 112
'Chestnut Leaf' 112
Ilex latifolia 112
Ilex opaca 113
Ilex pedunculosa 113
Ilex purpurea (syn *I. chinensis*) 113
Immergrüne Magnolie 205
Indianerbohne 129
Indische Roßkastanie 180
Italienische Erle 116

J
Japan-Eberesche 276
- -Felsenbirne 239
Japanische Bergkirsche 265
- Blütenkirschen 262
'Amanogawa' 262
'Kanzan' 262
'Shidare-Sakura' 262
'Shirofugen' 263
'Shogetsu' 263
'Tai Haku' 263
'Ukon' 263
- Flügelnuß 187
- Hainbuche 127
- Hopfenbuche 128
- Lärche 60
- Rotkiefer 68
- Ulme 308
- r Apfel 247
- r Blütenhartriegel 136
- r Lebensbaum 50
- r Schnurbaum 200
- r Storaxbaum 299
Jeffreys Kiefer 68
Juglandaceae 182
Juglans ailantifolia 183
Juglans cinerea 184
Juglans nigra 184
Juglans regia 185
Jungfernahorn 87
Juniperus chinensis 44
'Aurea' 44
Juniperus communis 45
Juniperus deppeana 45
var. *pachyphlaea* 45
Juniperus drupacea 46
Juniperus occindentalis 46
Juniperus oxycedrus 47
Juniperus recurva 47
var. *coxii* 47
Juniperus scopulorum 48
'Skyrocket' 48
Juniperus virginiana 48
'Glauca' 48

K
Kahle Felsenbirne 239
Kakipflaume 138
Kalabrischer Spitzahorn 91
Kalifornische Nußeibe 79
- Roßkastanie 178
- r Lorbeer 189
Kalopanax pictus 115
var. *maximowiczii* 115
Kanada-Eberesche 274
Kanadische Hemlockstanne 77
- Pappel 287
- r Judasbaum 192
Kanubirke 122
Kaschmir-Eberesche 275
- -Mehlbeere 274
- -Zypresse 41
Kastanienblättrige Eiche 160
Katsura-Baum 133
Kaukasische Flügelnuß 186
- Zelkove 309
Kaukasus-Fichte 64
Keaki 310
Kirschapfel 248
- pflaume 259
Kleeulme 284
Kobushi-Magnolie 207
Koelreuteria paniculata 295
Kolchischer Bergahorn 103
- Spitzahorn 86
Korea-Kiefer 69
- -Lebensbaum 41
Koreanische Stinkesche 284
- Tanne 54
Korktanne 55
Korkeiche 72
Kornelkirsche 133
Korsische Kiefer 71
Krieche 261
Krimlinde 303
Kronenapfel 245
Kulturapfel 246
Kupfer-Felsenbirne 239
Kupferbirke 118
Kurznadelige Zeder 58
Küstensequoie 82

L
+ *Laburnocytisus adamii* 196
Laburnum alpinum 197
Laburnum anagyroides 197
Laburnum x *watereri* 198
'Vossii' 198
Langstielige Stechpalme 113
Larix decidua 60
Larix x *eurolepis* 60
Larix kaempferi 60
Larix laricina 61
Larix occidentalis 61
Laubbäume 84 – 310
Lauraceae 188
Laurus nobilis 188
Lawson-Scheinzypresse 37
Leder-Weißdorn 242
Lederholz 147
Leguminosae 190
Leyland-Zypresse 40
Libanon-Zeder 59
Ligustrum lucidum 231
'Excelsum Superbum' 231
'Tricolor' 231
Likiang-Fichte 63
Liquidambar formosana 175
Liquidambar orientalis 175
Liquidambar styraciflua 176
'Lane Roberts' 176

'Silver King' 176
'Variegata' 176
Liriodendron chinense 201
Liriodendron tulipifera 201
'Aureomarginatum' 201
Lithocarpus edulis 154
Lithocarpus henryi 154
Lorbeerbaum 188
– weide 294
Lotuspflaume 139
Luma apiculata 225
Luma-Myrte 225

M
Maackia chinensis 198
Maclura pomifera 220
Mädchenkiefer 71
Madrone 142
Magnolia 'Heaven Scent' 206
Magnolia 'Peppermint Stick' 206
Magnolia 'Sayonara' 206
Magnolia 'Wada's Memory' 215
Magnolia acuminata 202
Magnolia ashei 202
Magnolia campbellii 203
ssp. *mollicomata* 203
Magnolia dawsoniana 204
Magnolia delavayi 204
Magnolia fraseri 205
Magnolia grandiflora 205
Magnolia hypoleuca 207
Magnolia kobus 207
Magnolia x *loebneri* 208
'Leonard Messel' 208
'Merrill' 208
Magnolia macrophylla 209
Magnolia obovata 207
Magnolia officinalis 210
var. *biloba* 210
Magnolia salicifolia 213
Magnolia x *soulangiana* 211
'Brozzonii' 212
'Picture' 212
'Rustica Rubra' 212
Magnolia tripetala 213
Magnolia x *veitchii* 214
'Isca' 214
'Peter Veitch' 214
Magnoliaceae 201
Mahagonikirsche 269
Malus baccata 245
Malus coronaria 245
'Charlottae' 245
Malus domestica 246
Malus florentina 246
Malus floribunda 247
Malus hupehensis 247
Malus ioensis 248
'Plena' 248
Malus prunifolia 248
Malus x *purpurea* 249
Malus sieboldii 249
Malus toringo 249
Malus transitoria 250
Malus trilobata 250
Malus tschonoskii 251
Malus yunnanensis 251
var. *veitchii* 251
Malus-Hybriden 252
'Butterball' 252
'Crittenden' 252
'Dartmouth' 252
'Eleyi' 252
'John Downie' 253
'Golden Hornet' 253
'Lemoinei' 253
'Liset' 253
'Profusion' 254
'Red Jade' 254
'Red Sentinel' 254
'Royalty' 254
'Van Eseltine' 254
Malvaceae 216
Mammutbaum 82
Mandel 260
Mannaesche 230
Marille 258
Märzkirsche 261
Maximowiczs Birke 121
Maytenus boaria 132
Mazedonische Kiefer 72
Mehlbeere 274
Meliaceae 217
Mespilus germanica 255
'Nottingham' 255
Mexikanische Weymouths-Kiefer 66
– Zypresse 42
Mispel 255
Mittelmeer-Wacholder 47
– -Zypresse 43
Miyabes-Ahorn 92
Mongolische Linde 304
Monterey-Kiefer 73
– -Zypresse 42
Montezuma-Kiefer 70
Moorbirke 124
Moraceae 218
Morgenländische Platane 235
Morus alba 220
Morus nigra 220
Myrtaceae 221
Myrtus apiculata 225
Myrtus luma 225

N
Nadelbäume 34 – 83
Nikko-Ahorn 92
– -Tanne 54
Nootka-Scheinzypresse 37
Nordamerikanischer Zürgelbaum 307
Nordmannstanne 56
Nothofagus antarctica 155
Nothofagus betuloides 155
Nothofagus dombeyi 156
Nothofagus nervosa 156
Nothofagus obliqua 157
Nothofagus procera 156
Nothofagus pumilio 157
Nothofagus solanderi 157
Numidische Tanne 56
Nuttalls Blütenhartriegel 137
Nyssa multiflora 227
Nyssa sinensis 226
Nyssa sylvatica 227
Nyssaceae 226

O
Obassia-Storaxbaum 299
Oleaceae 227
Ontario-Pappel 288
Orangenkirsche 174
Oregon-Ahorn 91
Orient-Buche 151
Orientalischer Amberbaum 175
Osagedorn 220
Ostrya carpinifolia 128
Ostrya japonica 128
Ostrya virginiana 128
Oxydendrum arboreum 143

P
Pagoden-Baum 200
Pagodenhartriegel 134
Palmen 232
Papau 107
Papierbirke 122
– maulbeere 218
Pappelblättrige Birke 124
Parrotia persica 177
Parrotiopsis jacquemontiana 177
Patagonische Eibe 78
– Zypresse 44
Paulownia tomentosa 296

Pekannuß 182
Pennsylvanischer Streifenahorn 96
Persimone 139
Persische Albizie 192
- Eiche 163
- r Bergahorn 104
Pfaffenhütchen 132
Pfahleiche 171
Pfirsich 267
Pflaume 260
Pflaumen-Steineibe 78
- -Weißdorn 243
Phellodendron amurense 283
var. *lavallei* 283
Phillyrea latifolia 231
Photinia beauverdiana 256
var. *notabilis* 256
Photinia davidiana (syn. *Stranvaesia davidiana*) 256
Photinia x *fraseri* 257
Photinia serratifolia 257
Photinia villosa 257
Picea abies 62
Picea breweriana 62
Picea glauca 63
Picea jezoensis 63
var. *hondoensis* 63
Picea likiangensis 63
Picea mariana 64
Picea omorika 64
Picea orientalis 64
'Aurea' 64
Picea pungens 65
Picea smithiana 65
Pinaceae 52
Pinie 72
Pinus ayacahuite 66
var. *veitchii* 66
Pinus bhutanica 75
Pinus bungeana 66
Pinus cembra 66
Pinus cembroides var. *monophylla* 70
Pinus contorta 67
var. *latifolia* 67
Pinus coulteri 67
Pinus densiflora 68
Pinus heldreichii var. *leucodermis* 69
Pinus x *holfordiana* 68
Pinus jeffreyi 68
Pinus koraiensis 69
Pinus leucodermis 69
Pinus monophylla 70
Pinus montezumae 70
Pinus muricata 71
Pinus nigra 71
var. *maritima* 71
Pinus nigra ssp. *laricio* (syn. *P. nigra* var. *maritima*) 71
Pinus parviflora 71
Pinus peuce 72
Pinus pinaster 72
Pinus pinea 72
Pinus ponderosa 73
Pinus radiata 73
Pinus strobus 73
Pinus sylvestris 74
'Edwin Hillier' 74
Pinus tabuliformis 74
Pinus thunbergii 75
Pinus wallichiana 75
Pittosporaceae 233
Pittosporum tenuifolium 233
'Abbotsbury Gold' 233
'Eila Keightley' 233
'Irene Paterson' 233
'Purpureum' 233
Platanaceae 234
Platanus x *acerifolia* 234
Platanus x *hispanica* 234
Platanus occidentalis 235
Platanus orientalis 235
Platycarya strobilacea 185
Podocarpaceae 78
Podocarpus andinus 78
Pontische Eiche 169
- Lorbeerkirsche 265
Populus alba 286
Populus balsamifera 287
Populus x *canadensis* 287
'Marilandica' 287
'Robusta' 287
'Serotina Aurea' 287
Populus x *candicans* 288
'Aurora' 288
Populus x *canescens* 288
Populus lasiocarpa 289
Populus nigra 289
'Italica' 289
Populus szechuanica 290
var. *thibetica* 290
Populus tremula 290
Prächtiger Trompetenbaum 131
Prachttanne 55
Prärieapfel 248
Proteaceae 236
Prunus armenaica 258
Prunus avium 258
'Plena' 258
Prunus cerasifera 259
'Nigra' 259
'Pissardii' 259
'Rosea' 259
Prunus cerasus 259
'Rhexii' 259
Prunus domestica 260
Prunus dulcis 260
'Roseoplena' 260
Prunus incisa 261
Prunus insititia 261
'Mirabelle' 261
Prunus jamasakura 265
Prunus laurocerasus 265
Prunus lusitanica 266
ssp. *azorica* 266
Prunus maackii 266
Prunus padus 267
'Colorata' 267
'Watereri' 267
Prunus persica 267
var. *nectarina* 267
'Prince Charming' 267
Prunus sargentii 268
Prunus x *schmittii* 268
Prunus serotina 269
Prunus serrula 269
var. *tibetica* 269
Prunus serrulata var. *pubescens* 272
Prunus serrulata var. *spontanea* 265
Prunus x *subhirtella* 270
'Autumnalis' 270
'Autumnalis Rosea' 270
'Pendula Rosea' 271
'Pink Star' 271
'Stellata' 271
Prunus verecunda 272
Prunus x *yedoensis* 272
Prunus-Hybriden, Japanische Blütenkirschen 262
Prunus-Hybriden 264
'Accolade' 264
'Pandora' 264
'Spire' 264
Pseudolarix amabilis 76
Pseudopanax crassifolius 115
Pseudopanax ferox 115
Pseudotsuga menziesii 76
Ptelea trifoliata 284
'Aurea' 284
Pterocarya fraxinifolia 186
Pterocarya x *rehderiana* 186
Pterocarya rhoifolia 187
Pterocarya stenoptera 187
Pterostyrax hispida 298
Pulverholz 237
Purgierkreuzdorn 237
Purpurapfel 249
Pyramidenpappel 289
Pyrenäen-Eiche 170
Pyrus calleryana 273
Pyrus communis 273
Pyrus salicifolia 273

Q
Quercus acutissima 158
Quercus alba 158
Quercus alnifolia 159
Quercus canariensis 159
Quercus castaneifolia 160

Quercus cerris 160
'Variegata' 160
Quercus coccinea 161
'Splendens' 161
Quercus ellipsoidalis 161
Quercus falcata 162
Quercus frainetto 162
'Hungarian Crown' 162
Quercus x *hispanica* 163
'Lucombeana' 163
Quercus ilex 163
Quercus imbricaria 164
Quercus laurifolia 164
Quercus macranthera 165
Quercus macrocarpa 165
Quercus marilandica 166
Quercus myrsinifolia 166
Quercus palustris 167
Quercus petraea 167
Quercus phellos 168
Quercus phillyreoides 168
Quercus pontica 169
Quercus pubescens 169
Quercus pyrenaica 170
Quercus robur 170
'Atropurpurea' 170
'Concordia' 170
Quercus rubra 171
Quercus stellata 171
Quercus suber 172
Quercus x *turneri* 172
Quercus variabilis 173
Quercus velutina 173

R
Radbaum 306
Rauchzypresse 36
Rauli 156
Redwood 82
Reifweide 293
Rhamnaceae 237
Rhamnus cathartica 237
Rhamnus frangula 237
Rhododendron arboreum 144
Rhus copallina 105
Rhus trichocarpa 106
Rhus typhina 106
'Dissecta' 106
Riesenlebensbaum 50
– tanne 54
Robelbuche 157
Robinia x *holdtii* 199
Robinia pseudoacacia 199
'Frisia' 199
Rocky-Mountains-Tanne 55
Rosaceae 238
Rosafrüchtige Eberesche 282
Rostbartahorn 100
Rotahorn 100
– buche 152
– eiche 171
– erle 117
– esche 230
Rote Pavie 181
– Roßkastanie 178
– r Schlangenhautahorn 85
Rundblättrige Maulbeere 279
Rutaceae 283

S
Sachalin-Kirsche 268
Salicaceae 286
Salix alba 291
'Britzensis' 291
var. *caerulea* 291
'Tristis' 294
Salix babylonica 292
var. *pekinensis* 292
'Pendula' 292
'Tortuosa' 292
Salix daphnoides 293
Salix fragilis 293
Salix matsudana 292
Salix pentandra 294
Salix x *sepulcralis* 294
'Chrysocoma' 294
Sandbirke 123
– dorn 140
Santa-Lucia-Tanne 52
Sapindaceae 295
Sargents-Eberesche 280
Sassafras 189
Sassafras albidum 189
var. *molle* 189
Sassafras officinale 189
Sauerbaum 143
– kirsche 259
Säulenpappel 289
– zypresse 43
Sawara-Scheinzypresse 38
Saxegothaea conspicua 78
Scharlacheiche 161
Scheinkamelie 301
– parrotie 177
Schimmelfichte 63
Schindelborkige Hickory 183
Schindeleiche 164
Schirmmagnolie 213
– tanne 82
Schlangenhautkiefer 69
Schmalblättrige Esche 229
– Ölweide 140
– r Klebsame 233
Schnee-Felsenbirne 238
Schneeballahorn 94
Schneeglöckchenbaum 297
Schuppenfichte 80
Schwarzbirke 121
– erle 116
– fichte 64
– kiefer 71
– nuß 184
– pappel 289
Schwarze Maulbeere 220
Schwedische Mehlbeere 278
Sciadopitys verticillata 82
Scrophulariaceae 296
Seidenraupeneiche 158
Sequoia sempervirens 82
Sequoiadendron giganteum 82
Serbische Fichte 64
Sibirische Ulme 309
Sichelblättrige Eiche 162
Sicheltanne 80
Siebolds-Fächerahorn 102
– -Walnuß 183
Silberahorn 101
– akazie 190
– linde 305
– pappel 286
– weide 291
Simaroubaceae 296
Siskiyou-Fichte 62
Sitka-Fichte 65
Sommerlinde 305
Sophora japonica 200
Sophora microphylla 200
Sorbus 'Joseph Rock' 279
Sorbus alnifolia 274
Sorbus americana 274
Sorbus aria 274
Sorbus aucuparia 275
'Aspleniifolia' 275
Sorbus cashmiriana 275
Sorbus commixta 276
Sorbus domestica 276
var. *pomifera* 276
var. *pyrifera* 276
Sorbus esserteauana 277
Sorbus forrestii 277
Sorbus hupehensis 278
Sorbus intermedia 278
Sorbus latifolia 279
Sorbus sargentiana 280
Sorbus scalaris 280
Sorbus thibetica 280
'John Mitchell' 281
Sorbus x *thuringiaca* 281
'Fastigiata' 281
Sorbus torminalis 282
Sorbus vestita 282
Sorbus vilmorinii 282
Spanische Eiche 163
– Tanne 57
Späte Traubenkirsche 269
Speierling 276
Spießtanne 81
Spitzahorn 97
Stechfichte 65
Steineiche 163
– linde 303
Stewartia malacodendron 300
Stewartia monadelpha 300

Stewartia pseudocamellia 301
var. *koreana* 301
Stieleiche 170
Strandkiefer 72
Styracaceae 297
Styrax hemsleyana 298
Styrax japonica 299
Styrax obassia 299
Südbuche 155
Südlicher Zürgelbaum 306
Sumpfeiche 167
- zypresse 83
Surenbaum 217
Süßkirsche 258
Syrischer Wacholder 46

T
Taiwania cryptomerioides 83
Taiwanie 83
Tamarack 61
Taschentuchbaum 226
Täuschende Stachelesche 285
Taxaceae 79
Taxodiaceae 80
Taxodium ascendens 83
Taxodium distichum 83
Taxus baccata 79
'Lutea' 79
Teeapfel 247
Tetradium daniellii 284
Theaceae 300
Thuja koraiensis 49
Thuja occidentalis 49
Thuja plicata 50
'Zebrina' 50
Thuja standishii 50
Thuje 49
Thujopsis dolabrata 51
Thunbergs Fächerahorn 90
- Kiefer 75
Thüringische Mehlbeere 281
Tibetkirsche 269
Tilia americana 302
Tilia argentea 305
Tilia cordata 303
Tilia x *euchlora* 303
Tilia x *europaea* 304
'Wratislaviensis' 304
Tilia mongolica 304
Tilia platyphyllos 305
'Laciniata' 305
Tilia tomentosa 305
'Petiolaris' 305
Tilia x *vulgaris* 304
Tiliaceae 302
Toona sinensis 217
Torreya californica 79
Trachycarpus fortunei 232
Tränenkiefer 75
Traubeneiche 167
Trauerweide 294
Trichterfrucht-Eukalyptus 222
Trochodendraceae 306
Trochodendron aralioides 306
Tsuga canadensis 77
Tsuga caroliniana 77
Tsuga heterophylla 77
Tulpenbaum 201
Tulpenmagnolie 211
Tupelobaum 227

U
Ulmaceae 306
Ulmo 146
Ulmus x *hollandica* 308
'Klemmer' 308
Ulmus japonica 308
Ulmus minor 308
var. *vulgaris* 308
Ulmus parviflora 309
Ulmus porcera 308
Ulmus pumila 309
Umbellularia californica 189
Ungarische Eiche 162
Urnen-Eukalyptus 225

V
Veitchs Magnolie 214
- -Tanne 57
Vermont-Ahorn 103
Virginische Dattelpflaume 139
- Hopfenbuche 128
- Rotzeder 48
- r Schneeflockenstrauch 228
- r Wacholder 48
Vogelbeerbaum 275
Vogelkirsche 258

W
Walnuß 185
Warzen-Glanzmispel 257
Wechselblättriger Hartriegel 133
Weichhaariger Weißdorn 242
Weidenbirne 273
- eiche 168
Weidenblättrige Magnolie 213
Weinahorn 87
Weißbirke 123
- eiche 158
- esche 228
- tanne 52
- zeder 49
Weißdornahorn 87
Weiße Maulbeere 220
- Scheinzypresse 39
Westamerikanische Lärche 61
Westliche Hemlockstanne 77
- Rotzeder 48
Weymouths-Kiefer 73
Winteraceae 310
Wintergrüne Eiche 172
Winterlinde 303
- rinde 310
Wollapfel 251

X
Xanthoceras sorbifolium 295

Y
Yoshino-Kirsche 272

Z
Zanthoxylum ailanthoides 285
Zanthoxylum simulans 285
Zederzypresse 39
Zelkova carpinifolia 309
Zelkova serrata 310
Zelkova sinica 310
Zerreiche 160
Zimtahorn 89
Zirbe 66
Zirbelkiefer 66
Zitterpappel 290
Zuckerahorn 101
- birke 120
Zweigriffeliger Weißdorn 241
Zwetschge 260
Zylinderputzer 221

DANKSAGUNG

Der Autor und die Herausgeber sind einer Reihe von Institutionen und Menschen zu großem Dank verpflichtet, ohne die dieses Werk nicht möglich gewesen wäre.

Pflanzenproben für die Fotos sammelten: Barry Philips (Verwalter), Bild George (Chefgärtner) und alle Mitarbeiter der Sir Harold Hillier Gardens and Arboretum, Ampfield, Hampshire, England; Robert Eburn, P.H.B. Gardner, Bernard und Letty Perrott, Eve Taylor; Kate Haywood vom Wisley Garden der Royal Horticultural Society, Woking, Surrey, England; Hillier Nurseries (Winchester) Ltd; Richard Johnston, Mount Annan Section der Royal Botanic Gardens, Sydney, Australien; Longstock Park Garden; Mike Maunder und Melanie Thomas der Royal Botanic Gardens in Kew, Surrey, England; Colin Morgan der Forestry Commission Research Division des Bedgebury National Pinetum, Cranbrook, Kent, England; Andrew Pinder (Leiter der Baumschule) London Borough of Richmond upon Thames, England; John White und Margaret Ruskin der Forestry Commission, Westonbirt Arboretum, Tetbury, Gloucestershire, England.

Vorlagen für die Zeichner sammelten: S. Andrews, T. Kirkham und Mike Maunder der Royal Botanic Gardens, Kew, Surrey, England; das Arnold Arboretum der Harvard University, Massachusetts, USA; Kathie Atkinson; S. Clark und S. Knees des Royal Botanic Garden Edinburgh, Lothian, Scotland; D. Cooney des Waite Arboretum, University of Adelaide, Australia; B. Davis; Dr. T.R. Dudley (leitender Wissenschaftler und Forschungsbotaniker) des U.S. National Arboretum, Washington D.C., USA; M. Flannagan der Royal Botanic Gardens, Ardingly, West Sussex, England; die Forestry Commission, Forest Research Station, Alice Holt Lodge, Farnham, Surrey, England; Anne James vom Amt für Parkanlagen, Dublin County Council,Republic of Ireland; Roy Lancaster; Scott Leathart; Alan Mitchell; K. Olver; der Wisley Garden der Royal Horticultural Society, Woking. Surrey, England; V. Schilling des Baumkatasteramts der Britischen Inseln, Westmeston, West Sussex, England; T. Walker der Botanic Gardens der University of Oxford, Oxfordshire, England; John White und Margaret Ruskin der Forestry Commission, Westonbirt Arboretum, Tetbury, Gloucestershire, England; P. Yeo des Botanic Garden der University of Cambridge, Cambridgeshire, England; Dennis Woodland.

Der Autor dankt dem hervorragenden Team von Dorling Kindersley, insbesondere Vicki James, Gillian Roberts und Mustafa Sami für die Sorgfalt und Hingabe, mit der sie das Werk betreuten; Matthew Ward für seine hervorragenden Fotos; Roy Lancaster für seine Kommentare zu den Beschreibungen; seiner Frau Sue und den Töchtern Rachel und Ruth, die ihn unterstützten und ermutigten.

Wir möchten uns bei Mustafa Sami für seinen unschätzbaren Einsatz bedanken, mit dem er die Zeichner mit Geduld und guter Laune betreute; bei Spencer Holbrook, der ihn verwalterisch unterstützte; und bei Donna Rispoli, die die Vorlagen für die Zeichner zusammenstellte. Besonderen Dank auch an Mel und Marianne, Witt und Kaye, deren Einsatz der Redakteur seinen Urlaub verdankt. Wir danken auch Michael Allaby, der das Pflanzenregister zusammenstellte und Vorschläge für das Glossar machte; Mike Darton für die Fahnenkorrektur und seine Anmerkungen zu Glossar und Einleitung; Virginia Fitzgerald für die administrative Unterstützung bei der Zusammenstellung der Zeichnervorlagen; Angeles Gavira und Ian Hambleton für die Katalogisierung der Dias; Steve Tilling für seine Beurteilung des Bestimmungsschlüssels; Helen Townsend für die Betreuung des Projekts während des Urlaubs des Redakteurs, Alastair Wardle für sein Computer-Fachwissen.

Fotos von Matthew Ward, mit Ausnahme von A-Z Botanical Collection 6, 8 (oben); Kathie Atkinson 190 (rechts, unten), 191; Bruce Coleman Ltd/Patrick Clement 167 (Eicheln von Quercus petraea); Dorling Kindersley/Peter Chadwick 12 (Stamm),15 (Zapfenquerschnitt, Samen), 246 (oben links); Harry Smith Photographic Collection/Polunin Collection 159 (Eichel von Quercus canariensis), 169 (Eichel von Quercus pubescens).
Baumillustrationen von Laura Andrew 200, 201; Marion Appleton 132 -143; David Ashby 118 - 125; Bob Bampton 258 - 273, 286 -297; Anne Child 126, 127, 178 - 181; Tim Hayward 114 - 117,128 - 131, 144, 145, 154 - 157, 202 - 211, 222 - 237, 274 - 283, 308 - 310; Janos Marffy 9, 17, 192 - 195; David More 158 - 173, 244 - 252; Sue Oldfield 12, 13, 36 - 83, 108 - 113, 188, 189, 196 - 199, 213 - 215, 298, 299; Liz Pepperell 182 - 187, 190, 238 - 243; Michelle Ross 34, 35, 84 - 107, 146 - 152, 300 - 307; Gill Tomblin 174 - 177; Barbara Walker 216 - 221, 255 - 257, 284, 285.
Illustrationen der Laubformen von Paul Bailey.